国家普通话水平
智能测试训练

◎杜宇虹 编著

南京大学出版社

图书在版编目(CIP)数据

国家普通话水平智能测试训练 / 杜宇虹编著. 一 南京：南京大学出版社，2018.2(2023.9重印)
ISBN 978-7-305-19902-8

Ⅰ. ①国… Ⅱ. ①杜… Ⅲ. ①普通话—水平考试—习题集 Ⅳ. ①H102—44

中国版本图书馆 CIP 数据核字(2018)第 020725 号

出版发行 南京大学出版社
社 址 南京市汉口路 22 号 邮编 210093
出 版 人 王文军

书 名 **国家普通话水平智能测试训练**
编 著 杜宇虹
责任编辑 周梦晓 沈 洁 编辑热线 025-83592123

照 排 南京开卷文化传媒有限公司
印 刷 广东虎彩云印刷有限公司
开 本 787×1092 1/16 印张 13.5 字数 340 千
版 次 2023 年 9 月第 1 版第 12 次印刷
ISBN 978-7-305-19902-8
定 价 41.00 元

网 址:http://www.njupco.com
官方微博:http://weibo.com/njupco
官方微信号:njuyuexue
销售咨询热线:(025)83594756

前　言

党的二十大报告强调："加大国家通用语言文字推广力度"。这为新时代新征程上大力推广和全面普及国家通用语言文字提供了根本遵循和行动指南。国家普通话水平智能测试是国家认证的资格证书测试，它是以计算机辅助普通话水平测试，这一人工智能方式替代了人工测试方式。它是我国推广普通话工作走向制度化、规范化、科学化的重要举措。此项智能测试能够客观、公正地考查应试人应用普通话的语音水平，为社会各类企事业用人岗位提供语言(特别是语音)方面的参照标准，从某种程度上说，进一步促进了人们学习普通话的积极性。普通话水平测试工作的深入推进，提高了我国普通话推广和应用水平，增强了全民语言文字规范意识，提升了国民文化素质。

本教材坚持正确的政治方向和价值取向，深刻领会党的二十大主题，将党的二十大精神融入各模块的教学内容中，将思政育人元素与教材深度融合。在本书中，我们共设置了两大部分九项内容。第一部分为国家普通话水平智能测试概述和应考技巧部分。包括"国家普通话水平智能测试简介""第一项测试应考技巧""第二项测试应考技巧""第三项测试应考技巧""第四项测试应考技巧"五个任务项。第二部分是普通话水平智能测试"词语训练""朗读训练""命题说话训练"和"综合模拟训练及模拟测试"四项内容。我们既重视对普通话语音系统知识的学习，同时也注重提高学习者和应试人掌握四个测试项目的应考技巧，使之减少失误以适应考试，促进学习者和应试者在考试的准备过程中提高普通话语音水平。在训练中，我们模拟整个考试过程，训练材料几乎涵盖了如重点词语、60 篇朗读短文和 30 个命题说话等所有的考试范畴的内容，学习者还可以通过扫二维码的方式立刻感知和模仿相应的语音内容，方便实用、提高学习效率。我们衷心希望本教材能够很好地帮助应试人达到理想的普通话水平等级。

本教材的编写得到了王东红、姚娟、祁昕、黄倩等老师的大力支持和协助，在此深表感谢！

目 录

第一部分

第二部分

第一部分

训练 1　国家普通话水平智能测试概要

★ **训练目标**

1. 了解国家普通话水平智能测试的性质和作用。
2. 了解国家普通话水平智能测试的等级标准、内容和考试方式。

★ **任务设定**

观看国家普通话水平智能测试的流程演示动画片。

★ **思考与讨论**

1. 你知道国家普通话水平智能测试的流程特点吗？
2. 怎样才能较好地应对国家普通话水平智能测试呢？

★ **知识链接**

一、国家普通话水平智能测试的性质、作用

普通话是中华人民共和国国家通用语。推广和普及普通话是国家的基本语言政策。普通话水平测试是推广普通话的重要举措。

《中华人民共和国宪法》规定："国家推广全国通用的普通话"。2000 年 10 月 31 日，第九届全国人民代表大会常务委员会第十八次会议通过了《中华人民共和国国家通用语言文字法》，并于 2001 年 1 月 1 日正式实施。它"是我国第一部语言文字方面的专项法律，它体现了国家的语言文字方针、政策，科学地总结了新中国成立 50 多年来的语言文字工作的成功经验，第一次以法律的形式明确了普通话和规范汉字作为国家通用语言文字的地位，对国家通用语言文字的使用做出了规定"。这项法律不仅再次明确了"国家推广普通话"（参见第三条），并且载入了有关普通话测试的条款。该法第十九条规定："凡以普通话作为工作语言的岗位，其工作人员应当具备说普通话的能力。"该条第二款规定："以普通话作为工作语言的播音员、节目主持人和影视话剧演员、教师、国家机关工作人员的普通话水平，应当分别达到国家规定的等级标准；对尚未达到国家规定的普通话等级标准的，分别情况进行培训。"

普通话水平测试作为一种语言测试，写入国家法律，说明它不是某个行业、某个机构、某个部门的行为，它是国家立法执法行为。各级政府机构、有关行业、有关部门在进行普

通话培训和测试时,要明确这种国家法律意识。该法在第二十四条还规定:"国务院语言文字工作部门颁布普通话水平测试等级标准。"这个规定说明普通话水平测试执行全国统一的等级标准。

普通话水平测试的积极作用就是推动全国普通话的普及,促进推广普通话工作走向制度化、规范化、科学化,促进全社会普通话水平的提高。

普通话水平测试是对应试人掌握和运用普通话所达到的规范程度的检测,是一种标准参照性或者说达标性测试,主要侧重于语言形式规范程度,不是语言知识测试,也不是表达技巧测试,更不是文化水平考试,尽管它跟知识、表达技巧、文化水平都有一定的关系。普通话水平测试是对有一定文化的成年人语言运用能力的测试,这种语言运用能力主要指从方言转到标准语的口语运用能力,即应试人按照普通话语音、词汇、语法规范说话的能力。所以,普通话水平测试就是对应试人掌握和运用普通话所达到的规范程度的检测,着眼于应试人已经达到普通话的哪一级哪一等,从而确定应试人是否达到工作岗位所要求的最低标准,为逐步实行持证上岗制度服务。因此,普通话水平测试实际上也是一种资格证书考试。

二、国家普通话水平智能测试等级标准

普通话水平测试分为"三级六等"。即一级甲等、一级乙等,二级甲等、二级乙等、三级甲等、三级乙等。

一级普通话是标准普通话。

一级甲等:非常标准、纯正,不允许有系统性的语音错误和系统性的语音缺陷。朗读和交谈时,语音标准,词汇语法正确无误,语调自然,表达流畅。测试总失分率在3%以内,得分97分或97分以上。

一级乙等:语音标准程度略逊于一级甲等,但也还是标准普通话。不允许有系统性语音错误和缺陷,但允许有少量语音失误或缺陷。测试总失分率在8%以内(92—96.9分)。

二级普通话是比较标准的普通话。

二级甲等:在朗读和自由交谈时,声母、韵母、声调的发音基本标准,语调自然,表达流畅。少数难点音(平翘舌音、鼻边音、前后鼻韵母等)有时出现失误或有系统性缺陷。词汇、语法极少失误,测试总失分率13%以内(87—91.9分)。

二级乙等:朗读和自由交谈时,声调有系统性错误或缺陷,声母、韵母难点音失误较多,有使用方言词汇、语法现象,方音语调较明显。测试总失分率在20%以内(80—86.9分)。

三级普通话是一般的普通话,即不标准的普通话。

三级甲等:朗读和自由交谈时,声母韵母发音失误多,调值多不准确,方音语调明显。词汇、语法有失误。测试总失分率在30%以内(70—79.9分)。

三级乙等:朗读和自由交谈时,声韵调失误多,方音特征突出,方言语调明显。词汇、语法失误较多,表达不流畅。测试总失分率40%以内(60—69.9分)。

不入级

基本上就是方言语调,或测试总失分率超过40%,得分低于60分者,不能进入普通话等级。

三、国家普通话水平智能测试对象和等级要求

1. 国家机关工作人员应达到三级甲等以上水平;

2. 教师应达到二级以上水平,其中语文教师、幼儿园教师和对外汉语教学教师应当达到二级甲等以上水平,普通话教师和语音教师应当达到一级水平,学校其他人员应当达到三级甲等以上水平;

3. 播音员、节目主持人和影视话剧演员应当达到一级水平,其中省级广播电台、电视台的播音员和节目主持人应当达到一级甲等水平;

4. 公共服务行业从业人员应当达到三级以上水平,其中广播员、解说员、话务员、导游等特定岗位人员应当达到二级以上水平;

5. 高等院校和中等职业技术学校的毕业生应当达到二级以上水平。

四、国家普通话水平智能测试的内容

《普通话水平测试大纲》规定:普通话水平测试方式"一律采用口试"。

国家普通话水平智能测试共有四项内容:①

(一) 读单音节字词

共有 100 个音节,其中不含轻声、儿化音节,限时 3.5 分钟,共 10 分。本项测试的目的是测查应试人声母、韵母、声调读音的标准程度。

(二) 读多音节词语

共有 100 个音节,限时 2.5 分钟,共 20 分。本项测试的目的是测查应试人声母、韵母、声调、变调、轻声和儿化读音的标准程度。

(三) 朗读短文

朗读有 400 个音节的一篇短文,限时 4 分钟,共 30 分。本项测试的目的是测查应试人使用普通话朗读书面作品的水平。在测查声母、韵母、声调读音标准程度的同时,重点测查连读音变、停连、语调以及流畅程度。

(四) 命题说话

限时 3 分钟,共 40 分。本项测试的目的是测查应试人在无文字凭借的情况下说普通话的水平,重点测查语音标准程度、词汇语法规范程度和自然流畅程度。

五、国家普通话水平智能测试流程

国家普通话水平智能测试(以下简称"智能测试")与原来人工测试相比有诸多的不同,应试者将通过计算机完成全部测试。测试的第一项"读单音节字词"、第二项"读多音节词语"和第三项"朗读短文",由计算机完成测试评分,而第四项"命题说话"是由普通话水平测试员根据应试者的录音在网上进行评分。智能测试的前三项得分,加上测试员人

---

① 注:根据《国家普通话水平测试大纲》中的规定和我省地区的实际情况,我们免去"选择判断"测试项

工评定的第四项评分,即为应试者最后的测试得分。根据应试者的得分,再确认其普通话水平等级。

考试时,应试者要经过候考→检录→备测→测试→离开考区等几个环节,每个环节都有相应的要求,特别是在测试环节,应试者如何上机、如何进入测试系统、如何试音、如何开始每一项测试等都需要小心,操作失误将导致测试失败。下面根据智能测试的流程,我们来看一看都应注意哪些注意事项。

（一）候考室候考

1. 应试人必须在准考证上规定的时间提前 30 分钟进入候测室报到。迟到 15 分钟以上者按缺考处理。

2. 应试人需交验准考证和有效身份证,双证不齐者,不得参加测试。考务人员按报到顺序对应试人分组编号,应试人等待机器识别二代身份证、指纹录入和照片采集。

3. 应试人应仔细阅读《国家普通话水平智能测试应试指南》和《国家普通话水平智能测试考场规则》,认真观看国家普通话水平智能测试演示动画片,熟悉整个测试软件的操作要领。

4. 应试人须听从工作人员安排,不得在候测室大声喧哗。

5. 应试人按编号由工作人员引导进入检录室。

（二）检录室验证身份

1. 在测试工作人员的带领下进入检录室。

2. 听从测试工作人员指挥,按顺序进行二代身份证扫描、照片采集即现场照相。

3. 按照系统随机编排的机位号排队,等待进入备测室。

4. 应试人须听从工作人员安排,不得在检录室大声喧哗。

（三）备测室备考

1. 按照测试工作人员的要求妥善存放好测试时禁止携带的物品(手机、复习资料等)。考场内不得携带复习资料、录音(录像)器材等,关闭通信工具,手机放在指定位置,不得带进备测室和测试室,否则视为违纪。

2. 应试人在测试工作人员引导下进入备测室,对号入座。值得注意是,机位号不同对应的试题编号不同,不要坐错了位置。

3. 把身份证和准考证放在指定位置,测试工作人员将再次核对准考证和身份证。

4. 应试人就位后开始看试题准备测试。备测时间为 10—15 分钟。应试人不得在试卷上做记号,不得与他人交谈,不得向工作人员询问有关考试内容等问题。

5. 准备完毕,试卷留在原处,在考务人员引导下进入测试室。

6. 应试人须听从工作人员安排,不得在备测室大声喧哗。

（四）测试室上机考试

1. 应试人在工作人员引导下携带准考证和身份证,按编号有秩序地进入测试室。

2. 应试人按已分配好的机位号就座,并严格按照普通话智能测试系统的提示和程序进行操作和测试。

3. 测试过程中除正常的测试操作外,应试人不得进行其他内容的操作,更不允许更改计算机系统设置。如造成计算机及其配件的损坏,应试人须承担相应的赔偿责任。

4. 测试中如出现异常情况,应试人应及时告知考务人员,并请其协助解决。

5. 测试完毕,请将耳机放回原处,并经考务人员允许后迅速离开考场。

6. 应试人须听从工作人员安排,不得在备测室大声喧哗。

7. 测试过程中,如发现应试人有作弊行为,如请人代考,携带复习资料、录音器材进入测试室或查看手机等通信工具的,取消本场考试资格,成绩以零分计。除按有关条例进行处分外,考生一年内不能参加普通话水平测试。

六、国家普通话水平智能测试操作提示

智能测试过程中,应试人必须严格按照操作程序提示,逐项完成测试内容及相关操作:

考生登录→核对信息→试音→测试→结束考试

(一)佩戴耳机

应试人进入测试室就座后,考试机屏幕上会提示"请佩戴好您的耳机!"字样。应试人带耳机时,要按照考务人员讲解的方法操作,注意佩戴方法,避免野蛮操作;戴好耳机后,将话筒调节到嘴巴侧前方 2—3 厘米距离处,不要手扶话筒。下图为佩戴耳机提示界面。

(二)考生登录

考生戴好耳机后,面部应正对屏幕,在规定时间里完成人脸识别验证。下图为考生登录界面。

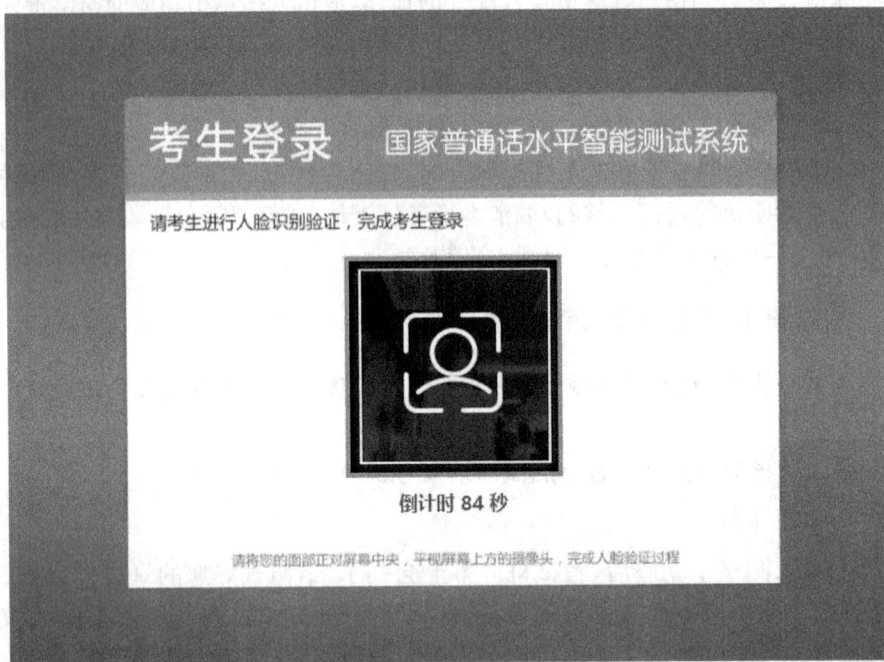

（三）核对信息

应试人登陆成功后，考试机屏幕上会显示考生个人信息，考生应仔细核对所显示信息是否与自己的信息相符。核对无误后，单击"确认"按钮继续下一步。核对时若发现错误，则点击"返回"按钮重新登录。下图为核对信息界面。

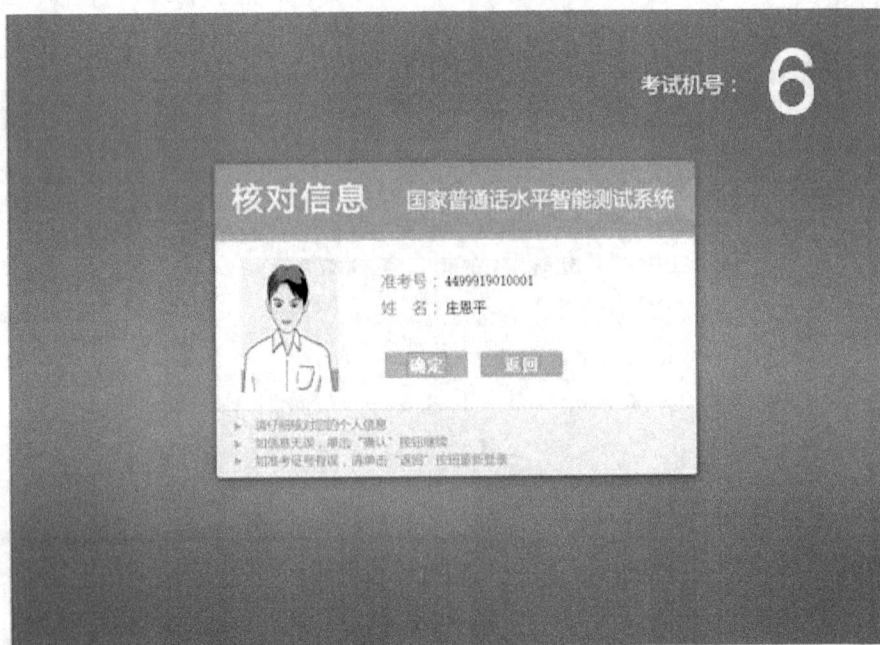

（四）等待考试指令

完成登录后，系统会显示"请等待考试指令！"字样。此时应试人不需要任何操作，只需要等待其他考生确认个人信息统一开始试音。下图为登录到考试界面。

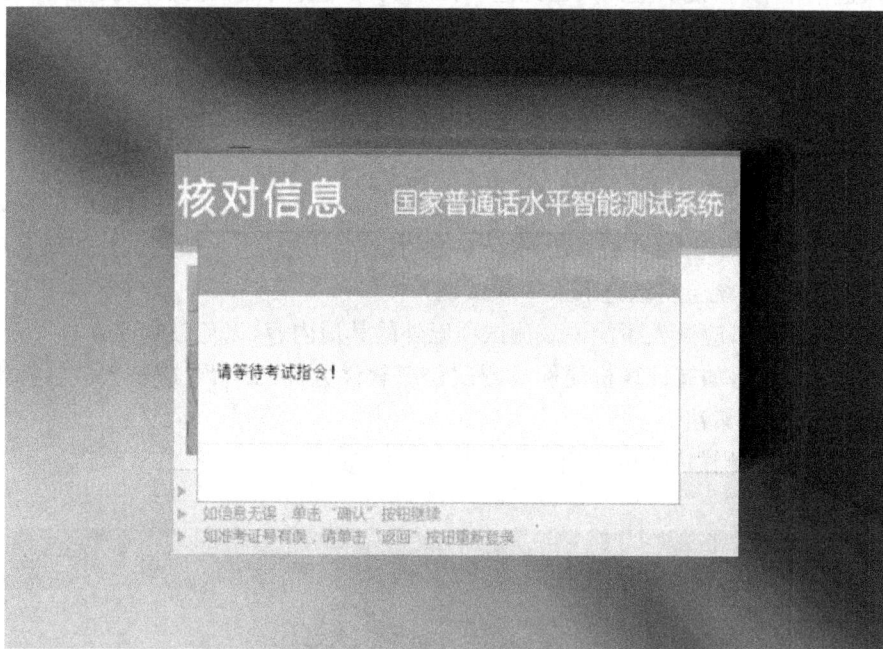

（五）自动试音

进入试音界面，应试人会听到系统的提示语："现在开始试音，请务必在听到'嘟'的一声后朗读文本框中的个人信息。请以适中的音量和语速朗读文本框中的试音文字。下图为自动试音界面。

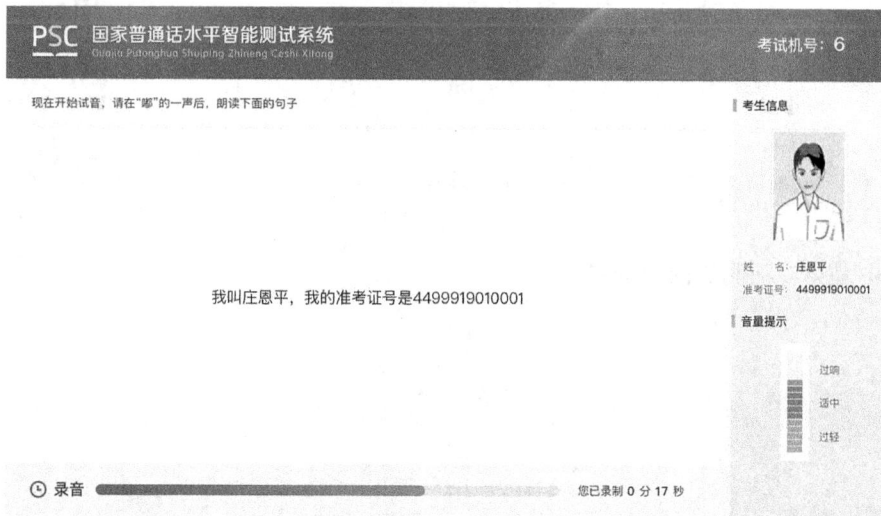

如果试音成功,页面会弹出提示框"试音成功,请等待考场指令!"的字样。如果试音失败,页面会弹出提示框,请点击"确认"按钮重新试音。

（六）开始测试

进入这个环节时,说明应试人已经进入四项测试内容的考核阶段。应试人要注意以下几个问题:

1. 智能测试共有四个测试项,每个测试项开始时都有一段语音提示,语音提示结束后会发出"嘟"的结束提示音,这时应试人才可以开始测试。

2. 测试过程中,应试人应该做到吐字清晰、语速适中,音量与试音时保持一致。

3. 测试过程中,应试人应根据屏幕下方时间提示条的提示,注意掌握时间。如果某项试题时间有余,可单击屏幕右下角的"下一题"按钮,则进入下一项测试。如果某项测试规定的时间用完,系统会自动进入下一项试题。

4. 测试过程中,应试人不能说该测试项以外的其他内容,以免影响评分。

5. 测试过程中,如有计算机硬件或测试程序软件方面的问题,应试人应告知考务人员,请监考老师予以解决。

下图是第一项测试内容的界面。

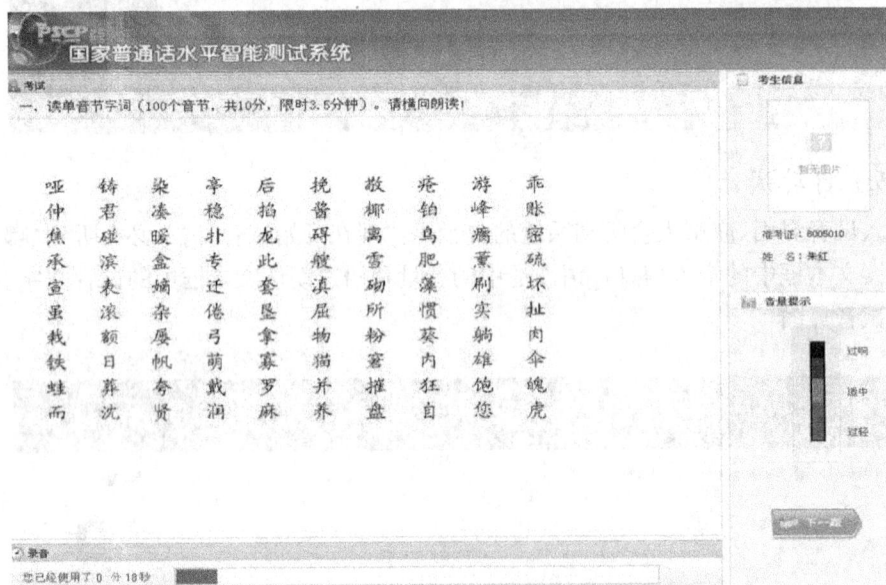

下图是第二项测试内容的界面。

国家普通话水平智能测试系统

考试

二、读多音节词语（100个音节，共20分，限时2.5分钟）。请慎向朗读!

勾画	刚才	松软	半截儿	穷人	吵嘴	乒乓球
少女	篡夺	牛顿	沉默	富翁	傻子	持续
佛像	被窝儿	全部	乳汁	对照	家伙	灭亡
连绵	小腿	原则	外国	戏法儿	侵略	咏叹调
愉快	撒谎	下来	昆虫	意思	声明	患者
未曾	感慨	老头儿	群体	红娘	党得	排演
赞美	运输	抓紧	儿童	症状	机灵	昂首

考生信息

暂无图片

准考证：8005010

姓名：朱红

音量提示

过响 适中 过轻

下一题

录音

您已经使用了0分18秒

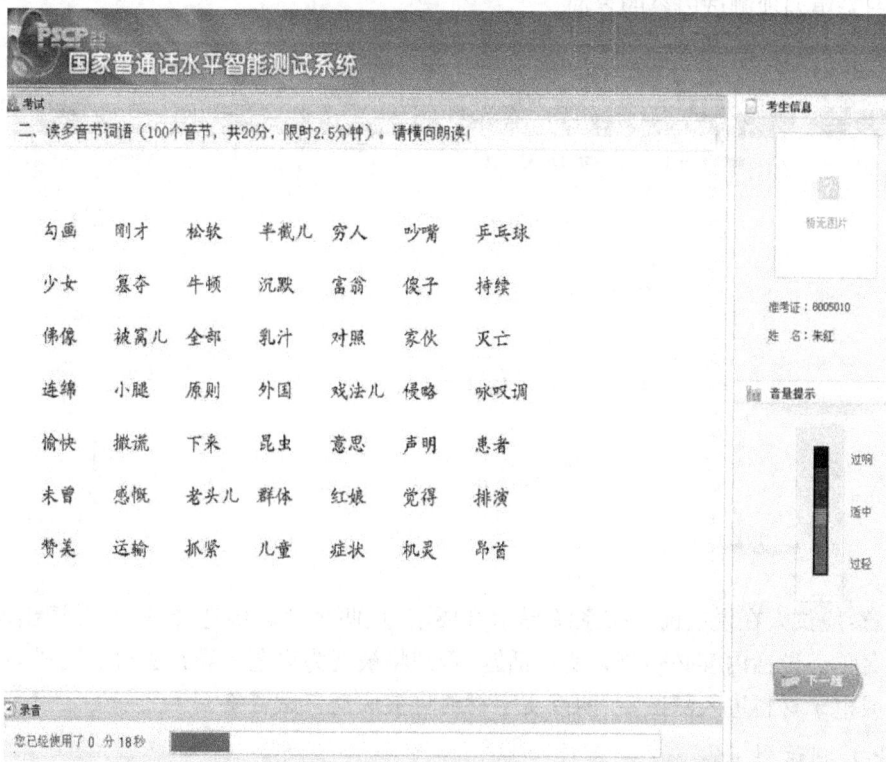

下图是第三项测试内容的界面。

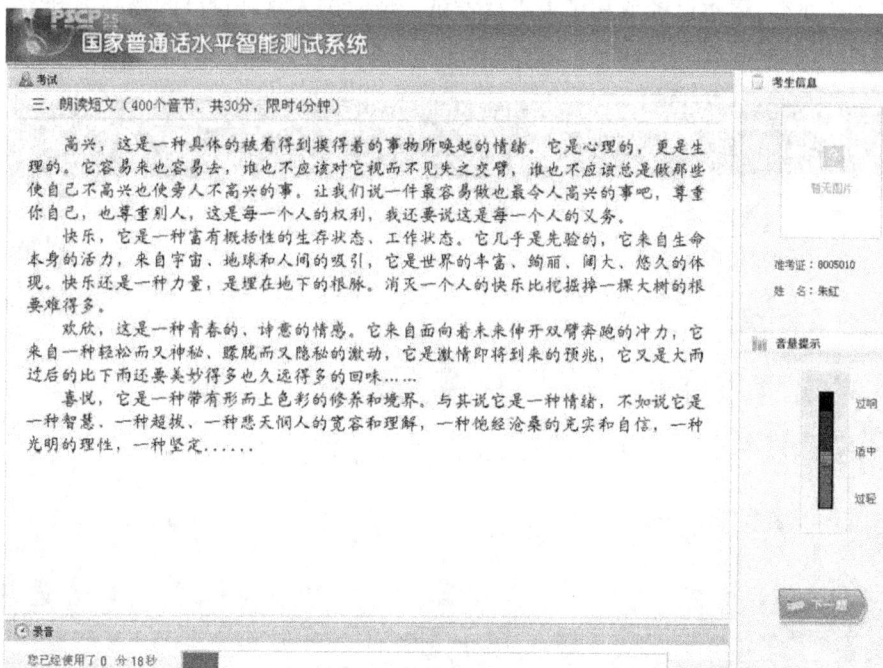

国家普通话水平智能测试系统

考试

三、朗读短文（400个音节，共30分，限时4分钟）

高兴，这是一种具体的被看得到摸得着的事物所唤起的情绪。它是心理的，更是生理的。它容易来也容易去，谁也不应该对它视而不见失之交臂，谁也不应该总是做那些使自己不高兴也使旁人不高兴的事。让我们说一件最容易做也最令人高兴的事吧，尊重你自己，也尊重别人，这是每一个人的权利，我还要说这是每一个人的义务。

快乐，它是一种富有概括性的生存状态、工作状态。它几乎是先验的，它来自生命本身的活力，来自宇宙、地球和人间的吸引，它是世界的丰富、绚丽、阔大、悠久的体现。快乐还是一种力量，是埋在地下的根脉。消灭一个人的快乐比挖掉一棵大树的根要难得多。

欢欣，这是一种青春的、诗意的情感。它来自面向着未来伸开双臂奔跑的冲力，它来自一种轻松而又神秘、朦胧而又隐秘的激动，它是激情即将到来的预兆，它又是大雨过后的比下雨还要美妙得多也久远得多的回味……

喜悦，它是一种带有形而上色彩的修养和境界，与其说它是一种情绪，不如说它是一种智慧，一种超拔，一种悲天悯人的宽容和理解，一种饱经沧桑的充实和自信，一种光明的理性，一种坚定……

考生信息

暂无图片

准考证：8005010

姓名：朱红

音量提示

过响 适中 过轻

下一题

录音

您已经使用了0分18秒

下图是第四项测试内容的界面。

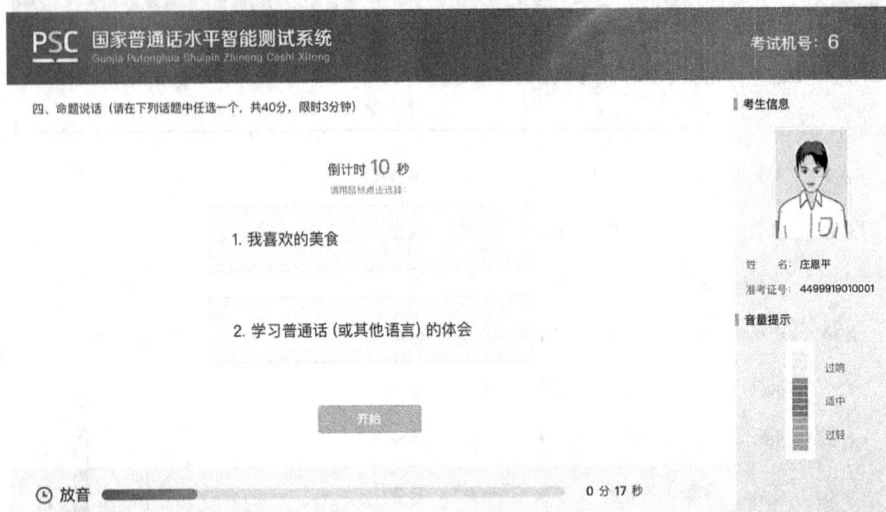

注意:应试人在说话前应按系统提示音要求,从两个话题中选择一个,并读出所选择的话题名称。说话内容必须符合所选话题,否则将被视为离题等导致丢分。另外,严禁携带文字或电子材料进入测试室,朗读文字材料将被取消考试资格。

(七)测试结束

应试人依次完成四项测试后,系统会自动弹出"您已完成考试,请摘下耳机,安静离开"字样的提示框,表示已经成功结束本次考试。请应试人拿好自己的物品离开考场。

下图是考试结束时的界面。

训练 2　第一项测试应考技巧

★ **训练目标**

1. 掌握应对国家普通话水平智能测试的要领。
2. 掌握第一项测试朗读单音节词语的技巧。

★ **任务设定**

听录音——国家普通话水平智能测试第一题。

★ **思考与讨论**

1. 在朗读国家普通话水平智能测试第一项测试题时应该注意什么?
2. 在应对国家普通话水平智能测试第一题时,我们应该掌握哪些临场应考技巧?

★ **知识链接**

要想取得国家普通话水平智能测试的好成绩,应试人要努力学好普通话,真正提高普通话水平。同时,要了解好测试每个环节的要求,掌握测试应对技巧,减少不必要的失分。

一、积极参加考前培训

在报名工作完成后,各个测试机构都将会按照国家普通话水平测试中心"先培训,后测试;不培训,不测试"的要求,组织应试人参加考前培训。各个测试机构也会聘请有经验的培训教师,对应试人进行与智能测试相关的技能培训,如让应试人了解考试流程和上机操作要领等,针对已报名的应试人的普通话基础进行强化训练,等等。应试人在此阶段要抓住积极备考的好时机,做好如下准备:

1. 认真练习

要想取得理想的成绩,应试人必须针对自己的学习实际,抓住重点,突破难点,进行强化训练。把知识转化为技能,并使技能运用得较为熟练。要通读普通话测试的字、词、文章等语言材料,对 30 个说话题目仔细研究和归纳,甚至要提前写好大纲、反复练说。

除了培训学习之外,还要利用业余时间去学习,记住一些字词的正确读音,针对自己语音的难点,进行重点训练。训练中还要注意听说互助,即要把听辨与读说结合起来。辨别自己的发音与标准音的差距,反复练习,予以纠正。

2. 进行模拟测试

模拟测试是为了检测平时学习的成果,也是为了适应正式测试的环境和程序。测试的程序是先朗读后说话。临场指定的朗读篇目和临场说话,最能考查出应试人的基础和实际水平,也能检测应试人的灵活应变能力。因此,扎扎实实的基本功训练是最重要的,来不得半点虚假。模拟测试可以采用这样的测试顺序,包括每一测试项目的时间记载,看自己的普通话水平达到了什么程度,以便有针对性地进行训练。

二、掌握临场应考基本技巧

应试人平时的学习和训练是取得理想成绩的保证,而考前应考的注意事项也是每个考生必须掌握的,否则会有不必要的失分。

1. 调整情绪、轻松应考

由于机辅测试不同以往人工测试,是置身于封闭的测试室,自己独立面对冰冷的机器无人交流,可能有一些应试人难免心情紧张,本来是胸有成竹的,但由于不适应这种考试方式,最后不能正常发挥。有的人惧怕考试的氛围,怕见到监考老师等等。因此,应试人应该调整好自己的心态,既不要胆怯、慌张,也不能太随便或不重视,要沉着冷静,从容应试,考出好等级。

调整心态是指把自己紧张的心情调整到平常的心情、平静的心情。主要靠自己调整。这里提供几种调整心态的方法,供调整心态时参考。

（1）心理暗示法

心理暗示是指暗暗地提示自己:我已经进行了充分的准备,所有的训练项目我都训练到了,所有的难点问题我都解决了,并且进行了模拟测试,正式测试无外乎就是那些内容,它难不倒我,我一定能考出我的实际水平,在这个房间里我可以大声说话,没有人干扰我……。总之,从积极的心理方面提醒自己,我一定能行。切莫强化那些不利因素,给自己带来心理压力。

（2）深呼吸法

按照生理学的观点,深呼吸能给体内增加充足的氧气,减缓心跳的速度,平衡心态。不少人心情紧张,心慌意乱,此法不妨一试。

（3）"目中无人"法

有的人害怕陌生人,害怕监考老师等考务人员等。这些都是不必要的。测试时要想到,此时是我在测试,我是本场考试的主人,我的朗读和说话都是正确的,我的水平是非常好的;监考老师是为我服务的,他们都希望我考好,没什么理由怕他们,等等。不要把考务人员"放在心上",即不要过分在乎他们的一举一动、一言一行。

测试时,如果出现计算机软件、硬件方面的问题导致无法测试也不要紧张,要及时向监考老师反映问题,监考老师会妥善处理。应试人要听从考务人员的安排,准备再次考试。

当然,以上调整心态的方法只是辅助性的,关键就是要树立信心。另外,平时下了工夫,普通话水平提高了,会使自己的自信心增强。

2. 调整音量、速度适中

试音是智能测试的一个重要环节。应试人要正确佩戴好耳机。之后,将话筒调节到嘴巴侧前方2—3厘米距离处,不要离话筒过近,造成"喷话筒"现象,也不要手扶话筒,否则出现杂音影响电脑对语音的识别;也不能离话筒太远,否则会导致声音细弱无法采集。测试过程中,要轻拿轻放耳机,不要随意摆弄和调试,也不要随意触摸话筒、电源线、网线等设施,以免产生杂音或造成数据传输失败,影响测试成绩。

试音和测试时的用声大小要尽量保持一致,应采用中等音量,即两三个人之间正常交谈时的音量。要注意观察试音和测试时界面右侧的音量提示,以居于"适中"范围为宜。同时,声音不要忽大忽小,也不要忽快忽慢,以免影响录音质量。

3. 控制时间、避免错漏

前三项测试须从左至右横向朗读，朗读时不要漏字、漏行或重复读同一行。测试系统在第一项"读单音节字词"的排列上采用黑色字体和蓝色字体间隔排列的形式，一定程度上可以避免漏行、跳行现象。应试人在朗读前三项换行时可稍微放慢速度，看清后再读。

第一项和第二项测试时，应试人如果发现个别字词读错了可以改读，系统评分时可以自动识别，但应在该字词读完后马上改读，不能隔字甚至是隔行改读。第三项朗读短文则不能回读改正，出现回读，系统会依据评分规则扣分。

智能测试的每一项都有时间限定，第一项不能超过 3.5 分钟，第二项不能超过 2.5 分钟，第三项不能超过 4 分钟，否则计算机会自动跳入下一个界面，本部分考试将无法完成。测试时，应试人要留意屏幕下方的时间滚动条，合理控制每一项的用时。其实，前三项所给的时间都比较宽裕，应试人一般都不会超时。每考完一项后，应及时点击"下一题"按钮进入下一项的测试，以免录入过多的空白音或环境杂音。第四项命题说话必须说满 3 分钟，否则将依据评分标准扣缺时分。

总之，应试人在考前需要做相应的准备，掌握临场应试技巧，避免不必要的失分。

三、单音节字词应试技巧

智能测试第一项内容是读单音节字词 100 个音节，其中不含轻声、儿化音节，限时 3.5 分钟，本题共 10 分。这项测试的目的是测查应试人声母、韵母、声调读音的标准程度。

读单音节字词是普通话水平测试中的基础检测。在这 100 个音节中，每个声母的出现一般不少于 3 次，每个韵母的出现一般不少于 2 次，4 个声调出现次数大致均衡。读错一个音节（该音节的声母或韵母或声调）扣 0.1 分，读音有缺陷每个音节扣 0.05 分。

（一）读单音节字词声韵调要标准

1. 声母要发准

声母要发准，是指发音要找准部位，方法正确。比如 zh、ch、sh、r 和 z、c、s，一个是舌尖翘起来，抵硬颚前端；一个是舌头放平，舌尖前伸。这两组音都不能介于两个音之间，更不能互相混淆。f 和 h，一个是唇齿音，一个是舌根音，一个发音部位在前，一个发音部位在后，不能不分。"肚子饱了"和"兔子跑了"，发音部位相同，但方法不同，d 是不送气音，t 是送气音。

【训练】

读单音节字词

薄 彩 谬 烹 融 镀 毡 远 询 稳 烫 栓

绿 筐 凝 景 蘸 椒 航 尊 缝 笋 城 剑

庇 哺 沸 鹅 概 穗 喷 酿 畔 秘 荞 族

2. 韵母要到位

韵母有单韵母、复韵母和鼻韵母,单韵母发音时,唇舌等部位无动程,吐字如珠,不拖泥带水。复韵母和鼻韵母都要有动程,变化自然,归音要到位,发出来的音要圆润。除此之外,还要注意唇形的变化、口腔的开闭、口腔开度的大小、唇形的圆展、舌位的前后等,都应该到位,不能虎头蛇尾。

【训练】

读下列字词,注意口腔、舌位、唇形要到位。

停 进 常 送 决 想 段 孙 庄 能 甩 穷 赞

审 赛 给 宣 寻 贴 假 妙 笛 许 族 耳 迟

撞 女 觉 熏 群 动 吕 兄 略 准 同 翁 绢

3. 声调要发全

这里需重点强调阳平和上声字的发音。阳平调是中升调,调值是 35 度,尾部较高,是个上扬的调形。朗读阳平调时,一定注意尾部送到"5"的高度,否则阳平调没发全,不圆满。上声是降升调,先降后升,调值是 214 度,是全上。如果发音的时候只降不升,调型就成了降调了,调值成了 21 度,是半上。读单音节字词时,要读上声调的曲折性特征,尾部要送到"4"这个半高处,否则是错误或缺陷。在朗读文章和说话的语流中可以读半上。

【训练】

读下列汉字,注意声调要读全。

书 马 社 直 渴 灼 刹 技 菊 热 骨 托 剧

铁 摘 活 录 挖 笔 铡 毒 眨 浴 吸 熟 测

缩 北 作 从 日 生 条 绑 才 拆 粗 原 里

(二)从左至右横读

100 个单音节字词,一般分为 10 行,每行 10 个字。朗读时从第一排起,从左至右地朗读,不要从第一个字起从上往下朗读。

(三)注意多音字的读法

单音节字词中有不少是多音字,朗读时,念任何一个音都是对的,但尽量读出该字的常用读音。

【训练】

根据语境读下列多音节字。

把(握) (咀)嚼 (供)给 模(样) 量(体裁衣)

(厚)朴 (反)省 着(落) (首)都 冲(床)

(四)不误读形近字

汉字的形体很多是相近或相似的,认读时,稍不注意很容易读错。形近字误读有两种情况,一是有的人朗读过快,"看走了眼",如把"太"读作"大"。二是有些日常生活中不多用的字,在单独朗读该字,没有语境的参考的情况下,很容易读错。比如把"赈"读成"骇"等。除了细心分辨,还要加强认读训练。

【训练】

读下面的形近字,注意它们声韵调的差异。

啤——碑　坚——竖　游——漩　馅——掐

矩——短　冠——寇　嗑——磕　屯——吨

佘——余　均——匀　拔——拨　巢——缫

(五)速度适中,把握节律

朗读单音节字词时,只要每个音节读完整,一个接一个地往下读,就不会超时。有的人担心时间不够,快速抢读,有的字未读完全就被"吃"掉了,降低了准确率,因此切忌抢读。朗读也不能太慢,不能每一个字都揣摩或试读,速度太慢,说明基础太差,不熟练,准备不足。而超时则要一次性扣分。

(六)读错了及时纠正

有时因为口误把字读错了,可以纠正。如果对有的字没有把握读错了,不必再去想它,以免影响后面的朗读。

【综合训练】

请朗读下面的单音节字词模拟题,每题控制在 3.5 分钟内完成。

(一)

爱 得 回 弄 白 等 较 念 板 鹅
空 飘 茶 而 矿 匹 趁 浮 梨 枪
吃 高 俩 却 次 拐 连 从 内 句
灭 软 打 黑 磨 外 当 化 哟 兄
击 泉 拽 绷 驾 若 舱 看 捏 测
寺 恩 夸 搜 非 鸣 虽 否 秃 笋
瓜 品 屯 护 泼 厅 荒 勤 玉 羞
使 悦 须 群 下 跳 球 玄 弯 杂
列 枕 用 暂 原 周 广 晕 幼 簸
耳 说 钻 烧 作 棉 志 相 赎

(二)

饿 萧 苏 蛆 腹 别 坡 捺 贫 妥
女 人 蟹 臊 膜 标 通 讯 揣 妾
肯 词 腌 缩 决 裸 鸣 胞 袄 舔
挪 瘸 混 较 港 氧 蒜 绿 乖 牛
判 眨 襄 摔 晕 从 瓶 肥 置 牵
吹 冤 逛 低 淌 舌 尺 二 梯 疮
挖 您 逢 嗑 尺 秦 损 俊 款 劝
某 号 定 毁 胸 增 扁 修 铐 塔
囊 翁 染 耍 辙 晒 揉 渗 操 剜
偿 宰 鸥 槛 瞪 伞 委 逮 晾 托

（三）

乔蹲明昂披腔踩东雪喧
酱撰炼掏奴谓程某投驳
陕取儿荣黑搓寝均北卵
夏帽扔扭块勺光王卧淮
抵怎伏轮擦忧至幂萍羹
砚挖困凑谷柴薰厅多永
饼阅迟甲捐嚷词瓢塔偿
粪斟腮偏纺恩选憎岁莫
堵字万烤察雄锥探鸟寨
涩帆锤烈拱受铝禾级育

（四）

钟神繁蝇内绺雅索蜗点
苇荒猜新乖刷锡翁羹烧
尊劳弥浓次晨纵灌旁某
癣孙跪海叼爽苍颐古特
粒环绞用镇频窃逢辙出
儿淤旺藻鼻犬软鳃甩娘
允眶塔池灰诀缺裂涩请
自呕氨炕辩派肥腔防牛
惹盯果图棚炒挎诚洒炯
钩屡站日筑膜纹性兼爸

（五）

盐刷廖碳蝶字例酿门齐
揪永死肿我匪仰湿撅准
凝钙出榻凭住订嫁联翁
踹融卵许寅嫂艘环波个
琴癣洁持层病锐寞鳌黑
夏妆帆朵勉盍女凑贞讯
儿特外陪牛奏栓巧矮遭
允爽催款捐鬻哭穷孙
德边润耕冯倪拢买阔
窗逗洪躺傻幼摸山捧幅

（六）

双酱酥擦
佩柳墙盆
癣编扩方
厩耍搔油
准拐订洽
安判颇比
表判统室
斟凝吃炯
旁握浪摘
跳冗口娶

协 歌 蕊 字 赛 帘
迈 缘 德 醇 此 赖
薪 凹 润 吊 王 瞒
槐 锯 冯 丸 哑 黑
亏 谜 罪 奢 巡 门
农 注 冰 蝶 惨 暖
赏 枣 犁 肉 进 胸
绝 竖 腿 花 初 特
允 耕 撑 演 二 婚
瘸 某 倪 拨 等 法

训练3 第二项测试应考技巧

★ 训练目标

1. 了解多音节词语轻重格式的特点。
2. 掌握第二项测试朗读多音节词语的技巧。

★ 任务设定

听录音——国家普通话水平智能测试第二题。

★ 思考与讨论

1. 在朗读国家普通话水平智能测试第二题时,应该注意些什么?
2. 在朗读国家普通话水平智能测试第二题时,我们应该掌握哪些临场应考技巧?

★ 知识链接

一、词语的轻重格式

普通话的轻重音表现在词和语句里,词的轻重音是最基本的。根据普通话词的语音结构,我们把普通话轻重音分为四个等级,即重音、中音、次轻音、最轻音。

重音——词的重读音节。普通话中双音节、三音节、四音节的词处在末尾的音节大多数读作重音。重音节一般情况下不产生变调。例如语音、普通话、展览馆、二氧化碳。

中音——不强调重读也不特别轻读的一般音节,又称"次重音"。例如书籍、火车、话筒。

次轻音——比"中音"略轻,声调受到影响,调值不够稳定,但调形的基本特征仍然依稀可辨。声母和韵母没有明显变化。例如别人、护士、女子、试一试、看不看、公积金、大学生、亮亮堂堂。

最轻音——特别轻读的音节,比正常重读音节的音长短得多,完全失去原调调值,重新构成自己特有的调值。韵母或声母往往发生明显变化,最轻音音节就是普通话的轻声音节,绝大多数出现在双音节词语中,在双音节词语中只出现在后一个音节。例如袜子、馄饨、豆腐。

普通话的多音节语音结构中"次轻音""最轻音"不会出现在第一个音节。

普通话主要的轻重音格式有以下几种:

（一）单音节词绝大多数重读,只有少数固定读作次轻音或最轻音

1. 用在名词、代词后面的表示方位的词(或语素)"上、下、里、边"等,读作次轻音。例如旗杆下、墙上、袋子里、下面、这边。

2. 用在动词后面表示趋向的词,读作次轻音。例如进来、拿来、出去、上去。

3. 助词"的、地、得、着、了、过",读作最轻音。例如我的、高兴地、说得好、笑着、吃了、看过。

4. 语气词"啊、吧、吗、呢",读作最轻音。例如(语气词可以根据实际音变写作"呀"

"哇""哪")她啊(呀)、跳啊(哇)、看啊(哪)、行啊、是啊、开门儿啊、自私啊、走吧、去吗、你呢。

上面列举的助词、语气词是最轻音,在普通话里固定读轻声。这些单音节词的轻声调值要依据前一个音节确定。这部分单音节词数量极少,但出现频率很高。

(二)双音节词的轻重音格式

1. 中·重格

前一个音节读中音,后一个音节读重音。双音节词绝大多数是这个格式。例如民族、宏伟、青年、蜻蜓、出版、人人。

2. 重·次轻格

前一个音节读重音,后一个音节读次轻音。后面轻读的音节,声母、韵母一般没有变化,原调调值仍依稀可辨。这类词语一般轻读,偶尔重读,读音不太稳定。我们可以称为"可轻读词语"。例如工人、手艺、老鼠、娇气、女士、男子。

《现代汉语词典》在给这类词语注音时,一部分在轻读音节标注声调符号,但在音节前加圆点。例如新鲜 xīn·xiān、客人 kè·rén、风水 fēng·shuǐ。另一部分词语,则未明确标注。例如分析 fēnxī、臭虫 chòuchóng、老虎 láohǔ、制度 zhìdù。尽管词典用汉语拼音标注出轻读音节的声调符号,但实际读音可以允许后一个音节轻读(次轻音)。

3. 重·最轻格

前一个音节读重音,后一个音节读最轻音。这是轻声词的主要语音结构。例如椅子、我们、石头、女儿、妈妈、衣服、耳朵。

(三)三音节词的轻重音格式

1. 中·次轻·重

末尾的音节读重音,第一个音节读中音,中间的音节读次轻音,声调不太稳定,在慢速的读音中仍然保持原调调形,而在一般的会话速度里,会产生某种变调。这是绝大多数三音节词的轻重音格式。例如打字员、西红柿、展览馆。

2. 中·重·最轻

中间的音节读重音,第一个音节读中音,末尾的音节读最轻音。这种格式在三音节词中占少数。其中有的相当于双音节"重·最轻"格式前加一个限制性修饰成分或词缀。有的相当于双音节"重·最轻"格式后加一个轻读的词缀。例如胡萝卜、小伙子、同学们。

3. 重·最轻·最轻

第一个音节读重音,后面的两个音节都读最轻音。其中有的相当于双音节"重·最轻"格式后加上一个轻读词缀。这种格式在三音节词中较少。例如姑娘家、朋友们、娃娃们。

（四）四音节词的轻重音格式

1. 中·次轻·中·重

末尾的音节读重音，第一个音节和第三个音节读中音，第二个音节读次轻音。这个格式在四音节词中占绝大多数，包括四字成语在内。例如二氧化碳、清清楚楚、慌里慌张、嘻嘻哈哈、一马当先、心明眼亮。

2. 中·次轻·重·最轻

重音在第三音节，第一个音节读中音，第二个音节读次轻音，末尾的音节读最轻音。这种格式在四音节词中占极少数。例如：如意算盘、外甥媳妇（儿）。

五个音节以上的，大多是短语，可以划分为双音节、三音节、四音节，参照上面的格式读音。

二、多音节词语测试应试技巧

这一项朗读多音节词语，有 50 个左右的词语，实际上也是 100 个音节。限时 2.5 分钟，本题共 20 分。本项测试的目的是测查应试人声母、韵母、声调以及变调、轻声、儿化读音的标准程度。在这 100 个音节中，声母、韵母、声调出现的次数与读单音节词的要求相同。另外，上声与上声相连的词语不少于 3 个，上声与非上声相连的词语不少于 4 个，儿化词不少于 4 个（应为不同的儿化韵）。读错一个音节（该音节的声母或韵母或声调或音变）扣 0.2 分，读音有缺陷每个音节扣 0.1 分。

（一）从左至右，按词连读

这 50 个左右的多音节词语，朗读时，自第一排起，从左至右地朗读。多音节词语一般是多个语素（两个语素较多）组合表示一个意义；也有的是多个音节构成的单纯词，分开不表示任何意义。朗读时不能把它们割裂开来，一字一顿地读，要连贯地读。

（二）注意轻重音格式

本项测试中的词语，大多数是双音节词语，1—2 个三音节和四音节的词语。朗读时，要按照词语轻重格式读好这些词语，否则会被扣分。

（三）注意方言区难点音词语

1. 兼有平翘音的词语

蔬菜　储藏　声色　追随　失踪
瓷砖　杂志　尊重　辞职　增生

2. 兼有鼻边音词语

嫩绿　老年　能量　冷暖　奶酪　烂泥
内陆　年龄　努力　老年　脑力　能力

3. 兼有前后鼻韵母的词语

烹饪　聘请　成品　平信　冷饮　盆景
诚恳　神圣　民情　清新　精心　憎恨

4. 兼有 f、h 的词语

返还　盒饭　粉红　化肥　富豪　凤凰

发挥　缝合　花费　挥发　妨害　粉盒

（四）词尾音节是上声的词语

多音节词语的词尾音节是上声的,上声要读全上。双音节词语两个音节都是上声的,前一个上声变读成阳平,后一个上声要读全上。

办理　本领　标准　尺码　热饮　永远　邀请

场所　博览　港口　清洗　整理　墨宝　短少

（五）判断并读好轻声词

本题词语中有不少于 4 个的轻声词,这些轻声词没有标志,应试人要凭借语感准确判断哪些词是轻声词,并正确朗读。因此,平时要多记多练,熟练掌握轻声词的读法。

疟疾　戒指　摆设　掂量　寒碜　提防　行当

盘算　首饰　便宜　价钱　答应　胳膊　葡萄

（六）读好儿化词

本题词语中有不少于 4 个儿化词,儿化词有明显的标志,在儿化韵音节的末尾写有"儿",不要把"儿"当作第三个音节读完整,要把"儿"音化到前面的音节中。另外,注意难点儿化韵的读法。

玩儿命　馅儿饼　抓阄儿　藕节儿　被窝儿

药方儿　小葱儿　电影儿　梨核儿　白兔儿

（七）读准异读词

异读词是指同一个词或语素有两种或两种以上的读音。异读词是受方言影响,主要是受北京话的影响产生的。如"危险"的"危",旧读阳平,今读阴平。北京语音有的存在文白两读("文"指书面语,"白"指口语)。例如"血",文读为 xuè,白读 xiě。1985 年 12 月,国家语言文字工作委员会、国家教育委员会(现为教育部)、广播电视部正式公布了《普通话异读词审音表》,规定:"自公布之日起,文教、出版、广播等部门及全国其他部门,行业所涉及的普通话异读词的读音、标音,均已本表为准。"(详见附录)

宁愿　畜牧　纤维　强迫　环绕　骨头

确凿　河沿　从容　挺括　剽窃　铜臭

【综合训练】

请朗读下面的多音节词语模拟题,每题控制在 2.5 分钟内完成。

（一）

就算　丢人　小瓮儿　含量　村庄　开花　灯泡儿

红娘　特色　荒谬　而且　定额　观赏　部分

侵略　捐税　收缩　鬼脸　趋势　拐弯儿　内容

若干　爆发　原材料　创办　抓紧　盛怒　运用

美景　面子　压迫　必需品　佛学　一直　启程

棒槌	山峰	罪孽	刺激	无穷	打听	通讯
木偶	昆虫	天下	做活儿	构造	自始至终	

（二）

喷洒	船长	艺术家	聪明	他们	红军	煤炭
工厂	发烧	嘟囔	黄瓜	效率	别针儿	责怪
大娘	参考	保温	产品	佛学	童话	男女
做活儿	缘故	谬论	穷困	今日	完整	决定性
斜坡	疲倦	爱国	能量	英雄	口罩儿	让位
叶子	封锁	核算	而且	转脸	人群	飞快
牙签儿	丢掉	往来	罪恶	首饰	此起彼伏	

（三）

通讯	央求	怀念	佛典	古兰经	内容	打算
创造	号码儿	亏损	穷人	傲然	不可思议	
党委	钢铁	奇怪	口哨儿	抓紧	恶化	功能
搬开	采访	效率	完全	墨汁儿	英雄	后悔
石油	从而	疟疾	濒临	下面	眉头	丢掉
评价	仙女	村子	状态	产品	桥梁	服务员
专程	帮手	脚跟	战略	夸奖	做活儿	群体

（四）

沉重	罪恶	主人翁	生存	萌发	而且	消费品
节日	矿产	露馅儿	高原	荒谬	司空见惯	
赶紧	必须	领海	恰当	没谱儿	窈窕	全部
绘画	挎包	栅栏	传统	作风	压力	扫帚
丢掉	虐待	火星儿	大娘	温柔	运输	确实
衰变	张罗	象征	亏损	窘迫	群体	苍穹
挨个儿	钢铁	推测	椅子	男女	外面	佛经

（五）

人群	男女	谅解	脑子	一致	领袖	记事儿
侵略	客厅	不许	波动	配合	胆囊	胡同儿
阔气	拼凑	画卷	谬论	下降	周岁	凶恶
膏药	怀抱	服务员	生产	创伤	手工业	穷困
外面	在哪儿	仍然	打铁	抓获	月份	挨个儿
说法	淘汰	纯粹	佛寺	恰当	完美	增添
水鸟	症状	进口	从而	训练	明白	算盘

（六）

做活儿	方向	纷争	周转	人群	佛学	率领
锦标赛	美元	匈奴	粗略	电压	提成儿	流行
职务	随后	恰当	从此	轻蔑	刀把儿	设备

然而	日益	开关	何况	小丑儿	推算	动画片
案子	团队	顾虑	围墙	谬论	窘迫	脑袋
给予	将军	能耐	折光	夸张	超额	怀念
产品	文明	线圈	通过	少爷	批发	肝脏

训练4　第三项测试应考技巧

★ 训练目标

1. 了解第三项测试"朗读短文"的要求和评分标准。
2. 掌握第三项测试朗读短文的技巧。

★ 任务设定

听录音——国家普通话水平智能测试第三题。

★ 思考与讨论

1. 在朗读国家普通话水平智能测试第三题时,应该注意些什么?
2. 在朗读国家普通话水平智能测试第三题时,我们应该掌握哪些临场应考技巧?

★ 知识链接

党的二十大强调:"增强中华文明传播力影响力。坚守中华文化立场,提炼展示中华文明的精神标识和文化精髓,加快构建中国话语和中国叙事体系,讲好中国故事、传播好中国声音,展现可信、可爱、可敬的中国形象。"体现中华文明文化精髓作品和好的故事需要好的语言形式来表达。而"朗读"显得尤为重要。朗读文章也是培养普通话语感的有效途径,是说好一口流利的普通话的重要桥梁。应试人应该加大朗读短文的训练力度,力求朗读文章时的准确和熟练。

一、"朗读短文"的要求和评分标准

国家普通话水平智能测试第三题的测试,要求应试人要朗读400个音节的一篇短文,限时4分钟,共30分。本题的目的是测查应试人使用普通话朗读书面作品的水平。在测查声母、韵母、声调读音标准程度的同时,重点测查连读音变、停连、语调以及流畅程度。本测试项的内容是国家测试大纲中规定的60篇短文,测试时,由电脑随机发签而定。

评分时以朗读作品的前400个音节为限。每错读、漏读或增读1个音节,扣0.1分。声母或韵母的系统性语音缺陷,视程度扣0.5分、1分、1.5分、2分。超时扣1分。

二、"朗读短文"应考技巧

(一)注意朗读的基本要求和技巧

朗读文章要求发音准确、吐字清晰;流畅自然、快慢适中;体味作品,感情适度。同时,朗读文章要注意运用停顿、重音、语调、节奏等一些表达技巧。

(二)注意朗读短文的具体方法

1. 快看慢读,衔接自然,速度适中

朗读是把书面语言转换为发音规范的有声语言的过程。同时,它也是"心里语言"的外化过程。在这个过程中,眼睛与嘴巴的配合尤为重要。我们要采取快看慢读的方法,即

眼睛要比嘴巴快4—6个字为宜,嘴巴与眼睛配合自然,衔接流畅,速度不快不慢,这样才能避免结巴、重复等"卡壳"现象。

测试大纲规定以下三种情况即为朗读不流畅:

(1) 在语句中出现一字一进,或一词一进现象,不连贯;

(2) 语速过慢,或较长时间停顿;

(3) 朗读中出现回读情况。

朗读不流畅,视程度扣0.5分、1分、2分。如果只出现回读情况,1句扣0.5分、2—3句扣1分、4句以上扣2分,或3个词语以内扣0.5分、4—6个词语扣1分、7个词语以上扣2分,扣回读分则不扣增读分。朗读中如果还同时出现概念解释中对"朗读不流畅"描述的另两种情况,酌情加重扣分。

2. 着眼于句调,不"读破"句子

第三项"朗读短文"不像前两项那样,关注字词的声韵调等,它的"视野"要开阔一些,应试人要把注意力放在整个句子的句调上,更要关注全句语义的完整性。不能随意停顿,割裂句意甚至是造成歧义(这种现象我们称之为读破句子)。如作品45号中的一个句子:"黄河中游出土过蓝田人头盖骨,距今约七十万年"。有的考生错误地断句读成了"黄河中/游出过蓝田人头盖骨……"造成歧义,闹出笑话。测试大纲规定:停顿造成对一个双音节或多音节词语的肢解或造成对一句话、一段话的误解,形成歧义,都视为停连不当。停连不当,视程度扣0.5分(1次)、1分(2—3次)、2分(4次以上)。

3. 克服方言语调

语调是所有语音现象在语流中整体的、综合的反映,涉及声、韵、调、轻重音、音变、语速和语气等。在测试中如果出现以下5类情况,被判定为存在语调偏误:

(1) 语流中声调有系统性缺陷;

(2) 语句音高的高低升降曲折等变化失当;

(3) 词语的轻重音格式及重音失当;

(4) 语速过快、过慢或忽快忽慢,音长的变化不规范;

(5) 语气词带有明显的方言痕迹。

如果这几项有不规范的表现,并且重复出现,就给人以方言语调浓重的感觉。测试大纲规定:语调偏误,视程度扣0.5分、1分、1.5分、2分。主要依据上述对"语调偏误"描述的5类问题判定,出现1类扣0.5分、2—3类扣1分、4类以上视程度扣1.5分或2分。因此,在训练中要特别注意语调的规范。

4. 正确朗读外国人名地名

测试大纲中规定的60篇朗读篇目中,有一些是翻译过来的外国作品,涉及到外国的人名和地名,如"让·彼浩勒""亚格斯"等,我们应该用普通话的标准读音去朗读,不能像译制片那样拿出洋腔洋调去朗读。

5. 正确朗读短文中的轻声词和儿化词

普通话以北方话为基础方言。轻声和儿化现象则最能体现北方话的特点。在语流中,轻声和儿化音能反映出朗读的自然性、流畅性和口语化特点。因此,读好轻声词和儿化词显得尤为重要。

6. 正确朗读短文中的"啊"变

前两项是字词的测试,不涉及语句,而到了第三项除了考查字词的发音外,还涉及句调的问题。语气词"啊"的变化是第三项朗读短文中比较重要的内容,应试人要读好带有"啊"变的句子。如"这块丑石,多占地面啊,抽空把它搬走吧"。当中的"啊"应该音变为"哪"。

7. 熟读每一篇文章

对规定的 60 篇中的每一篇朗读作品都要熟读。边分析边朗读,边朗读边分析,对作品的内容有深刻的理解,烂熟于心。每篇文章至少要读 5 遍以上,甚至是能够背诵,只有这样,才能在训练中提高普通话的音准,培养良好的普通话语感,才能少失分。不要存在侥幸心理,自我猜测考试时"可能不会读到那篇文章",等等,要打有准备之仗。

8. 听读互助,反复练习

对照朗读范读录音进行朗读训练。可以开大范读音量,自己小声跟读,跟读时可以模仿范读的语音语调和语速节奏进行练习,以增强语感,增加熟练度。也可以给自己的朗读录音,然后听辨自己的朗读与范读的差别,再进一步纠正,反复练读。如果我们进行了充分的准备,熟读了每一个篇目,无论考试时碰到哪一篇文章,只要冷静地稍加回忆,就会读出最好的水平。

【综合训练】

1. 请朗读下列容易读错的句子

(1) 花儿也不再在它身边生长。　　　　　　　　　　　　　——(作品 3 号)

(2) 一种血缘情感开始在全身的血管里燃烧起来,而且立刻热血沸腾。

　　　　　　　　　　　　　　　　　　　　　　　　　　——(作品 11 号)

(3) 干不了,谢谢!　　　　　　　　　　　　　　　　　　——(作品 15 号)

(4) 呈现出春草的鹅黄。　　　　　　　　　　　　　　　　——(作品 22 号)

(5) 接着向露出牙齿、大张着的狗嘴扑去。　　　　　　　　——(作品 27 号)

(6) 品位这东西为气为魂为筋骨为神韵……　　　　　　　——(作品 30 号)

(7) 雨多它能吞,雨少它能吐。　　　　　　　　　　　　　——(作品 31 号)

(8) 森林,是地球生态系统的主体,是大自然的总调度室。　——(作品 31 号)

(9) 这位比谁都感到受自己的声名所累的伟人……　　　　——(作品 35 号)

(10) 去问费心思考的问题。　　　　　　　　　　　　　　——(作品 44 号)

(11) 黄河中游出土过蓝田人头盖骨,距今约七十万年。　　——(作品 45 号)

(12) 以后就没有再见过她了。　　　　　　　　　　　　　——(作品 52 号)

(13) 我什么也没有得到。　　　　　　　　　　　　　　　——(作品 53 号)

(14) 在那里,你可以从众生相所包含的甜酸苦辣、百味人生中…… ——(作品 55 号)

2. 请朗读下列带有轻声词或儿化词的句子

(1) 他自己调制了一种汽水(儿)，向过路的行人出售。　　　　　　——(作品 4 号)

(2) 一阵风吹来，树枝轻轻地摇晃，美丽的银条儿和雪球儿簌簌地落下来，玉屑似的雪末儿随风飘扬，……　　　　　　　　　　　　　　　　　——(作品 5 号)

(3) "我只是想知道，请告诉我，您一小时赚多少钱?"小孩儿哀求道。

　　　　　　　　　　　　　　　　　　　　　　　　　　　——(作品 7 号)

(4) 渐渐地我的眼睛模糊了，我好像看见了无数萤火虫在我的周围飞舞。

　　　　　　　　　　　　　　　　　　　　　　　　　　　——(作品 8 号)

(5) 我们那条胡同(儿)的左邻右舍的孩子们放的风筝几乎都是叔叔编扎的。

　　　　　　　　　　　　　　　　　　　　　　　　　　　——(作品 9 号)

(6) 我无法排除自己的忧伤，每天在学校的操场上一圈(儿)又一圈(儿)地跑着，……

　　　　　　　　　　　　　　　　　　　　　　　　　　　——(作品 14 号)

(7) 时间过得那么飞快，使我的小心眼儿里不只是着急，还有悲伤。

　　　　　　　　　　　　　　　　　　　　　　　　　　　——(作品 14 号)

(8) 一次，胡适正讲得得意的时候，一位姓魏的学生突然站了起来，生气地问："胡先生，难道说白话文就毫无缺点吗?"　　　　　　　——(作品 14 号)

(9) 走近细看，他不就是被大家称为"乡巴佬儿"的卡廷吗?　　——(作品 28 号)

(10) 我去爬山那天，正赶上个难得的好天，万里长空，云彩丝(儿)都不见。

　　　　　　　　　　　　　　　　　　　　　　　　　　　——(作品 38 号)

(11) 在里约热内卢的一个贫民窟里，有一个男孩子，他非常喜欢足球，可是又买不起，于是就踢塑料盒(儿)，踢汽水瓶，踢从垃圾箱里捡来的椰子壳(儿)。他在胡同(儿)里踢，在能找到的任何一片空地上踢。　　　　　　　——(作品 41 号)

(12) 小男孩儿得到足球后踢得更卖劲(儿)了。　　　　　　——(作品 14 号)

(13) 她的头歪向枕头一边，痛苦地用手抓挠胸口。　　　　——(作品 42 号)

(14) 第二天，我们划着船到一个朋友的家乡去，就是那个有山有塔的地方。

　　　　　　　　　　　　　　　　　　　　　　　　　　　——(作品 48 号)

(15) 你很聪明，你的作文写得非常感人，请放心，妈妈肯定会格外喜欢你的，老师肯定会格外喜欢你的，大家肯定会格外喜欢你的。　　——(作品 51 号)

(16) 冬天，我还没有打好主意，成都或者相当的合适，虽然并不怎样和暖，可是为了水仙，素心腊梅，各色的茶花，仿佛就受一点儿寒冷，也颇值得去了。　　——(作品 58 号)

3. 请朗读下列带有"啊"变的句子

(1) 然而，火光啊(nga)……毕竟……毕竟就在前头!　　　——(作品 16 号)

(2) 家乡的桥啊(wa)，我梦中的桥!　　　　　　　　　　——(作品 18 号)

(3) 是啊(ra)，我们有自己的祖国，小鸟也有它的归宿，人和动物都是一样啊(nga)!

　　　　　　　　　　　　　　　　　　　　　　　　　　　——(作品 22 号)

（4）她便敞开美丽的歌喉，唱啊（nga）唱，嘤嘤有韵，宛如春水淙淙。

——（作品 22 号）

（5）但这是怎样一个妄想啊（nga）。

——（作品 25 号）

（6）这大约潭是很深的，故能蕴蓄着这样奇异的绿，仿佛蔚蓝的天融了一块在里面似的，这才这般的鲜润啊（na）。

——（作品 25 号）

（7）是啊（ra），请不要见笑，我崇敬那只小小的、英勇的鸟儿……

——（作品 27 号）

（8）你砸他们，说明……应该奖励你啊（ya）！

——（作品 39 号）

（9）这都是千金难买的幸福啊（wa）。

——（作品 40 号）

4. 请运用朗读技巧，朗读书中第二部分的 60 篇短文。

训练5　第四项测试应考技巧

★ 训练目标

1. 了解国家普通话水平智能测试第四项"命题说话"这一测试项的特点。
2. 掌握国家普通话水平智能测试第四项"命题说话"测试应考技巧。

★ 任务设定

听录音——国家普通话水平智能测试第四题。

★ 思考与讨论

1. 在进行国家普通话水平智能测试第四题时,应该注意些什么?
2. 在进行国家普通话水平智能测试第四题时,我们应该掌握哪些临场应考技巧?

★ 知识链接

一、"命题说话"的特点

命题说话,限时3分钟,共40分。本项测试的目的是测查应试人在无文字凭借的情况下说普通话的水平,重点测查语音标准程度、词汇语法规范程度和自然流畅程度。

命题说话这一测试项,对整个普通话测试等级的影响巨大,成败关键在此一举,许多人都因这一项考试失利而兵败垂成。顺利完成说话项测试,尽量减少失分,应该是应试指导的重点。

国家普通话水平智能测试中的说话与其他言语形式有本质的区别:

1. 与朗读不同

朗读一般是在课堂上进行,它是用有声语言把书面文字再现出来。开会学习文件或报纸上的文章,也常用朗读的方式。普通话水平测试中的文章朗读是有文字凭借的,而说话是没有文字凭借的,需要根据交际的目的、对象和环境,临时组织语言,现想现说。

2. 与朗诵不同

朗诵是在朗读的基础上背诵,在讲台和舞台上表演,是一种艺术表演形式。而说话是一种言语交际活动。朗诵的声音一般都比较大,传得比较远,还可以对声音进行美化和夸张,节奏和语速时快时慢,声音的高低变化因内容的推进也比较明显。而说话一般是双向交流,距离较近,话语的声音比较小,只要对方能听得见;说话的声音一般比较平缓,高低变化不明显,更不需要进行夸张和美化,语速节奏偏快。

3. 与演讲不同

演讲有命题演讲和即兴演讲。命题演讲一般先写好演讲稿,是有文字凭借的;即兴演讲是临时确定讲题,没有文字凭借。但命题演讲和即兴演讲有一个共同的特点,即为了说明事理,抒发情感,具有较多成分的"演"的性质。说话虽然也有辅助性的态势语,但并不具有表演性。

4. 与生活中的说话不同

生活中的说话与普通话水平测试中的说话大体是一致的,但同中有异(见下表)。

相同点	不同点	
生活说话与测试说话	生活说话	测试说话
都是口头言语活动 无文字凭借,现想现说,句式简短,口语化,语速自然	完成交际任务 可以使用方言 话题自由 双向或多向 有打断、重复 有语病	检测普通话水平 必须讲普通话 话题有中心 单向说话 连贯自然 词汇语法规范

二、"命题说话"应考技巧

(一)学会审题分类

命题说话是在朗读单音节字词、朗读双音节词语、朗读短文这三项基础上的高层次的考量。前三项都是有文字凭借的,而说话是没有文字凭借的,是把思维状态下的内部语言转化为有声的外部语言的过程。说话既要考虑普通话的标准规范,注意发音,也要考虑内容的表达,组织好语言,这就给说话训练提出了更高的要求。

1. 准确审查说话题目

说话审题与口头作文审题没有什么差别,只是表达的形式不同。审题是说话的第一步,说话首先要确定说什么,围绕什么主题和中心来说。

(1)抓住关键词语。比如"我的业余生活"这个题目,关键词是"业余"。"业余"即是自己在主业外的喜欢做的事儿,可能不止一种,但应该选取自己做得最多、感受最深的事儿作为话题。

(2)立意要有正能量。任何一个话题都可以从正面或侧面说明一个道理,给人以启示,让人从中得到教益。比如"难忘的旅行",一定会给人留下深刻的印象。无论去什么地方,经历如何,都应该激励或告诫人们正确的为人处事之道,积极乐观的兴趣,崇尚真善美的高尚境界等,摒弃那些低级庸俗的假恶丑的东西。

2. 分类审查说话题目

测试大纲中给出了30个说话题目,题目数量较多,分类审题可以节省时间,提高训练效率和训练水平。说话题目从述说方式看,无外乎记叙和论说两大类,我们归纳如下:

```
        ┌ 记人物 ┌ 我的朋友　我尊敬的人
        │       └ 我所在的集体
        │       ┌ 难忘的旅行
        │ 记事件┤ 童年的记忆
        │       └ 我的愿望(或理想)
   记叙 ┤ 记生活 ┌ 我的学习生活　我的假日生活
        │       └ 我的业余爱好　我的业余生活
        │       ┌ 我喜欢的季节(或天气)
        └ 记所爱┤ 我喜爱的职业
                └ 我喜欢的节日
        ┌ 论人 ┌ 谈谈个人修养　谈谈社会公德(或职业道德)
        │      └ 我所在的集体
        │      ┌ 谈谈对环境保护的认识
   论说 ┤ 论事┤ 谈谈科技发展与社会生活
        │      └ 购物消费的感受
        │      ┌ 谈谈美食
        └ 说明┤ 我知道的风俗
               └ 谈谈服饰
```

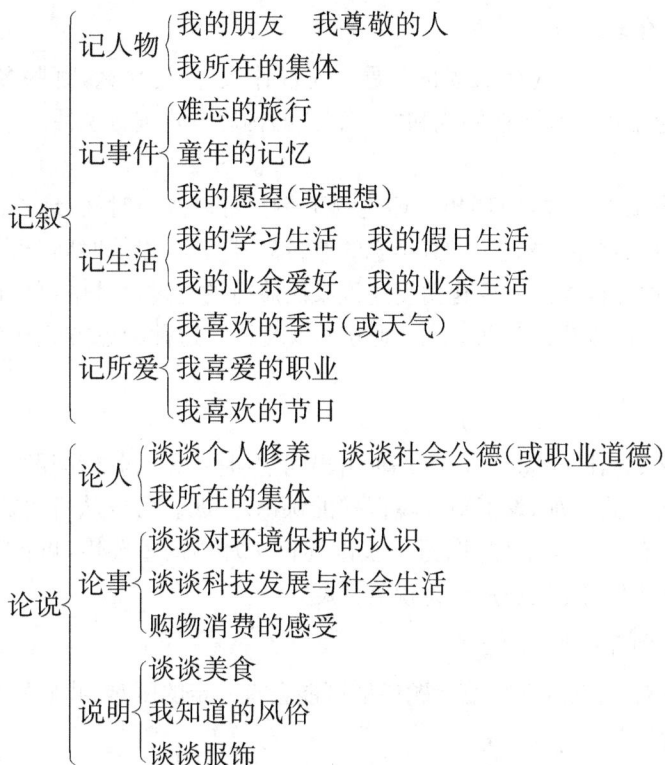

(二)精心选材,切题恰当

选材与切题是解决我们说话时说什么的问题。审题和立意之后,应当迅速选取能够说明题旨的材料。选材应该选自己熟悉的材料,有话可说的材料。比如可选自己亲身经历过的,也可选自己耳闻目睹的甚至是自己合情合理想像的。总之,都应该是自己有话可说的材料。选取的材料应该是真实可信的,具体实在的,富有真情实感的,不能给人以假、大、空的感觉,不能给人以胡编乱造的印象。

针对话题找准恰当的切入点,将生疏的题目化为熟悉的题目,设法将大题化为小题。比如"谈谈社会公德","社会公德"题目很大,提法比较宏观。我们可以选取经常发生在身边的具体的事情,从微观角度入手。比如给老人让座问题、"中国式"过马路问题、公共场所吸烟、吐痰问题等,这些都是社会公德的细小的体现,可以从某一点切入,把大题目化为小题目,把抽象的题目化为具体的题目,这样就有话可说了。

为防止内容散漫,离题万里,"命题说话"务必开门见山,由话题开始。例如话题是"我尊敬的人",那就先说明你最尊敬的人是谁,为什么?后面再说其他人、其他事,都无关紧要。再如,说"我喜欢的节日"一题,必先说出自己喜欢是哪一个节日,为什么喜欢,通常在这个节日中做些什么等,还可以说第二个甚至是第三个喜欢的节日。如果在当中涉及到人、事从而进一步阐述其他,可接下去说,不算跑题。

值得注意的是,命题说话这一项测试一开始就应报出自己选定的话题,之后马上开始说话,不要等待"嘟"声,报出话题后要在 10 秒钟之内进入说话内容阶段。也不要现场思考、犹豫,否则会影响表达的流畅性,会被扣分的。

（三）迅速构思，结构合理

构思和话题结构是解决我们说话时怎么说的问题。先说什么，后说什么，哪些多说，哪些少说等。说话时，我们通常可以采取连锁式和"三么"式的构思方式进行说话。

（1）连锁式构思方式

所谓连锁式，是指思维像锁链一样，一环扣一环连续不断。可以按照时间、地点的顺序，也可以按照事件发生发展的顺序来构思。如《难忘的旅行》一题。可以从时间（出发时间、到达某景点的时间等）和地点或景点的变化角度述说某次旅行的经过。其中可以讲到涉及的人、事、理等。有的地方可以详细述说，有的地方可以略讲。这种构思方式比较适用于记叙类话题。

（2）"三么"式构思方式

所谓"三么"是指"是什么、为什么、怎么"。是一种引出问题（是什么）、分析问题（为什么）和解决问题（怎么）的思维方式。如《谈谈对环境保护的认识》一题。可以从身边雾霾、水污染、食品安全等现象说明环境问题有哪些，进一步阐述保护环境的重要性，再谈我们该如何保护环境等。这种构思方式比较适用于论说类话题。

（四）循序渐进，由易到难

对于初学普通话的人来说，马上进行脱稿命题说话可能会有一定的困难，我们不妨采用渐进的方式进行说话训练。

1. 先写稿，再复述

按照事先写好的讲稿进行复述训练可以降低难度，易于把握。复述练习时，可以先把原稿朗读几遍，熟悉内容后先选择一两段进行复述（每段 100 字左右），如果顺利，再进行全稿详细复述。复述过程中，注意突出重点语句，把语音发准，把话说清楚、说连贯，保持原稿话语的感情基调。

2. 先写提纲，再说话

先写出命题说话某个话题的提纲，再根据提纲的提示完成整个话题讲述。应试人要事先做好准备，对整个说话内容的结构、材料有整体认识。提纲可以是提要的形式，也可以是图表的形式。讲述可以分时间长短试讲，开始时讲 1 分钟，第二遍讲 2 分钟，最后讲满 3 分钟。

3. 半即兴说话练习

"命题说话"事实上是一种半即兴式的命题说话。它要求应试人抽到题目后，选择两题中的一题，在完全无文字依托的情况下，根据考前所准备的内容，迅速构思成篇，完成 3 分钟说话。训练时，我们可随意抽取一个说话题，回忆已拟好的提纲（或腹稿），脑海中迅速完成全篇说话的结构布局，稍加思索，即可开始全篇的试讲。

（五）语音力求准确到位

语音的正确与否，是整个普通话测试考查的重点，也是说话项测试的核心，是得分高低的关键所在。

普通话测试大纲把此项语音标准程度划分为六档，占 25 分。这六档分别是：

一档:语音标准,或极少有失误。扣 0 分、0.5 分、1 分、1.5 分、2 分。

二档:语音错误在 10 次以下,有方音但不明显(声、韵、调偶有错误但不成系统;语调偏误方面只单纯出现少数轻重音格式把握失当)。扣 3 分、4 分。

三档:语音错误在 10 次以下,但方音比较明显(声、韵、调出现 1—2 类系统性错误;有 3 类以内系统性缺陷;有语调偏误);或语音错误在 10—15 次之间,有方音但不明显。扣 5 分、6 分。

四档:语音错误在 10—15 次之间,方音比较明显。扣 7 分、8 分。

五档:语音错误超过 15 次,方音明显(声、韵、调出现 3—4 类系统性错误;有三类以上系统性缺陷;有明显的语调偏误)。扣 9 分、10 分、11 分。

六档:语音错误多,方音重(声、韵、调出现 4 类以上系统性错误,缺陷多,有浓郁的典型地方特点发音,但尚能听出是普通话)。扣 12 分、13 分、14 分。

测试员在对语音标准程度进行评分时,采用的是定量和定性相结合的方法,即根据应试者说话时出现的语音错误率和测试员对应试者说话的总体印象来评定分数。因此,应试者一要降低语音错误率,二要把握好语调、语速、节奏等技巧,给测试员留下良好的语音总体印象。

(六)不用方言词汇、语法

应试人说话时,要使用合乎现代汉语规范的词汇和语法,不能使用方言词语和方言语法。例如武汉人常说的"撮白(撒谎)、胯子(腿)、造耶(可伶)"等都是典型的方言词语,"把支笔我"(给我一支笔)、"做什么事情在"(在做什么事情)、"水开得翻翻神"(水烧得很开已经翻滚)等,都是典型的方言语法句式,考试时绝对禁用。测试大纲规定:词汇、语法偶有不规范的(典型的方言词汇或方言语法)情况,视程度扣 1 分、2 分;词汇、语法屡有不规范的(典型的方言词汇或方言语法)情况,视程度扣 3 分、4 分。

(七)语调自然,时间说足

说话时语调要自然,就像与朋友聊天或谈心一样,尽量用口语化的状态说话,多用短句、口语词,少用长句、书面语。切忌拿腔捏调,让人感觉是在背书或朗诵。测试大纲规定:语言基本流畅,口语化较差,有背稿子的表现,视程度扣 0.5 分、1 分;语言不连贯(长时间停顿或多次重复),语调生硬。视程度扣 2 分、3 分。所以,说话时允许有少许口头衬词和短时间的停顿,但不能出现大段留白,给人难以为继的印象。

说话时间一定要保证说足 3 分钟。测试大纲规定:缺时 1 分钟以内(含 1 分钟),扣 1 分、2 分、3 分;缺时 1 分钟以上,扣 4 分、5 分、6 分;说话不满 30 秒(含 30 秒),本测试项计为 0 分。因此,即便是说话内容不丰富、立意不够深刻、选材不够恰当、修辞不够完美,也要坚持说下去,尽量说够时间。智能测试中,在本项测试时,应试人可根据电脑显示时间滚动条情况,控制时间。

(八)语速适中,语音清晰

普通话正常语速约每分钟 240 个音节,受场合、职业、语境等因素影响,可以上下浮动,大致在每分钟 150—300 音节之间。因考试时说话时间是有严格限定的,说话太快,容易到了后面没有话说,留下大段语言空白,从而被扣掉缺时分;语速过快,还易造成吃字或口齿不清现象,影响发音质量。而适当放慢语速,既可以提供更充足的思考时间,又有利于吐字归音,不失为降低语音错误率的一个好办法。

(九) 避免离题、杜绝无效语料

应试者进行"命题说话"测试时,一定要注意不能离题,这里说的"离题",是指说话一开始就东扯西拉,不着边际,有的考生事先备好某一篇稿子,无论遇到什么题目都用此应对,甚至是驴唇不对马嘴,闹出笑话。测试大纲中规定:应试人说话离题,视程度扣 4 分、5分、6 分。应试人也不能背诵事先准备好的诗歌、媒体刊载的文章(包括《大纲》60 篇朗读作品),如有此现象则被判定为"朗读文本",有此类问题,扣 5 分。应试人更不能以唱歌、数数、读秒、反复重复某一句话等代替命题说话,否则视为无效语料。有无效语料的按累计占时多少来算,参照缺时扣分法扣分。

【综合训练】

1. 请先写一篇题为《我尊敬的人》的讲话稿,再进行复述。

2. 请先给《谈谈个人修养》一题写一个提纲,再进行说话练习。

3. 请从书中第二部分 30 个说话题中随意抽取一个话题,思考 3 分钟后立即说话,说话时计时,说满 3 分钟。

第二部分

训练 1　词语训练

★ **训练目标**

通过有针对性的词语训练,掌握普通话常用词语、易错词语的朗读技巧。

★ **任务设定**

请朗读下列词语。

小草——小炒　商业——桑叶　栽花——摘花
水流——水牛　脑子——老子　难住——拦住
瓜分——刮风　民心——明星　金鱼——鲸鱼

★ **思考与讨论**

你能发好平翘舌音、鼻边音和前后鼻韵母等易混淆读音吗?如何记住它们呢?

★ **实战训练**

扫一扫可获得配套音频

一、普通话 z、c、s,zh、ch、sh 词语训练

1. 声母是 z、c、s 的词语

C	摧残 cuīcán	仓促 cāngcù
彩色 cǎisè	存在 cúnzài	苍翠 cāngcuì
操纵 cāozòng	猜测 cāicè	嘈杂 cáozá
操作 cāozuò	彩塑 cǎisù	草丛 cǎocóng
层次 céngcì	参赛 cānsài	厕所 cèsuǒ
词组 cízǔ	残存 cáncún	粗俗 cūsú
从此 cóngcǐ	蚕丝 cánsī	催促 cuīcù
粗糙 cūcāo	惨死 cǎnsǐ	璀璨 cuǐcàn

S

色彩 sècǎi
思索 sīsuǒ
诉讼 sùsòng
塑造 sùzào
所在 suǒzài
丧葬 sāngzàng
色素 sèsù
色泽 sèzé
私自 sīzì
四散 sìsàn
松散 sōngsǎn

送葬 sòngzàng
搜索 sōusuǒ
酸枣 suānzǎo
随从 suícóng
琐碎 suǒsuì

Z

自从 zìcóng
自在 zìzai
总算 zǒngsuàn
再造 zàizào
在座 zàizuò

赞颂 zànsòng
赠送 zèngsòng
资财 zīcái
紫菜 zǐcài
自私 zìsī
自尊 zìzūn
棕色 zōngsè
走私 zǒusī
阻塞 zǔsè
遵从 zūncóng
作祟 zuòsuì

2. 声母是 zh、ch、sh 的词语

CH

产生 chǎnshēng
产值 chǎnzhí
阐述 chǎnshù
长城 chángchéng
长征 chángzhēng
尝试 chángshì
常识 chángshí
常数 chángshù
超出 chāochū
潮湿 cháoshī
车站 chēzhàn
沉重 chénzhòng
沉着 chénzhuó
陈述 chénshù
成虫 chéngchóng
成熟 chéngshú
成长 chéngzhǎng
承受 chéngshòu
城市 chéngshì
城镇 chéngzhèn
程式 chéngshì
充实 chōngshí
出产 chūchǎn
出身 chūshēn

出生 chūshēng
出售 chūshòu
初中 chūzhōng
穿着 chuānzhuó
传授 chuánshòu
传说 chuánshuō
船长 chuánzhǎng
船只 chuánzhī
创伤 chuāngshāng
垂直 chuízhí
插手 chāshǒu
茶水 cháshuǐ
查处 cháchǔ
查找 cházhǎo
拆除 chāichú
差使 chāishǐ
潺潺 chánchán
蟾蜍 chánchú
铲除 chǎnchú
阐释 chǎnshì
长衫 chángshān
长寿 chángshòu
常设 chángshè
常住 chángzhù
厂商 chǎngshāng

超产 chāochǎn
超常 chāocháng
朝政 cháozhèng
潮水 cháoshuǐ
车身 chēshēn
撤职 chèzhí
沉睡 chénshuì
陈设 chénshè
衬衫 chènshān
趁势 chènshì
称职 chènzhí
诚挚 chéngzhì
惩处 chéngchǔ
惩治 chéngzhì
吃水 chīshuǐ
驰骋 chíchěng
持重 chízhòng
赤诚 chìchéng
冲刷 chōngshuā
冲撞 chōngzhuàng
充斥 chōngchì
重申 chóngshēn
崇尚 chóngshàng
抽查 chōuchá
抽搐 chōuchù

踌躇 chóuchú

仇视 chóushì

惆怅 chóuchàng

出差 chūchāi

出厂 chūchǎng

出场 chūchǎng

出山 chūshān

出神 chūshén

出师 chūshī

出使 chūshǐ

出示 chūshì

出世 chūshì

出事 chūshì

出手 chūshǒu

出征 chūzhēng

出众 chūzhòng

初春 chūchūn

除尘 chúchén

厨师 chúshī

橱窗 chúchuāng

处世 chǔshì

处事 chǔshì

处置 chǔzhì

触手 chùshǒu

穿插 chuānchā

传承 chuánchéng

传神 chuánshén

传输 chuánshū

传真 chuánzhēn

船闸 chuánzhá

创设 chuàngshè

创始 chuàngshǐ

创制 chuàngzhì

纯真 chúnzhēn

纯正 chúnzhèng

蠢事 chǔnshì

SH

山水 shānshuǐ

闪烁 shǎnshuò

上山 shàngshān

上升 shàngshēng

上市 shàngshì

上述 shàngshù

上涨 shàngzhǎng

稍稍 shāoshāo

少数 shǎoshù

设施 shèshī

设置 shèzhì

伸手 shēnshǒu

深沉 shēnchén

神圣 shénshèng

审查 shěnchá

甚至 shènzhì

慎重 shènzhòng

生产 shēngchǎn

生成 shēngchéng

生长 shēngzhǎng

生殖 shēngzhí

牲畜 shēngchù

师长 shīzhǎng

实施 shíshī

实质 shízhì

始终 shǐzhōng

市场 shìchǎng

事实 shìshí

逝世 shìshì

手势 shǒushì

手术 shǒushù

手掌 shǒuzhǎng

手指 shǒuzhǐ

首长 shǒuzhǎng

受伤 shòushāng

舒适 shūshì

输出 shūchū

树种 shùzhǒng

数值 shùzhí

水手 shuǐshǒu

税收 shuìshōu

顺手 shùnshǒu

杀伤 shāshāng

刹车 shāchē

霎时 shàshí

山茶 shānchá

山川 shānchuān

山楂 shānzhā

善战 shànzhàn

擅长 shàncháng

膳食 shànshí

伤势 shāngshì

商场 shāngchǎng

商船 shāngchuán

上场 shàngchǎng

上身 shàngshēn

上阵 shàngzhèn

上肢 shàngzhī

烧伤 shāoshāng

奢侈 shēchǐ

舍身 shěshēn

射程 shèchéng

摄制 shèzhì

伸展 shēnzhǎn

伸张 shēnzhāng

身长 shēncháng

身世 shēnshì

绅士 shēnshì

深山 shēnshān

深重 shēnzhòng

神志 shénzhì

神州 shénzhōu

审慎 shěnshèn

审视 shěnshì

生疏 shēngshū

声称 shēngchēng

声势 shēngshì

省城 shěngchéng
省事 shěngshì
胜仗 shèngzhàng
盛产 shèngchǎn
盛装 shèngzhuāng
失常 shīcháng
失传 shīchuán
失神 shīshén
失声 shīshēng
失实 shīshí
失守 shīshǒu
失真 shīzhēn
失职 shīzhí
失重 shīzhòng
施舍 shīshě
施展 shīzhǎn
施政 shīzhèng
时尚 shíshàng
时事 shíshì
时针 shízhēn
时钟 shízhōng
时装 shízhuāng
实事 shíshì
实数 shíshù
实战 shízhàn
食指 shízhǐ
史诗 shǐshī
史实 shǐshí
史书 shǐshū
使者 shǐzhě
示众 shìzhòng
市镇 shìzhèn
市政 shìzhèng
试纸 shìzhǐ
适时 shìshí
收场 shōuchǎng
手杖 shǒuzhàng
首创 shǒuchuàng

受制 shòuzhì
书生 shūshēng
书桌 shūzhuō
舒畅 shūchàng
舒张 shūzhāng
熟睡 shúshuì
熟知 shúzhī
述说 shùshuō
双重 shuāngchóng
水产 shuǐchǎn
水车 shuǐchē
水势 shuǐshì
水闸 shuǐzhá
水质 shuǐzhì
水肿 shuǐzhǒng
水准 shuǐzhǔn
瞬时 shùnshí
说唱 shuōchàng
说穿 shuōchuān
硕士 shuòshì

ZH

战场 zhànchǎng
战胜 zhànshèng
战士 zhànshì
战术 zhànshù
战争 zhànzhēng
章程 zhāngchéng
招生 zhāoshēng
照射 zhàoshè
折射 zhéshè
侦查 zhēnchá
侦察 zhēnchá
珍珠 zhēnzhū
真实 zhēnshí
真正 zhēnzhèng
征收 zhēngshōu
正常 zhèngcháng
正式 zhèngshì

证实 zhèngshí
证书 zhèngshū
政治 zhèngzhì
症状 zhèngzhuàng
支撑 zhīchēng
支持 zhīchí
支出 zhīchū
直至 zhízhì
只是 zhǐshì
指示 zhǐshì
指数 zhǐshù
至少 zhìshǎo
制止 zhìzhǐ
中枢 zhōngshū
忠诚 zhōngchéng
忠实 zhōngshí
终身 zhōngshēn
种植 zhòngzhí
重视 zhòngshì
周转 zhōuzhuǎn
主张 zhǔzhāng
助手 zhùshǒu
注射 zhùshè
注视 zhùshì
注重 zhùzhòng
专政 zhuānzhèng
转身 zhuǎnshēn
装置 zhuāngzhì
追逐 zhuīzhú
着手 zhuóshǒu
着重 zhuózhòng
摘除 zhāichú
展翅 zhǎnchì
辗转 zhǎnzhuǎn
战事 zhànshì
长者 zhǎngzhě
招收 zhāoshōu
招手 zhāoshǒu

招致 zhāozhì
诏书 zhàoshū
照常 zhàocháng
肇事 zhàoshì
折中 zhézhōng
褶皱 zhězhòu
珍视 zhēnshì
珍重 zhēnzhòng
真知 zhēnzhī
真挚 zhēnzhì
斟酌 zhēnzhuó
诊治 zhěnzhì
震颤 zhènchàn
镇守 zhènshǒu
征兆 zhēngzhào
整数 zhěngshù
整治 zhěngzhì
正视 zhèngshì
正直 zhèngzhí
正中 zhèngzhōng
政事 zhèngshì
支柱 zhīzhù
只身 zhīshēn
执照 zhízhào
执政 zhízhèng
执着 zhízhuó
直肠 zhícháng

直属 zhíshǔ
直率 zhíshuài
直爽 zhíshuǎng
职称 zhíchēng
纸张 zhǐzhāng
指南针 zhǐnánzhēn
指使 zhǐshǐ
指针 zhǐzhēn
至上 zhìshàng
治水 zhìshuǐ
置身 zhìshēn
中止 zhōngzhǐ
中转 zhōngzhuǎn
忠贞 zhōngzhēn
终生 zhōngshēng
终止 zhōngzhǐ
肿胀 zhǒngzhàng
众生 zhòngshēng
重伤 zhòngshāng
周身 zhōushēn
周折 zhōuzhé
主食 zhǔshí
主事 zhǔshì
主旨 zhǔzhǐ
助长 zhùzhǎng
住址 zhùzhǐ
注释 zhùshì

驻守 zhùshǒu
驻扎 zhùzhā
著称 zhùchēng
著述 zhùshù
著作 zhùzuò
专长 zhuāncháng
专车 zhuānchē
专程 zhuānchéng
专职 zhuānzhí
专注 zhuānzhù
专著 zhuānzhù
转产 zhuǎnchǎn
转手 zhuǎnshǒu
转瞬 zhuǎnshùn
转战 zhuǎnzhàn
转折 zhuǎnzhé
庄重 zhuāngzhòng
装束 zhuāngshù
壮士 zhuàngshì
壮志 zhuàngzhì
赘述 zhuìshù
准绳 zhǔnshéng
准时 zhǔnshí
茁壮 zhuózhuàng
卓著 zhuózhù
着实 zhuóshí

3. 兼有 z、c、s 和 zh、ch、sh 的词语

C

财产 cáichǎn
财政 cáizhèng
参数 cānshù
参照 cānzhào
侧重 cèzhòng
场所 chángsuǒ
沉思 chénsī
称赞 chēngzàn

充足 chōngzú
出色 chūsè
储存 chǔcún
创造 chuàngzào
创作 chuàngzuò
纯粹 chúncuì
辞职 cízhí
磁场 cíchǎng
次数 cìshù

从事 cóngshì
从中 cóngzhōng
促成 cùchéng
促使 cùshǐ
村庄 cūnzhuāng
挫折 cuòzhé
措施 cuòshī
采摘 cǎizhāi
菜场 càichǎng

参展 cānzhǎn
参战 cānzhàn
参政 cānzhèng
餐桌 cānzhuō
残杀 cánshā
惨重 cǎnzhòng
藏身 cángshēn
藏书 cángshū
操持 cāochí
草场 cǎochǎng
草率 cǎoshuài
侧身 cèshēn
测试 cèshì
禅宗 chánzōng
长足 chángzú
唱词 chàngcí
沉醉 chénzuì
趁早 chènzǎo
称颂 chēngsòng
成才 chéngcái
成材 chéngcái
乘坐 chéngzuò
迟早 chízǎo
斥责 chìzé
赤字 chìzì
充塞 chōngsè
抽穗 chōusuì
筹措 chóucuò
出资 chūzī
出租 chūzū
处死 chǔsǐ
储藏 chǔcáng
处所 chùsuǒ
揣测 chuǎicè
穿刺 chuāncì
穿梭 chuānsuō
传送 chuánsòng
传诵 chuánsòng

船舱 chuáncāng
吹奏 chuīzòu
垂死 chuísǐ
春色 chūnsè
瓷砖 cízhuān
慈善 císhàn
从属 cóngshǔ
从众 cóngzhòng
丛生 cóngshēng
粗壮 cūzhuàng
村寨 cūnzhài
村镇 cūnzhèn
存储 cúnchǔ
存折 cúnzhé
磋商 cuōshāng
挫伤 cuòshāng

S

散射 sǎnshè
丧失 sàngshī
上层 shàngcéng
上诉 shàngsù
身材 shēncái
神色 shénsè
生存 shēngcún
识字 shízì
实在 shí·zài
氏族 shìzú
收缩 shōusuō
输送 shūsòng
蔬菜 shūcài
数字 shùzì
四处 sìchù
四肢 sìzhī
四周 sìzhōu
俗称 súchēng
素质 sùzhì
宿舍 sùshè
虽说 suīshuō

随时 suíshí
损伤 sǔnshāng
损失 sǔnshī
所属 suǒshǔ
撒手 sāshǒu
赛事 sàishì
散失 sànshī
丧事 sāngshì
扫射 sǎoshè
扫视 sǎoshì
擅自 shànzì
赏赐 shǎngcì
上座 shàngzuò
哨所 shàosuǒ
涉足 shèzú
申诉 shēnsù
伸缩 shēnsuō
深层 shēncéng
深思 shēnsī
深邃 shēnsuì
深造 shēnzào
神采 shéncǎi
神速 shénsù
肾脏 shènzàng
生死 shēngsǐ
生字 shēngzì
声速 shēngsù
绳索 shéngsuǒ
失散 shīsàn
失踪 shīzōng
失足 shīzú
师资 shīzī
十足 shízú
石笋 shísǔn
实测 shícè
史册 shǐcè
始祖 shǐzǔ
士族 shìzú

世俗 shìsú

侍从 shìcóng

收藏 shōucáng

手册 shǒucè

手足 shǒuzú

守则 shǒuzé

受挫 shòucuò

受灾 shòuzāi

受阻 shòuzǔ

受罪 shòuzuì

疏散 shūsàn

疏松 shūsōng

赎罪 shúzuì

水草 shuǐcǎo

水灾 shuǐzāi

顺从 shùncóng

丝绸 sīchóu

私产 sīchǎn

私事 sīshì

厮杀 sīshā

死伤 sǐshāng

死神 sǐshén

四时 sìshí

松手 sōngshǒu

松鼠 sōngshǔ

搜查 sōuchá

诉说 sùshuō

速成 sùchéng

算术 suànshù

算账 suànzhàng

随处 suíchù

随身 suíshēn

唆使 suōshǐ

琐事 suǒshì

Z

杂志 zázhì

杂质 zázhì

在场 zàichǎng

暂时 zànshí

赞成 zànchéng

遭受 zāoshòu

展示 zhǎnshì

正在 zhèngzài

政策 zhèngcè

职责 zhízé

指责 zhǐzé

制造 zhìzào

制作 zhìzuò

质子 zhìzǐ

种族 zhǒngzú

著作 zhùzuò

准则 zhǔnzé

姿势 zīshì

资产 zīchǎn

自称 zìchēng

自杀 zìshā

自身 zìshēn

自治 zìzhì

自主 zìzhǔ

自转 zìzhuàn

宗旨 zōngzhǐ

总数 zǒngshù

总之 zǒngzhī

阻止 zǔzhǐ

组织 zǔzhī

嘴唇 zuǐchún

最初 zuìchū

最终 zuìzhōng

尊重 zūnzhòng

遵守 zūnshǒu

左手 zuǒshǒu

作战 zuòzhàn

作者 zuòzhě

栽植 zāizhí

栽种 zāizhòng

在世 zàishì

在职 zàizhí

载重 zàizhòng

赞赏 zànshǎng

葬身 zàngshēn

早春 zǎochūn

早熟 zǎoshú

噪声 zàoshēng

责成 zéchéng

增产 zēngchǎn

增生 zēngshēng

增收 zēngshōu

增设 zēngshè

增长 zēngzhǎng

增值 zēngzhí

增殖 zēngzhí

择菜 zháicài

沼泽 zhǎozé

折算 zhésuàn

贞操 zhēncāo

珍藏 zhēncáng

真丝 zhēnsī

诊所 zhěnsuǒ

振作 zhènzuò

致死 zhìsǐ

中层 zhōngcéng

仲裁 zhòngcái

周岁 zhōusuì

竹笋 zhúsǔn

主次 zhǔcì

主宰 zhǔzǎi

住宿 zhùsù

住所 zhùsuǒ

注册 zhùcè

转速 zhuànsù

装载 zhuāngzài

追溯 zhuīsù

追随 zhuīsuí

追踪 zhuīzōng

滋生 zīshēng 　　　　总称 zǒngchēng 　　　　罪证 zuìzhèng
滋长 zīzhǎng 　　　　纵身 zòngshēn 　　　　罪状 zuìzhuàng
自首 zìshǒu 　　　　纵深 zòngshēn 　　　　尊称 zūnchēng
自述 zìshù 　　　　纵使 zòngshǐ 　　　　遵照 zūnzhào
自制 zìzhì 　　　　奏章 zòuzhāng 　　　　坐镇 zuòzhèn
自重 zìzhòng 　　　　诅咒 zǔzhòu 　　　　做声 zuòshēng
自传 zìzhuàn 　　　　组装 zǔzhuāng 　　　　做主 zuòzhǔ
宗室 zōngshì 　　　　钻石 zuànshí

二、含 r 声母的词语

扫一扫可获得配套音频

A	耻辱 chǐrǔ	愕然 èrán
黯然 ànrán	炽热 chìrè	恩人 ēnrén
昂然 ángrán	出任 chūrèn	F
傲然 àorán	出入 chūrù	发热 fārè
B	传染 chuánrǎn	繁荣 fánróng
比如 bǐrú	雌蕊 círuǐ	否认 fǒurèn
必然 bìrán	次日 cìrì	放任 fàngrèn
辨认 biànrèn	从容 cóngróng	愤然 fènrán
病人 bìngrén	脆弱 cuìruò	缝纫 féngrèn
薄弱 bóruò	D	芙蓉 fúróng
不然 bùrán	担任 dānrèn	富饶 fùráo
不容 bùróng	当然 dāngrán	G
不如 bùrú	敌人 dírén	干扰 gānrǎo
白日 báirì	点燃 diǎnrán	感染 gǎnrǎn
包容 bāoróng	电容 diànróng	固然 gùrán
被褥 bèirù	打扰 dǎrǎo	光荣 guāngróng
哺乳 bǔrǔ	淡然 dànrán	果然 guǒrán
C	导热 dǎorè	感人 gǎnrén
承认 chéngrèn	地热 dìrè	高热 gāorè
残忍 cánrěn	陡然 dǒurán	割让 gēràng
缠绕 chánrào	度日 dùrì	公然 gōngrán
常人 chángrén	断然 duànrán	骨肉 gǔròu
超然 chāorán	E	果肉 guǒròu
诚然 chéngrán	恶人 èrén	过热 guòrè

过人 guòrén

H

忽然 hūrán

寒热 hánrè

悍然 hànrán

赫然 hèrán

轰然 hōngrán

红润 hóngrùn

花蕊 huāruǐ

哗然 huárán

环绕 huánrào

恍然 huǎngrán

火热 huǒrè

J

肌肉 jīròu

既然 jìrán

加热 jiārè

加入 jiārù

假如 jiǎrú

尖锐 jiānruì

减弱 jiǎnruò

节日 jiérì

今日 jīnrì

金融 jīnróng

进入 jìnrù

惊人 jīngrén

竟然 jìngrán

即日 jírì

继任 jìrèn

假若 jiǎruò

假日 jiàrì

坚韧 jiānrèn

兼任 jiānrèn

交融 jiāoróng

叫嚷 jiàorǎng

接壤 jiērǎng

截然 jiérán

介入 jièrù

浸润 jìnrùn

惊扰 jīngrǎo

精锐 jīngruì

就任 jiùrèn

巨人 jùrén

K

酷热 kùrè

宽容 kuānróng

狂热 kuángrè

困扰 kùnrǎo

M

茫然 mángrán

迷人 mírén

敏锐 mǐnruì

盲人 mángrén

美人 měirén

美容 měiróng

闷热 mēnrè

猛然 měngrán

面容 miànróng

名人 míngrén

明日 míngrì

末日 mòrì

蓦然 mòrán

漠然 mòrán

默然 mòrán

N

纳入 nàrù

男人 nánrén

内容 nèiróng

女人 nǚrén

O

偶然 ǒurán

P

譬如 pìrú

平日 píngrì

旁人 pángrén

烹饪 pēngrèn

皮肉 píròu

飘然 piāorán

仆人 púrén

Q

侵入 qīnrù

亲热 qīnrè

确认 quèrèn

凄然 qīrán

恰如 qiàrú

潜入 qiánrù

悄然 qiǎorán

轻柔 qīngróu

屈辱 qūrǔ

R

然而 rán'ér

然后 ránhòu

燃烧 ránshāo

染色 rǎnsè

热爱 rè'ài

热能 rènéng

热情 rèqíng

人才 réncái

人口 rénkǒu

人类 rénlèi

人力 rénlì

人身 rénshēn

人生 rénshēng

人士 rénshì

人事 rénshì

人心 rénxīn

人性 rénxìng

人造 rénzào

忍耐 rěnnài

忍受 rěnshòu

认定 rèndìng

认真 rènzhēn

任命 rènmìng

仍然 réngrán

日常 rìcháng	人情 rénqíng	蠕动 rúdòng
日趋 rìqū	人参 rénshēn	乳牛 rǔniú
荣誉 róngyù	人声 rénshēng	乳汁 rǔzhī
容纳 róngnà	人世 rénshì	入境 rùjìng
溶解 róngjiě	人手 rénshǒu	入睡 rùshuì
熔点 róngdiǎn	人中 rénzhōng	软禁 ruǎnjìn
融合 rónghé	人种 rénzhǒng	软弱 ruǎnruò
柔和 róuhé	仁慈 réncí	锐角 ruìjiǎo
柔软 róuruǎn	忍心 rěnxīn	锐利 ruìlì
肉体 ròutǐ	认错 rèncuò	润滑 rùnhuá
如此 rúcǐ	认罪 rènzuì	弱小 ruòxiǎo
如今 rújīn	任凭 rènpíng	S
儒家 rújiā	任性 rènxìng	商人 shāngrén
入侵 rùqīn	任职 rènzhí	深入 shēnrù
入手 rùshǒu	韧带 rèndài	湿润 shīrùn
若是 ruòshì	韧性 rènxìng	收入 shōurù
弱点 ruòdiǎn	妊娠 rènshēn	输入 shūrù
冉冉 rǎnrǎn	日程 rìchéng	虽然 suīrán
让步 ràngbù	日历 rìlì	骚扰 sāorǎo
让位 ràngwèi	日食 rìshí	渗入 shènrù
饶恕 ráoshù	荣幸 róngxìng	升任 shēngrèn
绕道 ràodào	绒毛 róngmáo	湿热 shīrè
热潮 rècháo	容忍 róngrěn	时日 shírì
热忱 rèchén	容许 róngxǔ	示弱 shìruò
热诚 rèchéng	溶洞 róngdòng	收容 shōuróng
热浪 rèlàng	溶血 róngxuè	手软 shǒuruǎn
热泪 rèlèi	熔化 rónghuà	瘦弱 shòuruò
热力 rèlì	融洽 róngqià	倏然 shūrán
热恋 rèliàn	融资 róngzī	衰弱 shuāiruò
热流 rèliú	冗长 rǒngcháng	丝绒 sīróng
热血 rèxuè	柔情 róuqíng	松软 sōngruǎn
人材 réncái	柔弱 róuruò	T
人称 rénchēng	柔顺 róushùn	倘若 tǎngruò
人丁 réndīng	蹂躏 róulìn	天然 tiānrán
人流 rénliú	肉食 ròushí	突然 tūrán
人伦 rénlún	肉质 ròuzhì	土壤 tǔrǎng
人命 rénmìng	如实 rúshí	坦然 tǎnrán
人品 rénpǐn	儒学 rúxué	听任 tīngrèn

徒然 túrán

颓然 tuírán

退让 tuìràng

W

微弱 wēiruò

为人 wéirén

围绕 wéirào

温柔 wēnróu

污染 wūrǎn

侮辱 wǔrǔ

宛如 wǎnrú

往日 wǎngrì

污辱 wūrǔ

X

显然 xiǎnrán

陷入 xiànrù

笑容 xiàoróng

信任 xìnrèn

行人 xíngrén

形容 xíngróng

削弱 xuēruò

昔日 xīrì

细弱 xìruò

消融 xiāoróng

欣然 xīnrán

杏仁 xìngrén

雄蕊 xióngruǐ

羞辱 xiūrǔ

虚弱 xūruò

旭日 xùrì

喧嚷 xuānrǎng

渲染 xuànrǎn

血肉 xuèròu

Y

依然 yīrán

毅然 yìrán

犹如 yóurú

炎热 yánrè

俨然 yǎnrán

已然 yǐrán

翌日 yìrì

印染 yìnrǎn

萦绕 yíngrào

悠然 yōurán

羽绒 yǔróng

圆润 yuánrùn

Z

早日 zǎorì

责任 zérèn

众人 zhòngrén

诸如 zhūrú

主任 zhǔrèn

自然 zìrán

沾染 zhānrǎn

阵容 zhènróng

重任 zhòngrèn

骤然 zhòurán

滋润 zīrùn

自如 zìrú

三、普通话 n、l 词语训练

扫一扫可获得配套音频

1. 声母是 n 的词语

A

安宁 ānníng

按捺 ànnà

按钮 ànniǔ

懊恼 àonǎo

B

百年 bǎinián

本能 běnnéng

避难 bìnàn

C

才能 cáinéng

常年 chángnián

成年 chéngnián

采纳 cǎinà

草拟 cǎonǐ

刹那 chànà

嘲弄 cháonòng

吵闹 chǎonào

初年 chūnián

吹牛 chuīniú

D

大脑 dànǎo

大娘 dàniáng

电脑 diànnǎo

电能 diànnéng

东南 dōngnán

胆囊 dǎnnáng

悼念 dàoniàn

惦念 diànniàn

刁难 diāonàn

叮咛 dīngníng

E

儿女 érnǚ

F

烦恼 fánnǎo

愤怒 fènnù

妇女 fùnǚ

发怒 fānù

丰年 fēngnián

G

概念 gàiniàn

功能 gōngnéng

观念 guānniàn

归纳 guīnà

高能 gāonéng

挂念 guàniàn

光能 guāngnéng

光年 guāngnián

H

怀念 huáiniàn

核能 hénéng

候鸟 hòuniǎo

胡闹 húnào

化脓 huànóng

患难 huànnàn

J

纪念 jìniàn

技能 jìnéng

艰难 jiānnán

江南 jiāngnán

激怒 jīnù

纪年 jìnián

娇嫩 jiāonèn

缴纳 jiǎonà

节能 jiénéng

拘泥 jūnì

K

苦难 kǔnàn

苦恼 kǔnǎo

L

老年 lǎonián

M

每年 měinián

玛瑙 mǎnǎo

毛囊 máonáng

美女 měinǚ

默念 mòniàn

N

哪些 nǎxiē

那样 nàyàng

纳税 nàshuì

乃至 nǎizhì

耐心 nàixīn

男女 nánnǚ

男性 nánxìng

南北 nánběi

难得 nándé

难免 nánmiǎn

难受 nánshòu

难题 nántí

难以 nányǐ

内涵 nèihán

内心 nèixīn

内在 nèizài

内脏 nèizàng

能动 néngdòng

能够 nénggòu

泥土 nítǔ

年初 niánchū

年纪 niánjì

年轻 niánqīng

宁静 níngjìng

凝视 níngshì

牛顿 niúdùn

扭转 niǔzhuǎn

农场 nóngchǎng

农村 nóngcūn

农民 nóngmín

农田 nóngtián

浓厚 nónghòu

奴役 núyì

女儿 nǚ'ér

女士 nǚshì

女性 nǚxìng

纳粹 nàcuì

奶牛 nǎiniú

奶油 nǎiyóu

奈何 nàihé

男生 nánshēng

南洋 nányáng

难产 nánchǎn

难说 nánshuō

难听 nántīng

难民 nànmín

囊括 nángkuò

恼怒 nǎonù

脑筋 nǎojīn

脑髓 nǎosuǐ

闹事 nàoshì

闹钟 nàozhōng

内疚 nèijiù

内情 nèiqíng

内伤 nèishāng

内政 nèizhèng

能人 néngrén

能手 néngshǒu

呢绒 níróng

泥坑 níkēng

泥泞 nínìng

泥塑 nísù

拟订 nǐdìng

拟人 nǐrén

逆差 nìchā

逆境 nìjìng

逆转 nìzhuǎn

溺爱 nì'ài

年景 niánjǐng

年终 niánzhōng

念白 niànbái

鸟瞰 niǎokàn

袅袅 niǎoniǎo

尿素 niàosù

捏造 niēzào

涅槃 nièpán

狞笑 níngxiào

凝神 níngshén

宁肯 nìngkěn

宁愿 nìngyuàn

牛犊 niúdú

扭曲 niǔqū

纽扣 niǔkòu

农耕 nónggēng

农垦 nóngkěn

农事 nóngshì

浓重 nóngzhòng

奴仆 núpú

女皇 nǚhuáng

女神 nǚshén

女生 nǚshēng

暖瓶 nuǎnpíng

虐待 nüèdài

挪用 nuóyòng

诺言 nuòyán

懦弱 nuòruò

糯米 nuòmǐ

P

叛逆 pànnì

Q

青年 qīngnián

气囊 qìnáng

气恼 qìnǎo

气馁 qìněi

前年 qiánnián

怯懦 qiènuò

亲昵 qīnnì

取暖 qǔnuǎn

全能 quánnéng

S

少年 shàonián

少女 shàonǚ

水泥 shuǐní

僧尼 sēngní

盛怒 shèngnù

首脑 shǒunǎo

受难 shòunàn

枢纽 shūniǔ

水鸟 shuǐniǎo

水牛 shuǐniú

思念 sīniàn

T

头脑 tóunǎo

逃难 táonàn

W

为难 wéinán

温暖 wēnnuǎn

玩弄 wánnòng

晚年 wǎnnián

万能 wànnéng

危难 wēinàn

位能 wèinéng

蜗牛 wōniú

无奈 wúnài

无能 wúnéng

舞女 wǔnǚ

务农 wùnóng

X

新娘 xīnniáng

信念 xìnniàn

性能 xìngnéng

戏弄 xìnòng

细腻 xìnì

仙女 xiānnǚ

鲜嫩 xiānnèn

想念 xiǎngniàn

小脑 xiǎonǎo

效能 xiàonéng

新年 xīnnián

匈奴 xiōngnú

虚拟 xūnǐ

许诺 xǔnuò

喧闹 xuānnào

悬念 xuánniàn

学年 xuénián

Y

疑难 yínán

意念 yìniàn

油腻 yóunì

淤泥 yūní

余年 yúnián

愚弄 yúnòng

欲念 yùniàn

遇难 yùnàn

酝酿 yùnniàng

Z

灾难 zāinàn

终年 zhōngnián

逐年 zhúnián

责难 zénàn

樟脑 zhāngnǎo

执拗 zhíniù

指南 zhǐnán

稚嫩 zhìnèn

转念 zhuǎnniàn

阻挠 zǔnáo

罪孽 zuìniè

2. 声母是 l 的词语

B

办理 bànlǐ
保留 bǎoliú
暴露 bàolù
本来 běnlái
本领 běnlǐng
比例 bǐlì
便利 biànlì
兵力 bīnglì
病理 bìnglǐ
波浪 bōlàng
捕捞 bǔlāo
不利 búlì
不论 búlùn
部落 bùluò
百灵 bǎilíng
斑斓 bānlán
伴侣 bànlǚ
包揽 bāolǎn
堡垒 bǎolěi
暴乱 bàoluàn
卑劣 bēiliè
背离 bèilí
鼻梁 bíliáng
比率 bǐlǜ
碧绿 bìlǜ
壁垒 bìlěi
辩论 biànlùn
表露 biǎolù
濒临 bīnlín
冰冷 bīnglěng
并联 bìnglián
病例 bìnglì
波澜 bōlán
菠萝 bōluó
步履 bùlǚ

C

材料 cáiliào
灿烂 cànlàn
测量 cèliáng
策略 cèlüè
产量 chǎnliàng
潮流 cháoliú
车辆 chēliàng
吃力 chīlì
处理 chǔlǐ
储量 chǔliàng
串联 chuànlián
创立 chuànglì
磁力 cílì
从来 cónglái
苍老 cānglǎo
沉沦 chénlún
城楼 chénglóu
齿轮 chǐlún
赤裸 chìluǒ
丑陋 chǒulòu
初恋 chūliàn
矗立 chùlì
传令 chuánlìng
窗帘 chuānglián
垂柳 chuíliǔ
锤炼 chuíliàn
粗鲁 cūlǔ
粗略 cūlüè
翠绿 cuìlǜ

D

大陆 dàlù
带领 dàilǐng
道路 dàolù
电力 diànlì
电量 diànliàng
定量 dìngliàng
定律 dìnglǜ
动力 dònglì
锻炼 duànliàn
对流 duìliú
打猎 dǎliè
胆量 dǎnliàng
胆略 dǎnlüè
捣乱 dǎoluàn
得力 délì
登陆 dēnglù
低劣 dīliè
涤纶 dílún
电缆 diànlǎn
定论 dìnglùn
丢脸 diūliǎn
动乱 dòngluàn
斗笠 dǒulì
度量 dùliàng
段落 duànluò
对联 duìlián

E

恶劣 èliè
饵料 ěrliào

F

法令 fǎlìng
法律 fǎlǜ
肥料 féiliào
分类 fēnlèi
分裂 fēnliè
风力 fēnglì
俘虏 fúlǔ
福利 fúlì
发愣 fālèng
乏力 fálì
泛滥 fànlàn
范例 fànlì
肥力 féilì

奋力 fènlì

峰峦 fēngluán

浮力 fúlì

腐烂 fǔlàn

父老 fùlǎo

G

概率 gàilǜ

纲领 gānglǐng

公理 gōnglǐ

孤立 gūlì

古老 gǔlǎo

鼓励 gǔlì

关联 guānlián

官吏 guānlì

官僚 guānliáo

光亮 guāngliàng

规律 guīlǜ

概论 gàilùn

赶路 gǎnlù

干流 gànliú

高龄 gāolíng

割裂 gēliè

阁楼 gélóu

格律 gélǜ

工龄 gōnglíng

功利 gōnglì

勾勒 gōulè

惯例 guànlì

光临 guānglín

瑰丽 guīlì

锅炉 guōlú

国力 guólì

过量 guòliàng

过滤 guòlǜ

H

寒冷 hánlěng

行列 hángliè

合理 hélǐ

衡量 héngliáng

后来 hòulái

忽略 hūlüè

欢乐 huānlè

婚礼 hūnlǐ

混乱 hùnluàn

活力 huólì

海流 hǎiliú

海轮 hǎilún

寒流 hánliú

号令 hàolìng

红利 hónglì

洪亮 hóngliàng

胡乱 húluàn

护理 hùlǐ

花蕾 huālěi

滑轮 huálún

画廊 huàláng

荒凉 huāngliáng

慌乱 huāngluàn

黄连 huánglián

回流 huíliú

贿赂 huìlù

火炉 huǒlú

霍乱 huòluàn

J

积累 jīlěi

激烈 jīliè

极力 jílì

记录 jìlù

将来 jiānglái

奖励 jiǎnglì

交流 jiāoliú

角落 jiǎoluò

教练 jiàoliàn

接连 jiēlián

揭露 jiēlù

近来 jìnlái

经理 jīnglǐ

剧烈 jùliè

几率 jīlǜ

击落 jīluò

机理 jīlǐ

激流 jīliú

急流 jíliú

伎俩 jìliǎng

剂量 jìliàng

祭礼 jìlǐ

尖利 jiānlì

监牢 jiānláo

简练 jiǎnliàn

简陋 jiǎnlòu

简略 jiǎnlüè

降临 jiànglín

将领 jiànglǐng

焦虑 jiāolǜ

较量 jiàoliàng

戒律 jièlǜ

近邻 jìnlín

禁令 jìnlìng

劲旅 jìnglǚ

敬礼 jìnglǐ

举例 jǔlì

眷恋 juànliàn

决裂 juéliè

军粮 jūnliáng

K

颗粒 kēlì

可怜 kělián

快乐 kuàilè

开朗 kāilǎng

慨然 kǎirán

靠拢 kàolǒng

口粮 kǒuliáng

口令 kǒulìng

苦力 kǔlì

傀儡 kuǐlěi　　　　连续 liánxù　　　　律师 lǜshī
溃烂 kuìlàn　　　　莲子 liánzǐ　　　　绿化 lǜhuà

L

联邦 liánbāng　　　氯气 lǜqì
蜡烛 làzhú　　　　联合 liánhé　　　　卵巢 luǎncháo
来临 láilín　　　　联结 liánjié　　　　掠夺 lüèduó
来信 láixìn　　　　联络 liánluò　　　　伦理 lúnlǐ
来源 láiyuán　　　　联盟 liánméng　　　轮船 lúnchuán
浪费 làngfèi　　　　联营 liányíng　　　轮流 lúnliú
劳动 láodòng　　　　脸色 liǎnsè　　　　论述 lùnshù
劳力 láolì　　　　恋爱 liàn'ài　　　　论证 lùnzhèng
牢固 láogù　　　　良种 liángzhǒng　　螺旋 luóxuán
老虎 lǎohǔ　　　　两岸 liǎng'àn　　　落实 luòshí
老人 lǎorén　　　　辽阔 liáokuò　　　　拉力 lālì
老师 lǎoshī　　　　列车 lièchē　　　　来宾 láibīn
乐观 lèguān　　　　烈士 lièshì　　　　来访 láifǎng
雷达 léidá　　　　邻近 línjìn　　　　来历 láilì
泪水 lèishuǐ　　　　临床 línchuáng　　　来势 láishì
类似 lèisì　　　　临时 línshí　　　　来者 láizhě
类型 lèixíng　　　　淋巴 línbā　　　　拦阻 lánzǔ
冷静 lěngjìng　　　灵敏 língmǐn　　　　栏杆 lángān
冷水 lěngshuǐ　　　零售 língshòu　　　懒散 lǎnsǎn
离婚 líhūn　　　　领事 lǐngshì　　　　滥用 lànyòng
礼貌 lǐmào　　　　另外 lìngwài　　　　狼狈 lángbèi
理论 lǐlùn　　　　流传 liúchuán　　　朗读 lǎngdú
理性 lǐxìng　　　　流露 liúlù　　　　朗诵 lǎngsòng
理智 lǐzhì　　　　流水 liúshuǐ　　　　浪潮 làngcháo
力求 lìqiú　　　　流行 liúxíng　　　　劳累 láolèi
力学 lìxué　　　　流血 liúxuè　　　　劳模 láomó
历来 lìlái　　　　硫酸 liúsuān　　　　劳役 láoyì
历史 lìshǐ　　　　垄断 lǒngduàn　　　牢笼 láolóng
立场 lìchǎng　　　笼罩 lǒngzhào　　　牢狱 láoyù
立法 lìfǎ　　　　楼房 lóufáng　　　　老练 lǎoliàn
立即 lìjí　　　　陆军 lùjūn　　　　老少 lǎoshào
利害 lìhài　　　　陆续 lùxù　　　　老生 lǎoshēng
利率 lìlǜ　　　　路程 lùchéng　　　　老式 lǎoshì
利于 lìyú　　　　旅行 lǚxíng　　　　老鹰 lǎoyīng
连结 liánjié　　　　旅游 lǚyóu　　　　老者 lǎozhě
连忙 liánmáng　　　履行 lǚxíng　　　　烙印 làoyìn

乐趣 lèqù　　例证 lìzhèng　　邻舍 línshè
勒令 lèlìng　　隶属 lìshǔ　　林立 línlì
勒索 lèsuǒ　　荔枝 lìzhī　　临界 línjiè
雷鸣 léimíng　　连声 liánshēng　　临终 línzhōng
雷雨 léiyǔ　　怜悯 liánmǐn　　淋漓 línlí
累积 lěijī　　莲花 liánhuā　　嶙峋 línxún
累及 lěijí　　涟漪 liányī　　磷脂 línzhī
累计 lěijì　　联名 liánmíng　　吝啬 lìnsè
肋骨 lèigǔ　　廉洁 liánjié　　灵性 língxìng
泪痕 lèihén　　脸颊 liǎnjiá　　灵芝 língzhī
泪珠 lèizhū　　练兵 liànbīng　　玲珑 línglóng
类比 lèibǐ　　链条 liàntiáo　　凌晨 língchén
类推 lèituī　　良性 liángxìng　　凌乱 língluàn
棱角 léngjiǎo　　凉爽 liángshuǎng　　陵园 língyuán
棱镜 léngjìng　　凉水 liángshuǐ　　聆听 língtīng
冷藏 lěngcáng　　粮仓 liángcāng　　菱形 língxíng
冷竣 lěngjùn　　两栖 liǎngqī　　羚羊 língyáng
冷饮 lěngyǐn　　两性 liǎngxìng　　零乱 língluàn
离散 lísàn　　亮度 liàngdù　　零碎 língsuì
离心 líxīn　　谅解 liàngjiě　　零星 língxīng
离职 lízhí　　量刑 liàngxíng　　领队 lǐngduì
梨园 líyuán　　踉跄 liàngqiàng　　领略 lǐnglüè
黎明 límíng　　疗程 liáochéng　　领受 lǐngshòu
里程 lǐchéng　　嘹亮 liáoliàng　　领主 lǐngzhǔ
理财 lǐcái　　潦倒 liáodǎo　　另行 lìngxíng
理发 lǐfà　　料理 liàolǐ　　浏览 liúlǎn
理应 lǐyīng　　瞭望 liàowàng　　留存 liúcún
力度 lìdù　　列强 lièqiáng　　留恋 liúliàn
力争 lìzhēng　　列席 lièxí　　留神 liúshén
历程 lìchéng　　劣等 lièděng　　留守 liúshǒu
历届 lìjiè　　劣势 lièshì　　流畅 liúchàng
历经 lìjīng　　劣质 lièzhì　　流程 liúchéng
历书 lìshū　　烈日 lièrì　　流浪 liúlàng
厉声 lìshēng　　烈性 lièxìng　　流利 liúlì
立论 lìlùn　　猎手 lièshǒu　　流量 liúliàng
立正 lìzhèng　　裂缝 lièfèng　　流落 liúluò
立志 lìzhì　　裂隙 lièxì　　流失 liúshī
沥青 lìqīng　　邻里 línlǐ　　流逝 liúshì

流速 liúsù　　　　　螺丝 luósī　　　　　疲劳 píláo
流星 liúxīng　　　　裸露 luǒlù　　　　　频率 pínlǜ
流转 liúzhuǎn　　　　落差 luòchā　　　　破裂 pòliè
硫磺 liúhuáng　　　　落成 luòchéng　　　排练 páiliàn
龙船 lóngchuán　　　落水 luòshuǐ　　　　蓬乱 péngluàn
龙灯 lóngdēng　　　　　　M　　　　　　批量 pīliàng
隆重 lóngzhòng　　　忙碌 mánglù　　　　毗邻 pílín
笼络 lǒngluò　　　　魅力 mèilì　　　　　漂流 piāoliú
楼阁 lóugé　　　　　猛烈 měngliè　　　　飘零 piāolíng
漏洞 lòudòng　　　　面临 miànlín　　　　破烂 pòlàn
漏斗 lòudǒu　　　　　明亮 míngliàng　　　　　Q
炉灶 lúzào　　　　　命令 mìnglìng　　　　凄凉 qīliáng
卤水 lǔshuǐ　　　　　模拟 mónǐ　　　　　潜力 qiánlì
陆路 lùlù　　　　　　马力 mǎlì　　　　　桥梁 qiáoliáng
录制 lùzhì　　　　　脉络 màiluò　　　　　侵略 qīnlüè
绿林 lùlín　　　　　忙乱 mángluàn　　　勤劳 qínláo
路灯 lùdēng　　　　盲流 mángliú　　　　清理 qīnglǐ
路径 lùjìng　　　　毛料 máoliào　　　　权利 quánlì
路途 lùtú　　　　　毛驴 máolú　　　　　确立 quèlì
露珠 lùzhū　　　　　霉烂 méilàn　　　　群落 qúnluò
旅程 lǔchéng　　　　门类 ménlèi　　　　欺凌 qīlíng
旅途 lǔtú　　　　　门帘 ménlián　　　　起落 qǐluò
绿灯 lùdēng　　　　门铃 ménlíng　　　　绮丽 qǐlì
绿豆 lùdòu　　　　迷离 mílí　　　　　牵连 qiānlián
绿洲 lùzhōu　　　　迷恋 míliàn　　　　前列 qiánliè
孪生 luánshēng　　　迷路 mílù　　　　　强力 qiánglì
卵石 luǎnshí　　　　糜烂 mílàn　　　　青睐 qīnglài
卵子 luǎnzǐ　　　　名利 mínglì　　　　清冷 qīnglěng
略微 lüèwēi　　　　名流 míngliú　　　　清凉 qīngliáng
沦陷 lúnxiàn　　　　明朗 mínglǎng　　　情理 qínglǐ
轮番 lúnfān　　　　明了 míngliǎo　　　情侣 qínglǚ
论理 lùnlǐ　　　　　磨练 móliàn　　　　晴朗 qínglǎng
论说 lùnshuō　　　　谋略 móulüè　　　　丘陵 qiūlíng
论战 lùnzhàn　　　牡蛎 mǔlì　　　　　去路 qùlù
论著 lùnzhù　　　　木料 mùliào　　　　全力 quánlì
罗列 luóliè　　　　目录 mùlù　　　　　　　S
锣鼓 luógǔ　　　　　　P　　　　　　森林 sēnlín
箩筐 luókuāng　　　排列 páiliè　　　　僧侣 sēnglǚ

山林 shānlín

善良 shànliáng

少量 shǎoliàng

设立 shèlì

生理 shēnglǐ

实例 shílì

首领 shǒulǐng

狩猎 shòu liè

熟练 shúliàn

衰老 shuāilǎo

率领 shuàilǐng

水利 shuǐlì

司令 sīlìng

饲料 sìliào

塑料 sùliào

散落 sànluò

杀戮 shālù

山梁 shānliáng

山岭 shānlǐng

山麓 shānlù

山峦 shānluán

上列 shàngliè

上流 shàngliú

上路 shànglù

社论 shèlùn

神灵 shénlíng

审理 shěnlǐ

声浪 shēnglàng

省略 shěnglüè

失礼 shīlǐ

失利 shīlì

失恋 shīliàn

失灵 shīlíng

失落 shīluò

石料 shíliào

史料 shǐliào

事理 shìlǐ

视力 shìlì

适量 shìliàng

收敛 shōuliǎn

收留 shōuliú

收录 shōulù

受理 shòulǐ

梳理 shūlǐ

竖立 shùlì

衰落 shuāiluò

爽朗 shuǎnglǎng

水力 shuǐlì

水陆 shuǐlù

税利 shuìlì

税率 shuìlǜ

说理 shuōlǐ

私立 sīlì

思虑 sīlù

送礼 sònglǐ

搜罗 sōuluó

锁链 suǒliàn

T

讨论 tǎolùn

提炼 tíliàn

条例 tiáolì

停留 tíngliú

透露 tòulù

脱离 tuōlí

贪婪 tānlán

弹力 tánlì

螳螂 tángláng

桃李 táolǐ

藤萝 téngluó

提留 tíliú

天理 tiānlǐ

天亮 tiānliàng

挺立 tǐnglì

通令 tōnglìng

同龄 tónglíng

统领 tǒnglǐng

头颅 tóulú

涂料 túliào

吐露 tǔlù

推力 tuīlì

退路 tuìlù

拖累 tuōlěi

陀螺 tuóluó

W

网络 wǎngluò

无力 wúlì

物理 wùlǐ

瓦砾 wǎlì

外流 wàiliú

外露 wàilù

挽留 wǎnliú

亡灵 wánglíng

网罗 wǎngluó

蔚蓝 wèilán

紊乱 wěnluàn

涡流 wōliú

无赖 wúlài

X

下令 xiàlìng

显露 xiǎnlù

线路 xiànlù

相连 xiānglián

效力 xiàolì

效率 xiàolǜ

心理 xīnlǐ

心灵 xīnlíng

奚落 xīluò

溪流 xīliú

洗礼 xǐlǐ

乡里 xiānglǐ

享乐 xiǎnglè

项链 xiàngliàn

笑脸 xiàoliǎn

效劳 xiàoláo

泄露 xièlòu　　　　　　阳历 yánglì　　　　　　整理 zhěnglǐ
心力 xīnlì　　　　　　　杨柳 yángliǔ　　　　　　质量 zhìliàng
心率 xīnlǜ　　　　　　　洋流 yángliú　　　　　　智力 zhìlì
辛辣 xīnlà　　　　　　　养老 yǎnglǎo　　　　　　肿瘤 zhǒngliú
辛劳 xīnláo　　　　　　　要领 yàolǐng　　　　　　种类 zhǒnglèi
新郎 xīnláng　　　　　　依恋 yīliàn　　　　　　　重量 zhòngliàng
行礼 xínglǐ　　　　　　　遗漏 yílòu　　　　　　　主力 zhǔlì
秀丽 xiùlì　　　　　　　疑虑 yílǜ　　　　　　　　资料 zīliào
序列 xùliè　　　　　　　屹立 yìlì　　　　　　　　阻力 zǔlì
绚丽 xuànlì　　　　　　　阴冷 yīnlěng　　　　　　杂粮 záliáng
学龄 xuélíng　　　　　　阴凉 yīnliáng　　　　　　杂乱 záluàn
血泪 xuèlèi　　　　　　　音量 yīnliàng　　　　　　责令 zélìng
巡逻 xúnluó　　　　　　　音律 yīnlǜ　　　　　　　粘连 zhānlián
驯鹿 xùnlù　　　　　　　营垒 yínglěi　　　　　　战栗 zhànlì
　　　　Y　　　　　　　赢利 yínglì　　　　　　　长老 zhǎnglǎo
严厉 yánlì　　　　　　　忧虑 yōulǜ　　　　　　　丈量 zhàngliáng
眼泪 yǎnlèi　　　　　　　幽灵 yōulíng　　　　　　政论 zhènglùn
养料 yǎngliào　　　　　　油轮 yóulún　　　　　　知了 zhīliǎo
冶炼 yěliàn　　　　　　　游览 yóulǎn　　　　　　中立 zhōnglì
医疗 yīliáo　　　　　　　游乐 yóulè　　　　　　　株连 zhūlián
依赖 yīlài　　　　　　　游历 yóulì　　　　　　　伫立 zhùlì
议论 yìlùn　　　　　　　余粮 yúliáng　　　　　　助理 zhùlǐ
盈利 yínglì　　　　　　　语录 yǔlù　　　　　　　专栏 zhuānlán
优良 yōuliáng　　　　　　元老 yuánlǎo　　　　　　转脸 zhuǎnliǎn
娱乐 yúlè　　　　　　　　园林 yuánlín　　　　　　壮丽 zhuànglì
舆论 yúlùn　　　　　　　院落 yuànluò　　　　　　壮烈 zhuàngliè
原理 yuánlǐ　　　　　　　韵律 yùnlǜ　　　　　　　坠落 zhuìluò
原谅 yuánliàng　　　　　　　　Z　　　　　　　　棕榈 zōnglú
颜料 yánliào　　　　　　占领 zhànlǐng　　　　　　租赁 zūlìn
眼力 yǎnlì　　　　　　　照例 zhàolì　　　　　　　阻拦 zǔlán
眼帘 yǎnlián　　　　　　真理 zhēnlǐ

3. 兼有 l、n 的词语

　　　　L　　　　　　　冷暖 lěngnuǎn　　　　　　　　N
老年 lǎonián　　　　　　历年 lìnián　　　　　　　能力 nénglì
来年 láinián　　　　　　利尿 lìniào　　　　　　　能量 néngliàng
烂泥 lànní　　　　　　　连年 liánnián　　　　　　年龄 niánlíng
冷凝 lěngníng　　　　　　　　　　　　　　　　　奴隶 núlì

努力 nǔlì | 内乱 nèiluàn | 农历 nónglì
耐力 nàilì | 嫩绿 nènlǜ | 浓烈 nóngliè
脑力 nǎolì | 尼龙 nílóng | 女郎 nǚláng
内力 nèilì | 逆流 nìliú | 暖流 nuǎnliú
内陆 nèilù | 年轮 niánlún |

4. 兼有 l、r 的词语

老人 lǎorén | 路人 lùrén | 染料 rǎnliào
利润 lìrùn | 落日 luòrì | 热浪 rèlàng
例如 lìrú | 燃料 ránliào | 热泪 rèlèi
礼让 lǐràng | 扰乱 rǎoluàn | 热力 rèlì
连日 liánrì | 热量 rèliàng | 热恋 rèliàn
恋人 liànrén | 热烈 rèliè | 热流 rèliú
缭绕 liáorào | 人类 rénlèi | 人流 rénliú
了然 liǎorán | 人力 rénlì | 人伦 rénlún
烈日 lièrì | 容量 róngliàng | 蹂躏 róulìn
猎人 lièrén

四、普通话韵母 en、eng，in、ing 词语训练

扫一扫可获得配套音频

1. 韵母是 en 的词语

B	笨重 bènzhòng	沉吟 chényín
奔跑 bēnpǎo	笨拙 bènzhuō	沉郁 chényù
本来 běnlái	C	陈列 chénliè
本领 běnlǐng	沉淀 chéndiàn	陈设 chénshè
本人 běnrén	沉默 chénmò	晨曦 chénxī
本身 běnshēn	沉重 chénzhòng	衬衫 chènshān
本性 běnxìng	沉着 chénzhuó	趁势 chènshì
本质 běnzhì	陈述 chénshù	趁早 chènzǎo
奔驰 bēnchí	臣民 chénmín	称职 chènzhí
奔赴 bēnfù	尘埃 chén'āi	E
奔流 bēnliú	沉浸 chénjìn	恩赐 ēncì
本色 běnsè	沉静 chénjìng	恩情 ēnqíng
本意 běnyì	沉沦 chénlún	恩人 ēnrén
本源 běnyuán	沉睡 chénshuì	

F

分布 fēnbù

分割 fēngē

分解 fēnjiě

分类 fēnlèi

分离 fēnlí

分裂 fēnliè

分明 fēnmíng

分析 fēnxī

分支 fēnzhī

粉碎 fěnsuì

奋斗 fèndòu

愤怒 fènnù

分兵 fēnbīng

分队 fēnduì

分隔 fēngé

分流 fēnliú

分娩 fēnmiǎn

分清 fēnqīng

分手 fēnshǒu

分数 fēnshù

纷乱 fēnluàn

纷纭 fēnyún

氛围 fēnwéi

坟墓 fénmù

焚烧 fénshāo

粉尘 fěnchén

粉饰 fěnshì

分外 fènwài

份额 fèn'é

奋力 fènlì

奋战 fènzhàn

粪便 fènbiàn

愤慨 fènkǎi

愤然 fènrán

G

根本 gēnběn

根系 gēnxì

根除 gēnchú

根治 gēnzhì

跟踪 gēnzōng

H

痕迹 hénjì

狠心 hěnxīn

K

肯定 kěndìng

垦荒 kěnhuāng

M

门口 ménkǒu

闷热 mēnrè

门槛 ménkǎn

门类 ménlèi

门帘 ménlián

门铃 ménlíng

门诊 ménzhěn

N

嫩绿 nènlǜ

P

盆地 péndì

喷泉 pēnquán

喷射 pēnshè

喷涂 pēntú

盆景 pénjǐng

盆栽 pénzāi

R

人格 réngé

人类 rénlèi

人身 rénshēn

人士 rénshì

人事 rénshì

人性 rénxìng

忍耐 rěnnài

忍受 rěnshòu

认定 rèndìng

认真 rènzhēn

任命 rènmìng

人材 réncái

人丁 réndīng

人伦 rénlún

人命 rénmìng

人情 rénqíng

人参 rénshēn

人世 rénshì

人手 rénshǒu

人中 rénzhōng

人种 rénzhǒng

仁慈 réncí

忍心 rěnxīn

认错 rèncuò

认罪 rènzuì

任凭 rènpíng

任性 rènxìng

任职 rènzhí

韧性 rènxìng

妊娠 rènshēn

S

森林 sēnlín

申请 shēnqǐng

伸手 shēnshǒu

身影 shēnyǐng

深沉 shēnchén

深情 shēnqíng

深远 shēnyuǎn

神经 shénjīng

神情 shénqíng

神学 shénxué

审查 shěnchá

审美 shěnměi

甚至 shènzhì

渗透 shèntòu

慎重 shènzhòng

森严 sēnyán

申明 shēnmíng

申诉 shēnsù

伸缩 shēnsuō

伸展 shēnzhǎn

伸张 shēnzhāng

身长 shēncháng

身世 shēnshì

呻吟 shēnyín

绅士 shēnshì

深奥 shēn'ào

深山 shēnshān

深邃 shēnsuì

深重 shēnzhòng

神龛 shénkān

神灵 shénlíng

神明 shénmíng

神志 shénzhì

神州 shénzhōu

审定 shěndìng

审理 shěnlǐ

审慎 shěnshèn

审视 shěnshì

肾脏 shènzàng

甚而 shèn'ér

渗入 shènrù

W

温暖 wēnnuǎn

温柔 wēnróu

文明 wénmíng

文章 wénzhāng

稳定 wěndìng

问世 wènshì

温差 wēnchà

温存 wēncún

温情 wēnqíng

温室 wēnshì

温顺 wēnshùn

瘟疫 wēnyì

文静 wénjìng

文凭 wénpíng

文书 wénshū

文选 wénxuǎn

文娱 wényú

纹理 wénlǐ

纹饰 wénshì

闻名 wénmíng

蚊虫 wénchóng

蚊帐 wénzhàng

吻合 wěnhé

紊乱 wěnluàn

稳产 wěnchǎn

稳妥 wěntuǒ

稳重 wěnzhòng

问卷 wènjuàn

Z

怎样 zěnyàng

针灸 zhēnjiǔ

侦查 zhēnchá

侦察 zhēnchá

珍珠 zhēnzhū

真理 zhēnlǐ

真实 zhēnshí

诊断 zhěnduàn

阵地 zhèndì

振奋 zhènfèn

振兴 zhènxīng

震惊 zhènjīng

镇压 zhènyā

贞操 zhēncāo

针头 zhēntóu

侦破 zhēnpò

珍藏 zhēncáng

珍品 zhēnpǐn

珍视 zhēnshì

珍重 zhēnzhòng

真菌 zhēnjūn

真切 zhēnqiè

真情 zhēnqíng

真知 zhēnzhī

真挚 zhēnzhì

斟酌 zhēnzhuó

诊所 zhěnsuǒ

诊治 zhěnzhì

阵容 zhènróng

阵营 zhènyíng

振作 zhènzuò

震颤 zhènchàn

震撼 zhènhàn

镇定 zhèndìng

镇静 zhènjìng

镇守 zhènshǒu

2. 韵母是 eng 的词语

B

崩溃 bēngkuì

绷带 bēngdài

迸发 bèngfā

C

层次 céngcì

曾经 céngjīng

称号 chēnghào

称赞 chēngzàn

成虫 chéngchóng

成绩 chéngjì

成年 chéngnián

成熟 chéngshú

成为 chéngwéi

成长 chéngzhǎng

承认 chéngrèn

城市 chéngshì

乘机 chéngjī

乘客 chéngkè

程度 chéngdù

程式 chéngshì

惩罚 chéngfá

称颂 chēngsòng

撑腰 chēngyāo

成材 chéngcái

成风 chéngfēng

成名 chéngmíng

成品 chéngpǐn

成亲 chéngqīn

成书 chéngshū

成行 chéngxíng

成形 chéngxíng

丞相 chéngxiàng

诚然 chéngrán

诚挚 chéngzhì

承袭 chéngxí

城楼 chénglóu

乘法 chéngfǎ

乘凉 chéngliáng

乘坐 chéngzuò

惩处 chéngchǔ

惩戒 chéngjiè

惩治 chéngzhì

澄清 chéngqīng

D

灯光 dēngguāng

等待 děngdài

等于 děngyú

灯火 dēnghuǒ

登场 dēngchǎng

登陆 dēnglù

登山 dēngshān

登载 dēngzǎi

等式 děngshì

瞪眼 dèngyǎn

F

丰收 fēngshōu

风景 fēngjǐng

风俗 fēngsú

封锁 fēngsuǒ

疯狂 fēngkuáng

讽刺 fěngcì

奉献 fèngxiàn

丰产 fēngchǎn

丰年 fēngnián

丰盛 fēngshèng

丰硕 fēngshuò

丰腴 fēngyú

风潮 fēngcháo

风车 fēngchē

风帆 fēngfān

风靡 fēngmǐ

风情 fēngqíng

风沙 fēngshā

风尚 fēngshàng

风声 fēngshēng

风行 fēngxíng

风韵 fēngyùn

封面 fēngmiàn

烽火 fēnghuǒ

锋利 fēnglì

蜂巢 fēngcháo

峰峦 fēngluán

缝合 fénghé

奉命 fèngmìng

奉行 fèngxíng

G

更新 gēngxīn

耕作 gēngzuò

更加 gèngjiā

更换 gēnghuàn

更正 gēngzhèng

耕种 gēngzhòng

哽咽 gěngyè

H

恒星 héngxīng

横向 héngxiàng

衡量 héngliáng

恒定 héngdìng

横渡 héngdù

横亘 hénggèn

横扫 héngsǎo

横行 héngxíng

K

坑道 kēngdào

吭声 kēngshēng

铿锵 kēngqiāng

L

冷静 lěngjìng

冷水 lěngshuǐ

棱角 léngjiǎo

棱镜 léngjìng

冷风 lěngfēng

冷峻 lěngjùn

冷凝 lěngníng

冷暖 lěngnuǎn

M

萌芽 méngyá

猛烈 měngliè

萌生 méngshēng

蒙昧 méngmèi

蒙受 méngshòu

盟国 méngguó

猛然 měngrán

猛兽 měngshòu

梦境 mèngjìng

梦呓 mèngyì

N

能力 nénglì

能干 nénggàn

能事 néngshì

能手 néngshǒu

蓬勃 péngbó

膨胀 péngzhàng

抨击 pēngjī

烹调 pēngtiáo

蓬乱 péngluàn

蓬松 péngsōng

膨大 péngdà

碰撞 pèngzhuàng

R

仍然 réngrán

S

僧侣 sēnglǚ

僧尼 sēngní

生产 shēngchǎn

生成 shēngchéng

生命 shēngmìng

生育 shēngyù

生长 shēngzhǎng

生殖 shēngzhí

声调 shēngdiào

声明 shēngmíng

声响 shēngxiǎng

声音 shēngyīn

牲畜 shēngchù

胜利 shènglì

盛行 shèngxíng

剩余 shèngyú

升腾 shēngténg

升学 shēngxué

生病 shēngbìng

生平 shēngpíng

生疏 shēngshū

生肖 shēngxiào

生性 shēngxìng

生硬 shēngyìng

声称 shēngchēng

声名 shēngmíng

声势 shēngshì

声誉 shēngyù

声乐 shēngyuè

绳索 shéngsuǒ

省城 shěngchéng

省略 shěnglüè

省事 shěngshì

圣旨 shèngzhǐ

胜仗 shèngzhàng

盛产 shèngchǎn

盛名 shèngmíng

盛怒 shèngnù

盛装 shèngzhuāng

T

疼痛 téngtòng

疼爱 téng'ài

腾飞 téngfēi

腾空 téngkōng

藤萝 téngluó

Z

增产 zēngchǎn

增长 zēngzhǎng

增殖 zēngzhí

争论 zhēnglùn

征收 zhēngshōu

蒸气 zhēngqì

整顿 zhěngdùn

整齐 zhěngqí

正常 zhèngcháng

正式 zhèngshì

证明 zhèngmíng

证实 zhèngshí

证书 zhèngshū

政策 zhèngcè

政委 zhèngwěi

政治 zhèngzhì

症状 zhèngzhuàng

增设 zēngshè

增生 zēngshēng

增收 zēngshōu

增值 zēngzhí

憎恶 zēngwù

赠送 zèngsòng

正月 zhēngyuè

争吵 zhēngchǎo

争端 zhēngduān

争鸣 zhēngmíng

争执 zhēngzhí

征途 zhēngtú

征兆 zhēngzhào

症结 zhēngjié

蒸馏 zhēngliú

蒸汽 zhēngqì

蒸腾 zhēngténg

拯救 zhěngjiù

整风 zhěngfēng

整数 zhěngshù

整形 zhěngxíng

整治 zhěngzhì

正轨 zhèngguǐ

正视 zhèngshì

正直 zhèngzhí

正中 zhèngzhōng

正宗 zhèngzōng

证券 zhèngquàn

郑重 zhèngzhòng

政论 zhènglùn

政事 zhèngshì

3. 兼有 en、eng 的词语

B

本能 běnnéng
奔腾 bēnténg

C

成本 chéngběn
成人 chéngrén
诚恳 chéngkěn
承认 chéngrèn
城镇 chéngzhèn

D

登门 dēngmén

F

分成 fēnchéng
纷争 fēnzhēng

缝纫 féngrèn

H

恒温 héngwēn

M

门生 ménshēng

N

能人 néngrén

P

烹饪 pēngrèn

R

人生 rénshēng
人称 rénchēng
人声 rénshēng

S

神圣 shénshèng
深层 shēncéng
升任 shēngrèn
生根 shēnggēn
省份 shěngfèn
圣人 shèngrén
胜任 shèngrèn
文风 wénfēng
真诚 zhēnchéng
真正 zhēnzhèng
憎恨 zēnghèn
正门 zhèngmén
正文 zhèngwén

4. 韵母是 in 的词语

B

宾主 bīnzhǔ
濒临 bīnlín
摈弃 bìnqì

J

今年 jīnnián
今日 jīnrì
金融 jīnróng
金属 jīnshǔ
尽快 jǐnkuài
尽量 jǐnliàng
紧张 jǐnzhāng
谨慎 jǐnshèn
尽力 jìnlì
进程 jìnchéng
进而 jìn'ér
进入 jìnrù
进展 jìnzhǎn
近来 jìnlái
近似 jìnsì
禁止 jìnzhǐ

金石 jīnshí
津贴 jīntiē
矜持 jīnchí
筋骨 jīngǔ
尽早 jǐnzǎo
紧凑 jǐncòu
紧缩 jǐnsuō
锦绣 jǐnxiù
尽心 jìnxīn
进出 jìnchū
进度 jìndù
进驻 jìnzhù
进食 jìnshí
近邻 jìnlín
近亲 jìnqīn
劲头 jìntóu
晋升 jìnshēng
浸润 jìnrùn
禁锢 jìngù

l

邻近 línjìn

林木 línmù
临床 línchuáng
临时 línshí
淋巴 línbā
邻里 línlǐ
邻舍 línshè
林立 línlì
临界 línjiè
临摹 línmó
临终 línzhōng
淋漓 línlí
嶙峋 línxún
磷脂 línzhī
鳞片 línpiàn
吝啬 lìnsè

m

民歌 míngē
民国 mínguó
民事 mínshì
民俗 mínsú
民众 mínzhòng

民主 mínzhǔ
民族 mínzú
敏锐 mǐnruì
民生 mínshēng
民营 mínyíng
民政 mínzhèng
泯灭 mǐnmiè

p
贫穷 pínqióng
频率 pínlǜ
品质 pǐnzhì
拼凑 pīncòu
拼音 pīnyīn
贫瘠 pínjí
贫民 pínmín
贫血 pínxuè
频道 píndào
品尝 pǐncháng
品味 pǐnwèi

q
侵略 qīnlüè
侵入 qīnrù
侵蚀 qīnshí
侵占 qīnzhàn
亲热 qīnrè
亲人 qīnrén
亲属 qīnshǔ
勤劳 qínláo
钦差 qīnchāi
侵吞 qīntūn
侵袭 qīnxí
亲笔 qīnbǐ
亲近 qīnjìn
亲临 qīnlín
亲昵 qīnnì
亲朋 qīnpéng
亲身 qīnshēn
亲生 qīnshēng

亲手 qīnshǒu
亲信 qīnxìn
禽兽 qínshòu
勤俭 qínjiǎn
寝室 qǐnshì

x
心理 xīnlǐ
心事 xīnshì
心血 xīnxuè
辛勤 xīnqín
欣赏 xīnshǎng
新娘 xīnniáng
新人 xīnrén
新式 xīnshì
新闻 xīnwén
信念 xìnniàn
信任 xìnrèn
信徒 xìntú
信心 xìnxīn
心肠 xīncháng
心悸 xīnjì
心率 xīnlǜ
心神 xīnshén
心声 xīnshēng
心室 xīnshì
心酸 xīnsuān
心疼 xīnténg
心弦 xīnxián
辛辣 xīnlà
欣然 xīnrán
新潮 xīncháo
新郎 xīnláng
新年 xīnnián
新诗 xīnshī
新书 xīnshū
薪金 xīnjīn
信封 xìnfēng
信赖 xìnlài

信使 xìnshǐ
信誉 xìnyù
信纸 xìnzhǐ

y
因而 yīn'ér
因果 yīnguǒ
因子 yīnzǐ
音阶 yīnjiē
音乐 yīnyuè
银行 yínháng
引进 yǐnjìn
引力 yǐnlì
饮食 yǐnshí
隐蔽 yǐnbì
印刷 yìnshuā
因袭 yīnxí
阴沉 yīnchén
阴冷 yīnlěng
阴凉 yīnliáng
阴霾 yīnmái
阴郁 yīnyù
音程 yīnchéng
音符 yīnfú
音量 yīnliàng
音讯 yīnxùn
姻缘 yīnyuán
殷切 yīnqiè
银河 yínhé
引申 yǐnshēn
引水 yǐnshuǐ
引证 yǐnzhèng
饮料 yǐnliào
饮水 yǐnshuǐ
隐居 yǐnjū
隐士 yǐnshì
隐约 yǐnyuē
印染 yìnrǎn
印章 yìnzhāng

印证 yìnzhèng   荫庇 yìnbì

5. 韵母是 ing 的词语

B

冰川 bīngchuān

并且 bìngqiě

病毒 bìngdú

病理 bìnglǐ

病情 bìngqíng

病人 bìngrén

冰窖 bīngjiào

冰晶 bīngjīng

冰冷 bīnglěng

冰凉 bīngliáng

冰山 bīngshān

兵团 bīngtuán

兵营 bīngyíng

兵站 bīngzhàn

兵种 bīngzhǒng

饼干 bǐnggān

屏息 bǐngxī

并联 bìnglián

并列 bìngliè

并行 bìngxíng

并重 bìngzhòng

病床 bìngchuáng

病菌 bìngjūn

病例 bìnglì

病史 bìngshǐ

病榻 bìngtà

病灶 bìngzào

病症 bìngzhèng

摒弃 bìngqì

D

顶点 dǐngdiǎn

顶端 dǐngduān

订货 dìnghuò

定理 dìnglǐ

定量 dìngliàng

定律 dìnglǜ

定型 dìngxíng

叮咛 dīngníng

叮嘱 dīngzhǔ

顶峰 dǐngfēng

鼎盛 dǐngshèng

订立 dìnglì

订正 dìngzhèng

定名 dìngmíng

定神 dìngshén

定时 dìngshí

定性 dìngxìng

定罪 dìngzuì

经常 jīngcháng

经理 jīnglǐ

经历 jīnglì

经受 jīngshòu

经营 jīngyíng

惊人 jīngrén

惊醒 jīngxǐng

晶体 jīngtǐ

精力 jīnglì

精确 jīngquè

精神 jīngshén

景色 jǐngsè

警察 jǐngchá

径流 jìngliú

净化 jìnghuà

竞争 jìngzhēng

竟然 jìngrán

静止 jìngzhǐ

境界 jìngjiè

镜头 jìngtóu

京城 jīngchéng

京师 jīngshī

经络 jīngluò

经商 jīngshāng

经书 jīngshū

荆棘 jīngjí

惊诧 jīngchà

惊愕 jīng'è

惊骇 jīnghài

惊惶 jīnghuáng

惊扰 jīngrǎo

惊疑 jīngyí

晶莹 jīngyíng

精炼 jīngliàn

精灵 jīnglíng

精明 jīngmíng

精锐 jīngruì

精髓 jīngsuǐ

精英 jīngyīng

精湛 jīngzhàn

精制 jīngzhì

精致 jīngzhì

颈椎 jǐngzhuī

景致 jǐngzhì

警车 jǐngchē

警戒 jǐngjiè

劲旅 jìnglǚ

径直 jìngzhí

净土 jìngtǔ

竞相 jìngxiāng

竞选 jìngxuǎn

敬爱 jìng'ài

敬仰 jìngyǎng

敬重 jìngzhòng

静谧 jìngmì

静默 jìngmò

境况 jìngkuàng

镜片 jìngpiàn

L

灵感 línggǎn
灵魂 línghún
灵活 línghuó
零售 língshòu
领事 lǐngshì
领土 lǐngtǔ
领域 lǐngyù
另外 lìngwài
灵性 língxìng
灵芝 língzhī
玲珑 línglóng
凌晨 língchén
凌乱 língluàn
陵园 língyuán
聆听 língtīng
菱形 língxíng
羚羊 língyáng
零乱 língluàn
零散 língsǎn
零星 língxīng
领略 lǐnglüè
领受 lǐngshòu
领悟 lǐngwù
领主 lǐngzhǔ
另行 lìngxíng

M

名称 míngchēng
明亮 míngliàng
明年 míngnián
明确 míngquè
命令 mìnglìng
命名 mìngmíng
命运 mìngyùn
名额 míng'é
名利 mínglì
名流 míngliú
名人 míngrén

名山 míngshān
名声 míngshēng
名胜 míngshèng
名师 míngshī
名誉 míngyù
名著 míngzhù
明净 míngjìng
明镜 míngjìng
明朗 mínglǎng
明了 míngliǎo
明日 míngrì
明星 míngxīng
明珠 míngzhū
鸣叫 míngjiào
冥想 míngxiǎng
铭文 míngwén
命脉 mìngmài
命中 mìngzhòng

N

凝聚 níngjù
凝视 níngshì
狞笑 níngxiào
凝神 níngshén
宁可 nìngkě
宁肯 nìngkěn
宁愿 nìngyuàn

P

平常 píngcháng
平等 píngděng
平衡 pínghéng
平静 píngjìng
平日 píngrì
平时 píngshí
平行 píngxíng
评论 pínglùn
苹果 píngguǒ
凭借 píngjiè
屏幕 píngmù

平安 píng'ān
平定 píngdìng
平生 píngshēng
平素 píngsù
平整 píngzhěng
评定 píngdìng
评审 píngshěn
评述 píngshù
评弹 píngtán
凭证 píngzhèng
屏风 píngfēng
屏障 píngzhàng

Q

青春 qīngchūn
青年 qīngnián
轻声 qīngshēng
轻视 qīngshì
轻重 qīngzhòng
氢气 qīngqì
倾听 qīngtīng
倾斜 qīngxié
清晨 qīngchén
清除 qīngchú
清理 qīnglǐ
清晰 qīngxī
清醒 qīngxǐng
情操 qíngcāo
情景 qíngjǐng
情境 qíngjìng
请示 qǐngshì
庆祝 qìngzhù
青翠 qīngcuì
青稞 qīngkē
青睐 qīnglài
轻便 qīngbiàn
轻快 qīngkuài
轻柔 qīngróu
轻率 qīngshuài

轻盈 qīngyíng

氢弹 qīngdàn

倾倒 qīngdǎo

倾倒 qīngdào

倾角 qīngjiǎo

倾诉 qīngsù

倾吐 qīngtǔ

倾注 qīngzhù

清白 qīngbái

清查 qīngchá

清偿 qīngcháng

清澈 qīngchè

清脆 qīngcuì

清净 qīngjìng

清静 qīngjìng

清冷 qīnglěng

清凉 qīngliáng

清明 qīngmíng

清瘦 qīngshòu

清爽 qīngshuǎng

清算 qīngsuàn

清早 qīngzǎo

蜻蜓 qīngtíng

情理 qínglǐ

情侣 qínglǚ

情势 qíngshì

情书 qíngshū

情欲 qíngyù

晴朗 qínglǎng

顷刻 qǐngkè

请愿 qǐngyuàn

庆幸 qìngxìng

T

听觉 tīngjué

听众 tīngzhòng

停顿 tíngdùn

停留 tíngliú

停止 tíngzhǐ

厅堂 tīngtáng

听从 tīngcóng

听课 tīngkè

听任 tīngrèn

庭审 tíngshěn

庭院 tíngyuàn

停泊 tíngbó

停车 tíngchē

停歇 tíngxiē

停战 tíngzhàn

停滞 tíngzhì

挺拔 tǐngbá

挺立 tǐnglì

挺身 tǐngshēn

X

兴奋 xīngfèn

星球 xīngqiú

刑事 xíngshì

行人 xíngrén

行使 xíngshǐ

行驶 xíngshǐ

行星 xíngxīng

行政 xíngzhèng

形成 xíngchéng

形容 xíngróng

形式 xíngshì

形势 xíngshì

形状 xíngzhuàng

兴趣 xìngqù

幸福 xìngfú

性能 xìngnéng

性情 xìngqíng

性质 xìngzhì

性状 xìngzhuàng

姓名 xìngmíng

兴盛 xīngshèng

兴衰 xīngshuāi

星辰 xīngchén

星座 xīngzuò

刑场 xíngchǎng

刑侦 xíngzhēn

行车 xíngchē

行程 xíngchéng

行船 xíngchuán

行径 xíngjìng

行礼 xínglǐ

行装 xíngzhuāng

型号 xínghào

醒目 xǐngmù

兴致 xìngzhì

杏仁 xìngrén

幸存 xìngcún

幸而 xìng'ér

性命 xìngmìng

姓氏 xìngshì

应该 yīnggāi

英勇 yīngyǒng

婴儿 yīng'ér

迎接 yíngjiē

盈利 yínglì

营养 yíngyǎng

赢得 yíngdé

影片 yǐngpiàn

应用 yìngyòng

应届 yīngjiè

应允 yīngyǔn

英镑 yīngbàng

英俊 yīngjùn

英明 yīngmíng

樱花 yīnghuā

鹦鹉 yīngwǔ

迎风 yíngfēng

迎战 yíngzhàn

荧光 yíngguāng

荧屏 yíngpíng

盈亏 yíngkuī

营垒 yínglěi　　影射 yǐngshè　　应征 yìngzhēng
营造 yíngzào　　应变 yìngbiàn　　映照 yìngzhào
萦绕 yíngrào　　应考 yìngkǎo　　硬度 yìngdù
赢利 yínglì　　应战 yìngzhàn　　硬性 yìngxìng

6. 兼有 in、ing 的词语

B
并进 bìngjìn

J
进行 jìnxíng
精心 jīngxīn
金星 jīnxīng
尽情 jìnqíng
禁令 jìnlìng
精品 jīngpǐn

L
灵敏 língmǐn

M
民兵 mínbīng
民警 mínjǐng
民情 mínqíng
民营 mínyíng

P
拼命 pīnmìng
平民 píngmín
品评 pǐnpíng
品行 pǐnxíng
聘请 pìnqǐng

Q
轻信 qīngxìn
倾心 qīngxīn
清新 qīngxīn

T
听信 tīngxìn
挺进 tǐngjìn

X
心灵 xīnlíng

心情 xīnqíng
新兴 xīnxīng
新型 xīnxíng
新颖 xīnyǐng
心病 xīnbìng
心境 xīnjìng
新星 xīnxīng
行进 xíngjìn

Y
阴影 yīnyǐng
阴性 yīnxìng
银杏 yínxìng
引擎 yǐnqíng
印行 yìnxíng
迎亲 yíngqīn

五、三音节词语训练

扫一扫可获得配套音频

A
氨基酸 ānjīsuān
安理会 ānlǐhuì

B
办公室 bàngōngshì
半导体 bàndǎotǐ
八仙桌 bāxiānzhuō
芭蕾舞 bālěiwǔ
百分比 bǎifēnbǐ
班主任 bānzhǔrèn

半成品 bànchéngpǐn
保护色 bǎohùsè
保证金 bǎozhèngjīn
保证人 bǎozhèngrén
抱不平 bàobùpíng
暴风雪 bàofēngxuě
北极星 běijíxīng
必然性 bìránxìng
辩证法 biànzhèngfǎ
标准化 biāozhǔnhuà

比例尺 bǐlìchǐ
必需品 bìxūpǐn
避雷针 bìléizhēn
辩护人 biànhùrén
病原体 bìngyuántǐ
博物馆 bówùguǎn
不得了 bùdéliǎo
不动产 búdòngchǎn
不至于 búzhìyú

C

差不多 chàbùduō
出发点 chūfādiǎn
传教士 chuánjiàoshì
传染病 chuánrǎnbìng
创造性 chuàngzàoxìng
参议院 cānyìyuàn
长臂猿 chángbìyuán
长方形 chángfāngxíng
长颈鹿 chángjǐnglù
超声波 chāoshēngbō
乘务员 chéngwùyuán
吃不消 chībùxiāo
穿山甲 chuānshānjiǎ
出生率 chūshēnglǜ

D

大多数 dàduōshù
大学生 dàxuéshēng
大自然 dàzìrán
代理人 dàilǐrén

蛋白质 dànbáizhì
当事人 dāngshìrén
地下水 dìxiàshuǐ
电视剧 diànshìjù
对不起 duìbùqǐ
多边形 duōbiānxíng
大本营 dàběnyíng
大不了 dàbùliǎo
大理石 dàlǐshí
大气层 dàqìcéng
大人物 dàrénwù
丹顶鹤 dāndǐnghè
胆固醇 dǎngùchún
胆小鬼 dǎnxiǎoguǐ
地平线 dìpíngxiàn
地下室 dìxiàshì
电磁场 diàncíchǎng
电解质 diànjiězhì
电影院 diànyǐngyuàn

东道主 dōngdàozhǔ
董事会 dǒngshìhuì
动画片 dònghuàpiàn
鹅卵石 éluǎnshí

E

恶作剧 èzuòjù
方法论 fāngfǎlùn

F

放射性 fàngshèxìng
服务员 fúwùyuán
发言人 fāyánrén
防护林 fánghùlín
纺织品 fǎngzhīpǐn
放大镜 fàngdàjìng
放射线 fàngshèxiàn
飞行员 fēihángyuán
肺活量 fèihuóliàng
分水岭 fēnshuǐlǐng
负离子 fùlízǐ

六、容易读错的词语训练

扫一扫可获得配套音频

A

按 àn
阿訇 āhōng
哀号 āiháo
隘口 àikǒu
按捺 ànnà
暗疾 ànjí
懊恼 àonǎo

B

掰 bāi
半拉 bànlǎ
背包 bēibāo

不禁 bùjīn
跋扈 báhù
跋涉 báshè
靶台 bǎtái
白醭儿 báibúr
白炽 báichì
白桦 báihuà
白芨 báijī
白芍 báisháo
白癣 báixuǎn
白翳 báiyì
败血病 bàixuèbìng

拜谒 bàiyè
斑蝥 bānmáo
板栗 bǎnlì
版纳 bǎnnà
帮倒忙 bāngdàománg
褒贬 bāobiǎn
包庇 bāobì
包扎 bāozā
暴虐 bàonüè
鲍鱼 bàoyú
背带 bēidài
背负 bēifù

悲切 bēiqiè

碑帖 bēitiè

背债 bēizhài

背运 bèiyùn

被覆 bèifù

被褥 bèirù

鼻窦 bídòu

鼻衄 bínǜ

鄙薄 bǐbó

笔筒 bǐtǒng

秕糠 bǐkāng

笔迹 bǐjì

必得 bìděi

婢女 bìnǚ

闭塞 bìsè

避讳 bìhuì

蝙蝠 biānfú

编纂 biānzuǎn

鳔胶 biàojiāo

补给 bújǐ

布帛 bùbó

D

答案 dá'àn

答复 dáfù

答卷 dájuàn

带劲 dàijìn

当作 dàngzuò

掂 diān

电子 diànzǐ

堵塞 dǔsè

搭配 dāpèi

答谢 dáxiè

打场 dǎcháng

大曲 dàqū

当真 dàngzhēn

雕琢 diāozhuó

钓耳 diào'ěr

掉色 diàoshǎi

恫吓 dònghè

豆豉 dòuchǐ

蠹虫 dùchóng

妒忌 dùjì

对答 duìdá

对峙 duìzhì

F

反倒 fǎndào

妨碍 fáng'ài

分泌 fēnmì

辐射 fúshè

幅 fú

符合 fúhé

赋予 fùyǔ

附和 fùhè

珐琅 fàláng

发指 fàzhǐ

反刍 fǎnchú

防疫 fángyì

汾酒 fénjiǔ

风钻 fēngzuàn

俯瞰 fǔkàn

辅佐 fǔzuǒ

富庶 fùshù

附着 fùzhuó

G

秆 gǎn

高涨 gāozhǎng

公顷 gōngqǐng

雇佣 gùyōng

管辖 guǎnxiá

尴尬 gāngà

感慨 gǎnkǎi

感召 gǎnzhào

公寓 gōngyù

苟安 gǒu'ān

蛊惑 gǔhuò

骨骼 gǔgé

怪癖 guàipǐ

瑰宝 guībǎo

果脯 guǒfǔ

裹挟 guǒxié

H

号召 hàozhào

呼吁 hūyù

豁 huō

混淆 hùnxiáo

混浊 hùnzhuó

寒噤 hánjìn

号哭 háokū

河沿 héyán

轰隆 hōnglōng

红晕 hóngyùn

厚薄 hòubó

胡诌 húzhōu

花岗岩 huāgāngyán

花蕾 huālěi

划一 huàyī

踝骨 huáigǔ

寰宇 huányǔ

豢养 huànyǎng

黄芪 huángqí

昏聩 hūnkuì

浑浊 húnzhuó

混血儿 hùnxuè'ér

晦涩 huìsè

J

给予 jǐyǔ

间隔 jiàngé

践踏 jiàntà

尽快 jǐnkuài

跻身 jīshēn

犄角 jījiǎo

脊背 jǐbèi

伎俩 jìliǎng

夹板 jiābǎn

戛然 jiárán

甲壳 jiǎqiào

歼灭 jiānmiè

坚韧 jiānrèn

剪辑 jiǎnjí

腱鞘 jiànqiào

豇豆 jiāngdòu

强嘴 jiàngzuǐ

骄横 jiāohèng

结扎 jiézā

孑孓 jiéjué

尽先 jǐnxiān

纠缠 jiūchán

臼齿 jiùchǐ

沮丧 jǔsàng

咀嚼 jǔjué

句读 jùdòu

K

矿藏 kuàngcáng

咯血 kǎxiě

坎坷 kǎnkě

糠秕 kāngbǐ

慷慨 kāngkǎi

犒赏 kàoshǎng

枯竭 kūjié

枯槁 kūgǎo

岿然 kuīrán

M

埋怨 mányuàn

模仿 mófǎng

谩骂 mànmà

没辙 méizhé

苗圃 miáopǔ

腼腆 miǎntiǎn

魔爪 mózhǎo

墓穴 mùxué

O

偶尔 ǒu'ěr

沤肥 òuféi

怄气 òuqì

P

跑步 pǎobù

瞥 piē

迫击炮 pǎijīpào

滂沱 pāngtuó

泡桐 pāotóng

咆哮 páoxiào

疱疹 pàozhěn

配给 pèijǐ

纰漏 pīlòu

毗连 pílián

癖好 pǐ hào

剽窃 piāoqiè

剽悍 piāohàn

漂染 piǎorǎn

瞟 piǎo

瞥见 piējiàn

苤蓝 piě·lan

叵测 pǒcè

蒲公英 púgōngyīng

q

起哄 qǐhòng

气氛 qìfēn

恰当 qiàdàng

强迫 qiǎngpò

锹 qiāo

瘸 qué

蹊跷 qīqiāo

祈求 qíqiú

乞丐 qǐgài

契机 qìjī

卡具 qiǎjù

牵掣 qiānchè

荨麻 qiánmá

潜伏 qiánfú

揩客 qiánkè

浅陋 qiǎnlòu

镪水 qiāngshuǐ

翘首 qiáoshǒu

悄然 qiǎorán

撬杠 qiàogàng

怯弱 qièruò

祛除 qūchú

蛆 qū

龋齿 qǔchǐ

权宜 quányí

确凿 quèzáo

R

日晕 rìyùn

儒家 rújiā

偌大 ruòdà

T

挑衅 tiǎoxìn

桶 tǒng

拓本 tàběn

拓片 tàpiàn

太监 tàijiàn

太阳 tàiyáng

弹劾 tánhé

炭疽 tànjū

绦虫 tāochóng

套色 tàoshǎi

剔除 tīchú

挑拨 tiǎobō

挑花 tiǎohuā

铜模 tóngmú

铜臭 tóngxiù

吐血 tùxiě

颓丧 tuísàng

褪色 tuìshǎi

拖累 tuōlěi

拓荒 tuòhuāng

W

文雅 wényǎ

问答 wèndá　　　酗酒 xùjiǔ　　　训诂 xùngǔ

呜咽 wūyè　　　削减 xuējiǎn　　　徇情 xùnqíng

侮辱 wǔrǔ　　　穴 xué　　　Y

瓦刀 wǎdāo　　　稀释 xīshì　　　厌恶 yànwù

蜿蜒 wānyán　　　檄文 xíwén　　　因为 yīn·wèi

威吓 wēihè　　　铣床 xǐchuáng　　　娱乐 yúlè

苇塘 wěitáng　　　瑕疵 xiácī　　　押解 yājiè

委靡 wěimǐ　　　籼米 xiān mǐ　　　殷红 yānhóng

猥琐 wěisuǒ　　　掀动 xiāndòng　　　眼睑 yǎnjiǎn

畏缩 wèisuō　　　涎水 xiánshuǐ　　　眼眶 yǎnkuàng

未遂 wèisuì　　　相间 xiāngjiàn　　　赝本 yànběn

卫戍 wèishù　　　香椿 xiāngchūn　　　要挟 yāoxié

文娱 wényú　　　消长 xiāozhǎng　　　掖紧 yējǐn

倭瓜 wōguā　　　血晕 xiěyùn　　　谒见 yèjiàn

斡旋 wòxuán　　　序跋 xùbá　　　依偎 yīwēi

无为 wúwéi　　　选择 xuǎnzé　　　肄业 yìyè

忤逆 wǔnì　　　眩晕 xuànyùn　　　荫 yìn

X　　　血泊 xuèpō　　　寅时 yínshí

掀 xiān　　　血渍 xuèzì　　　痈疽 yōngjū

弦 xián　　　熏陶 xūntáo　　　佣工 yōnggōng

肖像 xiàoxiàng　　　寻衅 xúnxìn　　　佣金 yòngjīn

泄露 xièlòu　　　驯服 xùnfú　　　佣钱 yòngqián

屑 xiè

七、上声连读的词语训练

扫一扫可获得配套音频

A　　　表演 biǎo yǎn　　　匕首 bǐshǒu

矮小 ǎi xiǎo　　　芭蕾舞 bālěiwǔ　　　比拟 bǐnǐ

B　　　把柄 bǎbǐng　　　补给 bǔjǐ

半导体 bàn dǎo tǐ　　　把手 bǎ·shǒu　　　哺乳 bǔrǔ

保守 bǎo shǒu　　　靶场 bǎchǎng　　　C

保险 bǎo xiǎn　　　保姆 bǎomǔ　　　采访 cǎifǎng

本领 běn lǐng　　　保险丝 bǎoxiǎnsī　　　采取 cǎiqǔ

彼此 bǐ cǐ　　　保垒 bǎolěi　　　产品 chǎnpǐn

笔者 bǐ zhě　　　本土 běntǔ　　　场所 chǎngsuǒ

处理 chǔlǐ

惨死 cǎnsǐ

草场 cǎochǎng

草拟 cǎonǐ

场景 chǎngjǐng

超导体 chāodǎotǐ

吵嘴 chǎozuǐ

耻辱 chǐrǔ

处女 chǔnǚ

处死 chǔsǐ

此起彼伏 cǐqǐ-bǐfú

D

打倒 dǎdǎo

导体 dǎotǐ

导演 dǎoyǎn

岛屿 dǎoyǔ

顶点 dǐngdiǎn

打盹儿 dǎdǔnr

打搅 dǎjiǎo

打垮 dǎkuǎ

打扰 dǎrǎo

打扫 dǎsǎo

胆小鬼 dǎnxiǎoguǐ

捣毁 dǎohuǐ

诋毁 dǐhuǐ

抵挡 dǐdǎng

典礼 diǎnlǐ

抖擞 dǒusǒu

短跑 duǎnpǎo

躲闪 duǒshǎn

E

耳语 ěryǔ

F

法典 fǎdiǎn

反省 fǎnxǐng

粉笔 fěnbǐ

腐朽 fǔxiǔ

抚养 fǔyǎng

俯首 fǔshǒu

辅导 fǔdǎo

G

赶紧 gǎnjǐn

感慨 gǎnkǎi

感染 gǎnrǎn

给以 gěiyǐ

古老 gǔlǎo

管理 guǎnlǐ

广场 guǎngchǎng

改悔 gǎihuǐ

改选 gǎixuǎn

赶场 gǎnchǎng

橄榄 gǎnlǎn

稿纸 gǎozhǐ

拱手 gǒngshǒu

苟且 gǒuqiě

古朴 gǔpǔ

骨髓 gǔsuǐ

鼓掌 gǔzhǎng

鬼脸 guǐliǎn

果品 guǒpǐn

H

好转 hǎozhuǎn

海里 hǎilǐ

好歹 hǎodǎi

悔改 huǐgǎi

火种 huǒzhǒng

J

济济 jǐjǐ

给予 jǐyǔ

甲板 jiǎbǎn

假使 jiǎshǐ

减少 jiǎnshǎo

尽管 jǐnguǎn

给养 jǐyǎng

脊髓 jǐsuǐ

甲骨文 jiǎgǔwén

检举 jiǎnjǔ

检索 jiǎnsuǒ

减产 jiǎnchǎn

减免 jiǎnmiǎn

剪纸 jiǎnzhǐ

简短 jiǎnduǎn

讲理 jiǎnglǐ

奖品 jiǎngpǐn

奖赏 jiǎngshǎng

脚手架 jiǎoshǒujià

脚掌 jiǎozhǎng

脚趾 jiǎozhǐ

解渴 jiěkě

尽早 jǐnzǎo

警犬 jǐngquǎn

炯炯 jiǒngjiǒng

久远 jiǔyuǎn

举止 jǔzhǐ

k

可以 kěyǐ

口语 kǒuyǔ

苦恼 kǔnǎo

坎坷 kǎnkě

考场 kǎochǎng

考取 kǎoqǔ

可耻 kěchǐ

可取 kěqǔ

口角 kǒujiǎo

口水 kǒushuǐ

傀儡 kuǐlěi

L

老百姓 lǎobǎixìng

老虎 lǎohǔ

老鼠 lǎoshǔ

冷水 lěngshuǐ

理解 lǐjiě

理想 lǐxiǎng

了解 liǎojiě

领导 lǐngdǎo
领土 lǐngtǔ
旅馆 lǚguǎn
懒散 lǎnsǎn
老者 lǎozhě
冷暖 lěngnuǎn
冷饮 lěngyǐn
礼法 lǐfǎ
礼品 lǐpǐn
理睬 lǐcǎi
脸谱 liǎnpǔ
两口子 liǎngkǒuzi
了如指掌 liǎorúzhǐzhǎng
领海 lǐnghǎi
领主 lǐngzhǔ
笼统 lǒngtǒng
卤水 lǔshuǐ
鲁莽 lǔmǎng

M

蚂蚁 mǎyǐ
美好 měihǎo
勉强 miǎnqiǎng
敏感 mǐngǎn
母体 mǔtǐ
马匹 mǎpǐ
马桶 mǎtǒng
玛瑙 mǎnǎo
买主 mǎizhǔ
满嘴 mǎnzuǐ
毛骨悚然 máogǔ-sǒngrán
美景 měijǐng
美女 měinǚ
蒙古包 měnggǔbāo
拇指 mǔzhǐ

N

哪里 nǎlǐ
扭转 niǔzhuǎn
农产品 nóngchǎnpǐn

女子 nǚzǐ
奶粉 nǎifěn
恼火 nǎohuǒ
脑海 nǎohǎi
脑髓 nǎosuǐ
袅袅 niǎoniǎo

O

偶尔 ǒu'ěr

P

普法 pǔfǎ
普选 pǔxuǎn

Q

起码 qǐmǎ
岂有此理 qǐyǒucǐlǐ
起草 qǐcǎo
浅海 qiǎnhǎi
浅显 qiǎnxiǎn
抢险 qiǎngxiǎn
取暖 qǔnuǎn
取舍 qǔshě
犬齿 quǎnchǐ

R

冉冉 rǎnrǎn
软骨 ruǎngǔ

S

审美 shěnměi
手法 shǒufǎ
手掌 shǒuzhǎng
手指 shǒuzhǐ
首领 shǒulǐng
首长 shǒuzhǎng
水手 shuǐshǒu
所属 suǒshǔ
所以 suǒyǐ
所有 suǒyǒu
所有制 suǒyǒuzhì
审理 shěnlǐ
使者 shǐzhě

始祖 shǐzǔ
手软 shǒuruǎn
守法 shǒufǎ
首府 shǒufǔ
首脑 shǒunǎo
爽朗 shuǎnglǎng
水草 shuǐcǎo
水产 shuǐchǎn
水井 shuǐjǐng
水鸟 shuǐniǎo
水獭 shuǐtǎ
水肿 shuǐzhǒng
水准 shuǐzhǔn
死守 sǐshǒu
怂恿 sǒngyǒng
索取 suǒqǔ

T

土匪 tǔfěi
土壤 tǔrǎng
倘使 tǎngshǐ
体检 tǐjiǎn
铁索 tiěsuǒ
统领 tǒnglǐng
土产 tǔchǎn

W

往往 wǎngwǎng
侮辱 wǔrǔ
舞蹈 wǔdǎo
外祖母 wàizǔmǔ
婉转 wǎnzhuǎn
委婉 wěiwǎn
稳产 wěnchǎn
稳妥 wěntuǒ
舞场 wǔchǎng
舞女 wǔnǚ
舞曲 wǔqǔ

X

洗澡 xǐzǎo

享有 xiǎngyǒu	友好 yǒuhǎo	总理 zǒnglǐ
想法 xiǎngfǎ	予以 yǔyǐ	总体 zǒngtǐ
小伙子 xiǎohuǒzi	雨水 yǔshuǐ	总统 zǒngtǒng
小姐 xiǎojiě	语法 yǔfǎ	阻止 zǔzhǐ
小组 xiǎozǔ	允许 yǔnxǔ	祖母 zǔmǔ
许可 xǔkě	眼睑 yǎnjiǎn	左手 zuǒshǒu
选举 xuǎnjǔ	养老 yǎnglǎo	早点 zǎodiǎn
选手 xuǎnshǒu	窈窕 yǎotiǎo	眨眼 zhǎyǎn
洗礼 xǐlǐ	饮水 yǐnshuǐ	辗转 zhǎnzhuǎn
小丑 xiǎochǒu	勇猛 yǒngměng	长老 zhǎnglǎo
小脑 xiǎonǎo	有理 yǒulǐ	长者 zhǎngzhě
小品 xiǎopǐn	雨点儿 yǔdiǎnr	掌管 zhǎngguǎn
小雪 xiǎoxuě	雨伞 yǔsǎn	诊所 zhěnsuǒ
写法 xiěfǎ	圆舞曲 yuánwǔqǔ	只管 zhǐguǎn
选取 xuǎnqǔ	远景 yuǎnjǐng	纸板 zhǐbǎn
选种 xuǎnzhǒng	**Z**	指使 zhǐshǐ
Y	早已 zǎoyǐ	指引 zhǐyǐn
也许 yěxǔ	展览 zhǎnlǎn	主宰 zhǔzǎi
以免 yǐmiǎn	整理 zhěnglǐ	主旨 zhǔzhǐ
以往 yǐwǎng	整体 zhěngtǐ	转产 zhuǎnchǎn
引导 yǐndǎo	只好 zhǐhǎo	转脸 zhuǎnliǎn
引起 yǐnqǐ	只有 zhǐyǒu	转手 zhuǎnshǒu
影响 yǐngxiǎng	指导 zhǐdǎo	准许 zhǔnxǔ
永久 yǒngjiǔ	主导 zhǔdǎo	总得 zǒngděi
永远 yǒngyuǎn	主体 zhǔtǐ	总管 zǒngguǎn
勇敢 yǒnggǎn	子女 zǐnǚ	嘴脸 zuǐliǎn

八、轻声词语训练

扫一扫可获得配套音频

说明:

(一)本表根据国家制定的《普通话水平测试用普通话词语表》编制。

(二)本表供普通话水平测试第二项——读多音节词语100个音节测试使用。

(三)本表共收词545条(其中"子"尾词206条),按汉语拼音字母顺序排列。

(四)条目中的非轻声音节只标本调,不标变调;条目中的轻声音节,注音不标调号,如:"明白 míngbai"。

1. 爱人 àiren
2. 案子 ànzi
3. 巴掌 bāzhang
4. 把子 bǎzi
5. 把子 bà zi
6. 爸爸 bàba
7. 白净 báijing
8. 班子 bānzi
9. 板子 bǎnzi
10. 帮手 bāngshou
11. 梆子 bāngzi
12. 膀子 bǎngzi
13. 棒槌 bàngchui
14. 棒子 bàngzi
15. 包袱 bāofu
16. 包涵 bāohan
17. 报酬 bàochou
18. 豹子 bàozi
19. 杯子 bēizi
20. 被子 bèizi
21. 本事 běnshi
22. 本子 běnzi
23. 鼻子 bízi
24. 比方 bǐfang
25. 鞭子 biānzi
26. 扁担 biǎndan
27. 辫子 biànzi
28. 别扭 bièniu
29. 饼子 bǐngzi
30. 拨弄 bōnong
31. 脖子 bózi
32. 簸箕 bòji
33. 补丁 bǔding
34. 不由得 bùyóude
35. 不在乎 búzàihu
36. 步子 bùzi
37. 部分 bùfen

38. 裁缝 cáifeng
39. 财主 cáizhu
40. 苍蝇 cāngying
41. 差事 chāishi
42. 柴火 cháihuo
43. 肠子 chángzi
44. 厂子 chǎngzi
45. 场子 chǎngzi
46. 车子 chēzi
47. 称呼 chēnghu
48. 池子 chízi
49. 尺子 chǐzi
50. 虫子 chóngzi
51. 绸子 chóuzi
52. 除了 chúle
53. 锄头 chútou
54. 畜生 chùsheng
55. 窗户 chuānghu
56. 窗子 chuāngzi
57. 锤子 chuízi
58. 刺猬 cìwei
59. 凑合 còuhe
60. 村子 cūnzi
61. 耷拉 dāla
62. 答应 dāying
63. 打扮 dǎban
64. 打点 dǎdian
65. 打发 dǎfa
66. 打量 dǎliang
67. 打算 dǎsuan
68. 打听 dǎting
69. 大方 dàfang
70. 大爷 dàye
71. 大夫 dàifu
72. 带子 dàizi
73. 袋子 dàizi
74. 耽搁 dānge

75. 耽误 dānwu
76. 单子 dānzi
77. 胆子 dǎnzi
78. 担子 dànzi
79. 刀子 dāozi
80. 道士 dàoshi
81. 稻子 dàozi
82. 灯笼 dēnglong
83. 提防 dīfang
84. 笛子 dízi
85. 底子 dǐzi
86. 地道 dìdao
87. 地方 dìfang
88. 弟弟 dìdi
89. 弟兄 dìxiong
90. 点心 diǎnxin
91. 调子 diàozi
92. 钉子 dīngzi
93. 东家 dōngjia
94. 东西 dōngxi
95. 动静 dòngjing
96. 动弹 dòngtan
97. 豆腐 dòufu
98. 豆子 dòuzi
99. 嘟囔 dūnang
100. 肚子 dùzi
102. 缎子 duànzi
103. 对付 duìfu
104. 对头 duìtou
105. 队伍 duìwu
106. 多么 duōme
107. 蛾子 ézi
108. 儿子 érzi
109. 耳朵 ěrduo
110. 贩子 fànzi
111. 房子 fángzi
112. 份子 fènzi

113. 风筝 fēngzheng
114. 疯子 fēngzi
115. 福气 fúqi
116. 斧子 fǔzi
117. 盖子 gàizi
118. 甘蔗 gānzhe
119. 杆子 gānzi
120. 杆子 gǎnzi
121. 干事 gànshi
122. 杠子 gàngzi
123. 高粱 gāoliang
124. 膏药 gāoyao
125. 稿子 gǎozi
126. 告诉 gàosu
127. 疙瘩 gēda
128. 哥哥 gēge
129. 胳膊 gēbo
130. 鸽子 gēzi
131. 格子 gézi
132. 个子 gèzi
133. 根子 gēnzi
134. 跟头 gēntou
135. 工夫 gōngfu
136. 弓子 gōngzi
137. 公公 gōnggong
138. 功夫 gōngfu
139. 钩子 gōuzi
140. 姑姑 gūgu
141. 姑娘 gūniang
142. 谷子 gǔzi
143. 骨头 gǔtou
144. 故事 gùshi
145. 寡妇 guǎfu
146. 褂子 guàzi
147. 怪物 guàiwu
148. 关系 guānxi
149. 官司 guānsi

150. 罐头 guàntou
151. 罐子 guànzi
152. 规矩 guīju
153. 闺女 guīnü
154. 鬼子 guǐzi
155. 柜子 guìzi
156. 棍子 gùnzi
157. 锅子 guōzi
158. 果子 guǒzi
159. 蛤蟆 háma
160. 孩子 háizi
161. 含糊 hánhu
162. 汉子 hànzi
163. 行当 hángdang
164. 合同 hétong
165. 和尚 héshang
166. 核桃 hétao
167. 盒子 hézi
168. 红火 hónghuo
169. 猴子 hóuzi
170. 后头 hòutou
171. 厚道 hòudao
172. 狐狸 húli
173. 胡琴 húqin
174. 糊涂 hútu
175. 皇上 huángshang
176. 幌子 huǎngzi
177. 胡萝卜 húluóbo
178. 活泼 huópo
179. 火候 huǒhou
180. 伙计 huǒji
181. 护士 hùshi
182. 机灵 jīling
183. 脊梁 jǐliang
184. 记号 jìhao
185. 记性 jìxing
186. 夹子 jiāzi

187. 家伙 jiāhuo
188. 架势 jiàshi
189. 架子 jiàzi
190. 嫁妆 jiàzhuang
191. 尖子 jiānzi
192. 茧子 jiǎnzi
193. 剪子 jiǎnzi
194. 见识 jiànshi
195. 键子 jiànzi
196. 将就 jiāngjiu
197. 交情 jiāoqing
198. 饺子 jiǎozi
199. 叫唤 jiàohuan
200. 轿子 jiàozi
201. 结实 jiēshi
202. 街坊 jiēfang
203. 姐夫 jiěfu
204. 姐姐 jiějie
205. 戒指 jièzhi
206. 金子 jīnzi
207. 精神 jīngshen
208. 镜子 jìngzi
209. 舅舅 jiùjiu
210. 橘子 júzi
211. 句子 jùzi
212. 卷子 juànzi
213. 咳嗽 késou
214. 客气 kèqi
215. 空子 kòngzi
216. 口袋 kǒudai
217. 口子 kǒuzi
218. 扣子 kòuzi
219. 窟窿 kūlong
220. 裤子 kùzi
221. 快活 kuàihuo
222. 筷子 kuàizi
223. 框子 kuàngzi

224. 困难 kùnnan
225. 阔气 kuòqi
226. 喇叭 lǎba
227. 喇嘛 lǎma
228. 篮子 lánzi
229. 懒得 lǎnde
230. 浪头 làngtou
231. 老婆 lǎopo
232. 老实 lǎoshi
233. 老太太 lǎotàitai
234. 老头子 lǎotóuzi
235. 老爷 lǎoye
236. 老子 lǎozi
237. 姥姥 lǎolao
238. 累赘 léizhui
239. 篱笆 líba
240. 里头 lǐtou
241. 力气 lìqi
242. 厉害 lìhai
243. 利落 lìluo
244. 利索 lìsuo
245. 例子 lìzi
246. 栗子 lìzi
247. 痢疾 lìji
248. 连累 liánlei
249. 帘子 liánzi
250. 凉快 liángkuai
251. 粮食 liángshi
252. 两口子 liǎngkǒuzi
253. 料子 liàozi
254. 林子 línzi
255. 翎子 língzi
256. 领子 lǐngzi
257. 溜达 liūda
258. 聋子 lóngzi
259. 笼子 lóngzi
260. 炉子 lúzi

261. 路子 lùzi
262. 轮子 lúnzi
263. 萝卜 luóbo
264. 骡子 luózi
265. 骆驼 luòtuo
266. 妈妈 māma
267. 麻烦 máfan
268. 麻利 máli
269. 麻子 mázi
270. 马虎 mǎhu
271. 码头 mǎtou
272. 买卖 mǎimai
273. 麦子 màizi
274. 馒头 mántou
275. 忙活 mánghuo
276. 冒失 màoshi
277. 帽子 màozi
278. 眉毛 méimao
279. 媒人 méiren
280. 妹妹 mèimei
281. 门道 méndao
282. 眯缝 mīfeng
283. 迷糊 míhu
284. 面子 miànzi
285. 苗条 miáotiao
286. 苗头 miáotou
287. 名堂 míngtang
288. 名字 míngzi
289. 明白 míngbai
290. 蘑菇 mógu
291. 模糊 móhu
292. 木匠 mùjiang
293. 木头 mùtou
294. 那么 nàme
295. 奶奶 nǎinai
296. 难为 nánwei
297. 脑袋 nǎodai

298. 脑子 nǎozi
299. 能耐 néngnai
300. 你们 nǐmen
301. 念叨 niàndao
302. 念头 niàntou
303. 娘家 niángjia
304. 镊子 nièzi
305. 奴才 núcai
306. 女婿 nǚxu
307. 暖和 nuǎnhuo
308. 疟疾 nüèji
309. 拍子 pāizi
310. 牌楼 páilou
311. 牌子 páizi
312. 盘算 pánsuan
313. 盘子 pánzi
314. 胖子 pàngzi
315. 狍子 páozi
316. 盆子 pénzi
317. 朋友 péngyou
318. 棚子 péngzi
319. 脾气 píqi
320. 皮子 pízi
321. 痞子 pǐzi
322. 屁股 pìgu
323. 片子 piānzi
324. 便宜 piányi
325. 骗子 piànzi
326. 票子 piàozi
327. 漂亮 piàoliang
328. 瓶子 píngzi
329. 婆家 pójia
330. 婆婆 pópo
331. 铺盖 pūgai
332. 欺负 qīfu
333. 旗子 qízi
334. 前头 qiántou

335. 钳子 qiánzi
336. 茄子 qiézi
337. 亲戚 qīnqi
338. 勤快 qínkuai
339. 清楚 qīngchu
340. 亲家 qìngjia
341. 曲子 qǔzi
342. 圈子 quānzi
343. 拳头 quántou
344. 裙子 qúnzi
345. 热闹 rènao
346. 人家 rénjia
347. 人们 rénmen
348. 认识 rènshí
349. 日子 rìzi
350. 褥子 rùzi
351. 塞子 sāizi
352. 嗓子 sǎngzi
353. 嫂子 sǎozi
354. 扫帚 sàozhou
355. 沙子 shāzi
356. 傻子 shǎzi
357. 扇子 shànzi
358. 商量 shāngliang
359. 上司 shàngsi
360. 上头 shàngtou
361. 烧饼 shāobing
362. 勺子 sháozi
363. 少爷 shàoye
364. 哨子 shàozi
365. 舌头 shétou
366. 身子 shēnzi
367. 什么 shénme
368. 婶子 shěnzi
369. 生意 shēngyi
370. 牲口 shēngkou
371. 绳子 shéngzi

372. 师父 shīfu
373. 师傅 shīfu
374. 虱子 shīzi
375. 狮子 shīzi
376. 石匠 shíjiang
377. 石榴 shíliu
378. 石头 shítou
379. 时候 shíhou
380. 实在 shízai
381. 拾掇 shíduo
382. 使唤 shǐhuan
383. 世故 shìgu
384. 似的 shìde
385. 事情 shìqing
386. 柿子 shìzi
387. 收成 shōucheng
388. 收拾 shōushi
389. 首饰 shǒushi
399. 叔叔 shūshu
391. 梳子 shūzi
392. 舒服 shūfu
393. 舒坦 shūtan
394. 疏忽 shūhu
395. 爽快 shuǎngkuai
396. 思量 sīliang
397. 算计 suànji
398. 岁数 suìshu
399. 孙子 sūnzi
400. 他们 tāmen
401. 它们 tāmen
402. 她们 tāmen
403. 台子 táizi
404. 太太 tàitai
405. 摊子 tānzi
406. 坛子 tánzi
407. 毯子 tǎnzi
408. 桃子 táozi

409. 特务 tèwu
410. 梯子 tīzi
411. 蹄子 tízi
412. 挑剔 tiāoti
413. 挑子 tiāozi
414. 条子 tiáozi
415. 跳蚤 tiàozao
416. 铁匠 tiějiang
417. 亭子 tíngzi
418. 头发 tóufa
419. 头子 tóuzi
420. 兔子 tùzi
421. 妥当 tuǒdang
422. 唾沫 tuòmo
423. 挖苦 wāku
424. 娃娃 wáwa
425. 袜子 wàzi
426. 晚上 wǎnshang
427. 尾巴 wěiba
428. 委屈 wěiqu
429. 为了 wèile
430. 位置 wèizhi
431. 位子 wèizi
432. 蚊子 wénzi
433. 稳当 wěndang
434. 我们 wǒmen
435. 屋子 wūzi
436. 稀罕 xīhan
437. 席子 xízi
438. 媳妇 xífu
439. 喜欢 xǐhuan
440. 瞎子 xiāzi
441. 匣子 xiázi
442. 下巴 xiàba
443. 吓唬 xiàhu
444. 先生 xiānsheng
445. 乡下 xiāngxia

446. 箱子 xiāngzi
447. 相声 xiàngsheng
448. 消息 xiāoxi
449. 小伙子 xiǎohuǒzi
450. 小气 xiǎoqi
451. 小子 xiǎozi
452. 笑话 xiàohua
453. 谢谢 xièxie
454. 心思 xīnsi
455. 星星 xīngxing
456. 猩猩 xīngxing
457. 行李 xíngli
458. 性子 xìngzi
459. 兄弟 xiōngdi
460. 休息 xiūxi
461. 秀才 xiùcai
462. 秀气 xiùqi
463. 袖子 xiùzi
464. 靴子 xuēzi
465. 学生 xuésheng
466. 学问 xuéwen
467. 丫头 yātou
468. 鸭子 yāzi
469. 衙门 yámen
470. 哑巴 yǎba
471. 胭脂 yānzhi
472. 烟筒 yāntong
473. 眼睛 yǎnjing
474. 燕子 yànzi
475. 秧歌 yāngge
476. 养活 yǎnghuo
477. 样子 yàngzi
478. 吆喝 yāohe
479. 妖精 yāojing

480. 钥匙 yàoshi
481. 椰子 yēzi
482. 爷爷 yéye
483. 叶子 yèzi
484. 一辈子 yī bèizi
485. 衣服 yīfu
486. 衣裳 yīshang
487. 椅子 yǐzi
488. 意思 yìsi
489. 银子 yínzi
490. 影子 yǐngzi
491. 应酬 yìngchou
492. 柚子 yòuzi
493. 冤枉 yuānwang
494. 院子 yuànzi
495. 月饼 yuèbing
496. 月亮 yuèliang
497. 云彩 yúncai
498. 运气 yùnqi
499. 在乎 zàihu
500. 咱们 zánmen
501. 早上 zǎoshang
502. 怎么 zěnme
503. 扎实 zhāshi
504. 眨巴 zhǎba
505. 栅栏 zhàlan
506. 宅子 zháizi
507. 寨子 zhàizi
508. 张罗 zhāngluo
509. 丈夫 zhàngfu
510. 帐篷 zhàngpeng
511. 丈人 zhàngren
512. 帐子 zhàngzi

513. 招呼 zhāohu
514. 招牌 zhāopai
515. 折腾 zhēteng
516. 这个 zhège
517. 这么 zhème
518. 枕头 zhěntou
519. 镇子 zhènzi
520. 芝麻 zhīma
521. 知识 zhīshi
522. 侄子 zhízi
523. 指甲 zhǐjia
524. 指头 zhǐtou
525. 种子 zhǒngzi
526. 珠子 zhūzi
527. 竹子 zhúzi
528. 主意 zhǔyi
529. 主子 zhǔzi
530. 柱子 zhùzi
531. 爪子 zhuǎzi
532. 转悠 zhuànyou
533. 庄稼 zhuāngjia
534. 庄子 zhuāngzi
535. 壮实 zhuàngshi
536. 状元 zhuàngyuan
537. 锥子 zhuīzi
538. 桌子 zhuōzi
539. 字号 zìhao
540. 自在 zìzai
541. 粽子 zòngzi
542. 祖宗 zǔzong
543. 嘴巴 zuǐba
544. 作坊 zuōfang
545. 琢磨 zuómo

九、儿化词语训练

扫一扫可获得配套音频

（一）本部分词语是参照《普通话水平测试用普通话词语表》及《现代汉语词典》编制而成。

（二）本部分词语仅供普通话水平测试第二项——读多音节词语100个音节测试使用。本表儿化音节，在书面上一律作"儿"，但并不表明所列词语在任何语用场合都必须儿化。

（三）本部分词语共收词189条，按儿化韵母的汉语拼音字母顺序排列。

（四）本部分词语列出原形韵母和所对应的儿化韵，用＞表示条目中儿化音节的注音，只在基本形式后面加 r，如"一会儿 yìhuìr"，不标语音上的实际变化。

a＞ar	收摊儿 shōutānr	差点儿 chàdiǎnr
刀把儿 dāobàr	包干儿 bāogānr	雨点儿 yǔdiǎnr
戏法儿 xìfǎr	门槛儿 ménkǎnr	拉链儿 lāliànr
找茬儿 zhǎochár		坎肩儿 kǎnjiānr
板擦儿 bǎncār	ang＞ãr(鼻化)	露馅儿 lòuxiànr
号码儿 hàomǎr	药方儿 yàofāngr	
在哪儿 zàinǎr	香肠儿 xiāngchángr	iang＞iãr(鼻化)
打杂儿 dǎzár	赶趟儿 gǎntàngr	鼻梁儿 bíliángr
	瓜瓤儿 guārángr	花样儿 huāyàngr
		透亮儿 tòuliàngr
ai＞ar	ia＞iar	
名牌儿 míngpáir	掉价儿 diàojiàr	ua＞uar
壶盖儿 húgàir	豆芽儿 dòuyár	脑瓜儿 nǎoguār
加塞儿 jiāsāir	一下儿 yīxiàr	麻花儿 máhuār
鞋带儿 xiédàir		牙刷儿 yáshuār
小孩儿 xiǎoháir	ian＞iar	大褂儿 dàguàr
	小辫儿 xiǎobiànr	笑话儿 xiàohuar
an＞ar	扇面儿 shànmiànr	
快板儿 kuàibǎnr	一点儿 yīdiǎnr	uai＞uar
蒜瓣儿 suànbànr	聊天儿 liáotiānr	一块儿 yīkuàir
脸蛋儿 liǎndànr	冒尖儿 màojiānr	
栅栏儿 zhàlanr	牙签儿 yáqiānr	uan＞uar
笔杆儿 bǐgǎnr	心眼儿 xīnyǎnr	茶馆儿 cháguǎnr
老伴儿 lǎobànr	照片儿 zhàopiānr	火罐儿 huǒguànr
脸盘儿 liǎnpánr		

打转儿 dǎzhuànr
好玩儿 hǎowánr
饭馆儿 fànguǎnr
落款儿 luòkuǎnr
拐弯儿 guǎiwānr
大腕儿 dàwànr

uang＞uãr（鼻化）
蛋黄儿 dànhuángr
天窗儿 tiānchuāngr
打晃儿 dǎhuàngr

üan＞üar
烟卷儿 yānjuǎnr
出圈儿 chūquānr
人缘儿 rényuánr
杂院儿 záyuànr
手绢儿 shǒujuànr
包圆儿 bāoyuánr
绕远儿 ràoyuǎnr
刀背儿 dāobèir
摸黑儿 mōhēir

ei＞er
老本儿 lǎoběnr
嗓门儿 sǎngménr
哥们儿 gēmenr
后跟儿 hòugēnr
别针儿 biézhēnr
走神儿 zǒushénr
小人儿书 xiǎorénrshū
刀刃儿 dāorènr
花盆儿 huāpénr
把门儿 bǎménr
纳闷儿 nàmènr
高跟儿鞋 gāogēnrxié
一阵儿 yīzhènr

大婶儿 dàshěnr
杏仁儿 xìngrénr

eng＞ẽr（鼻化）
钢镚儿 gāngbèngr
脖颈儿 bógěngr
夹缝儿 jiāféngr
提成儿 tíchéngr

ie＞ier
半截儿 bànjiér
旦角儿 dànjuér
小鞋儿 xiǎoxiér
主角儿 zhǔjuér

uei＞uer
跑腿儿 pǎotuǐr
耳垂儿 ěrchuír
围嘴儿 wéizuǐr
打盹儿 dǎdǔnr
砂轮儿 shālúnr
没准儿 méizhǔnr
一会儿 yīhuìr
墨水儿 mòshuǐr
走味儿 zǒuwèir
胖墩儿 pàngdūnr
冰棍儿 bīnggùnr
开春儿 kāichūnr

ueng＞uẽr（鼻化）
小瓮儿 xiǎowèngr

-i（前）＞er
瓜子儿 guāzǐr
没词儿 méicír
墨汁儿 mòzhīr
记事儿 jìshìr

石子儿 shízǐr
挑刺儿 tiāocìr
锯齿儿 jùchǐr

i＞i：er
针鼻儿 zhēnbír
肚脐儿 dùqír
有劲儿 yǒujìnr
脚印儿 jiǎoyìnr
垫底儿 diàndǐr
玩意儿 wányìr
送信儿 sòngxìnr

ing＞i：ẽr（鼻化）
花瓶儿 huāpíngr
图钉儿 túdīngr
眼镜儿 yǎnjìngr
火星儿 huǒxīngr
打鸣儿 dǎmíngr
门铃儿 ménlíngr
蛋清儿 dànqīngr
人影儿 rényǐngr

ü＞ü：er
毛驴儿 máolúr
痰盂儿 tányúr
合群儿 héqúnr
小曲儿 xiáoqǔr

e＞er
模特儿 mótèr
唱歌儿 chànggēr
打嗝儿 dǎgér
在这儿 zàizhèr
逗乐儿 dòulèr
挨个儿 āigèr
饭盒儿 fànhér

u＞ur
碎步儿 suìbùr
儿媳妇儿 érxífùr
泪珠儿 lèizhūr
没谱儿 méipǔr
梨核儿 líhúr
有数儿 yǒushùr

ong＞õr(鼻化)
果冻儿 guǒdòngr
胡同儿 hútòngr
酒盅儿 jiǔzhōngr
门洞儿 méndòngr
抽空儿 chōukòngr
小葱儿 xiǎocōngr

iong＞ĩor(鼻化)
小熊儿 xiǎoxióngr

ao＞aor
红包儿 hóngbāor
半道儿 bàndàor

跳高儿 tiàogāor
口罩儿 kǒuzhàor
口哨儿 kǒushàor
灯泡儿 dēngpàor
手套儿 shǒutàor
叫好儿 jiàohǎor
绝招儿 juézhāor
蜜枣儿 mìzǎor

iao＞iaor
鱼漂儿 yúpiāor
跑调儿 pǎodiàor
豆角儿 dòujiǎor
火苗儿 huǒmiáor
面条儿 miàntiáor
开窍儿 kāiqiàor

ou＞our
衣兜儿 yīdōur
年头儿 niántóur
门口儿 ménkǒur
线轴儿 xiànzhóur

老头儿 lǎotóur
小偷儿 xiǎotōur
纽扣儿 niǔkòur
小丑儿 xiáochǒur

iou＞iour
加油儿 jiāyóur
顶牛儿 dǐngniúr
棉球儿 miánqiúr
抓阄儿 zhuājiūr

uo＞uor
火锅儿 huǒguōr
大伙儿 dàhuǒr
小说儿 xiǎoshuōr
做活儿 zuòhuór
邮戳儿 yóuchuōr
被窝儿 bèiwōr

o＞or
耳膜儿 ěrmór
粉末儿 fěnmòr

十、含变调"一""不"的词语训练(注:为了便于发音练习,我们此处的"不""一"的拼音标变调。)

扫一扫可获得配套音频

B
不必 búbì
不但 búdàn
不当 búdàng
不定 búdìng
不断 búduàn

不过 búguò
不见得 bújiàn·dé
不愧 búkuì
不料 búliào
不论 búlùn
不是 búshì

不是吗 búshìma
不像话 búxiànghuà
不幸 búxìng
不要 búyào
不要紧 búyàojǐn
不用 búyòng

不在乎 búzàihu
不至于 búzhìyú
不住 búzhù
不安 bù'ān
不比 bùbǐ
不曾 bùcéng
不得 bùdé
不得了 bùdéliǎo
不得已 bùdéyǐ
不等 bùděng
不法 bùfǎ
不妨 bùfáng
不敢当 bùgǎndāng
不公 bùgōng
不管 bùguǎn
不好意思 bùhǎoyìsi
不解 bùjiě
不禁 bùjīn
不仅 bùjǐn
不久 bùjiǔ
不觉 bùjué
不堪 bùkān
不可 bùkě
不良 bùliáng
不满 bùmǎn
不免 bùmiǎn
不平 bùpíng
不然 bùrán
不容 bùróng
不如 bùrú
不少 bùshǎo
不时 bùshí
不停 bùtíng
不同 bùtóng
不惜 bùxī
不行 bùxíng
不朽 bùxiǔ

不许 bùxǔ
不宜 bùyí
不一定 bùyídìng
不由得 bùyóude
不怎么样 bùzěnmeyàng
不止 bùzhǐ
不只 bùzhǐ
不足 bùzú
巴不得 bābude
抱不平 bàobùpíng
不便 búbiàn
不测 búcè
不成 bùchéng
不成材 bùchéngcái
不成器 bùchéngqì
不倒翁 bùdǎowēng
不得劲儿 bùdéjìnr
不等号 bùděnghào
不等式 bùděngshì
不迭 bùdié
不动产 búdòngchǎn
不冻港 búdònggǎng
不端 bùduān
不断 búduàn
不乏 bùfá
不忿 búfèn
不符 bùfú
不规则 bùguīzé
不轨 bùguǐ
不过意 búguòyì
不合 bùhé
不济 bújì
不景气 bùjǐngqì
不拘 bùjū
不力 búlì
不利 búlì
不了 bùliǎo

不吝 búlìn
不仁 bùrén
不忍 bùrěn
不日 búrì
不善 búshàn
不胜 búshèng
不适 búshì
不爽 bùshuǎng
不遂 bú suì
不暇 bùxiá
不详 bùxiáng
不肖 bùxiào
不屑 búxiè
不兴 bùxīng
不锈钢 búxiùgāng
不逊 búxùn
不厌 búyàn
不要脸 búyàoliǎn
不依 bùyī
不已 bùyǐ
不意 búyì
不振 búzhèn
不致 búzhì
不自量 búzìliàng
不做声 búzuòshēng
C
差不多 chàbuduō
吃不开 chībukāi
吃不消 chībuxiāo
D
对不起 duìbuqǐ
大不了 dàbuliǎo
动不动 dòngbudòng
F
犯不上 fànbushàng
犯不着 fànbuzháo
G
顾不得 gùbude

怪不得 guàibude

赶不上 gǎnbushàng

过不去 guòbuqù

H

恨不得 hènbude

J

进一步 jìnyíbù

见不得 jiànbude

禁不起 jīnbuqǐ

禁不住 jīnbuzhù

K

看不起 kànbuqǐ

靠不住 kàobuzhù

L

来不及 láibují

老一辈 lǎoyíbèi

了不起 liǎobuqǐ

冷不防 lěngbufáng

了不得 liǎobudé

M

美中不足 měizhōngbùzú

免不了 miǎnbuliǎo

赔不是 péibúshì

瞧不起 qiáobuqǐ

忍不住 rěnbuzhù

舍不得 shěbudé

说不定 shuōbudìng

少不了 shǎobuliǎo

使不得 shǐbudé

说不上 shuōbushàng

X

下不来 xiàbulái

想不到 xiǎngbudào

想不开 xiǎngbukāi

Y

要不然 yàoburán

要不是 yàobushì

一半 yíbàn

一辈子 yíbèizi

一带 yídài

一日 yírì

一道 yídào

一定 yídìng

一度 yídù

一概 yígài

一个劲儿 yígejìnr

一共 yígòng

一贯 yíguàn

一会儿 yíhuìr

一块儿 yíkuàir

一律 yílǜ

一切 yí qiè

一系列 yíxìliè

一下儿 yíxiàr

一下子 yíxiàzi

一向 yíxiàng

一样 yíyàng

一再 yízài

一阵 yízhèn

一致 yízhì

一般 yìbān

一边 yìbiān

一点儿 yìdiǎnr

一举 yìjǔ

一口气 yìkǒuqì

一连 yìlián

一旁 yìpáng

一齐 yìqí

一起 yìqǐ

一身 yìshēn

一生 yìshēng

一手 yìshǒu

一同 yìtóng

一头 yìtóu

一些 yìxiē

一心 yìxīn

一行 yìxíng(yìháng)

一直 yìzhí

用不着 yòngbuzháo

要不得 yàobude

一把手 yībǎshǒu

一把抓 yìbǎzhuā

一斑 yìbān

一并 yíbìng

一丁点儿 yìdīngdiǎnr

一端 yìduān

一发 yìfā

一股劲儿 yìgǔjìnr

一股脑儿 yìgǔnǎor

一晃 yìhuǎng

一晃 yíhuàng

一经 yìjīng

一刻 yíkè

一览 yìlǎn

一溜儿 yíliùr

一路 yílù

一瞥 yìpiē

一色 yísè

一顺儿 yíshùnr

一瞬 yíshùn

一应 yìyīng

一朝 yìzhāo

一准 yìzhǔn

一总 yìzǒng

由不得 yóubude

怨不得 yuànbude

Z

择不开 zháibukāi

中不溜儿 zhōngbuliūr

训练 2　朗读短文训练

★ 训练目标

中国传统文化博大精深，体现中华文明精髓的好故事、好文章非常丰富，朗读这些作品、学习这些作品，就可以展现可信、可爱、可敬的中国形象。本部分通过朗读短文的训练，不仅能被传统文化浸润，而且也能掌握普通话测试中 60 篇短文朗读技巧。

★ 任务设定

请朗读短文片段：

西部是华夏文明的源头。华夏祖先的脚步是顺着水边走的：长江上游出土过元谋人牙齿化石，距今约一百七十万年；黄河中游出土过蓝田人头盖骨，距今约七十万年。这两处古人类都比距今约五十万年的北京猿人资格更老。

★ 思考与讨论

你能朗读好普通话水平测试 60 篇中的每一篇短文吗？

★ **实战训练**

扫一扫可获取短文朗读音频

作品 1 号

　　那是力争上游的一种树,笔直的干,笔直的枝。它的干呢,通常是丈把高,像是加以人工似的,一丈以内,绝无旁枝;它所有的桠枝呢,一律向上,而且紧紧靠拢,也像是加以人工似的,成为一束,绝无横斜逸出;它的宽大的叶子也是片片向上,几乎没有斜生的,更不用说倒垂了;它的皮,光滑而有银色的晕圈,微微泛出淡青色。这是虽在北方的风雪的压迫下却保持着倔强挺立的一种树!哪怕只有碗来粗细罢,它却努力向上发展,高到丈许,两丈,参天耸立,不折不挠,对抗着西北风。

　　这就是白杨树,西北极普通的一种树,然而决不是平凡的树!

　　它没有婆娑的姿态,没有屈曲盘旋的虬枝,也许你要说它不美丽,——如果美是专指"婆娑"或"横斜逸出"之类而言,那么白杨树算不得树中的好女子;但是它却是伟岸,正直,朴质,严肃,也不缺乏温和,更不用提它的坚强不屈与挺拔,它是树中的伟丈夫!当你在积雪初融的高原上走过,看见平坦的大地上傲然挺立这么一株或一排白杨树,难道你就只觉得树只是树,难道你就不想到它的朴质,严肃,坚强不屈,至少也象征了北方的农民;难道你竟一点儿也不联想到,在敌后的广大//土地上,到处有坚强不屈,就像这白杨树一样傲然挺立的守卫他们家乡的哨兵!难道你又不更远一点儿想到这样枝枝叶叶靠紧团结,力求上进的白杨树,宛然象征了今天在华北平原纵横决荡用血写出新中国历史的那种精神和意志。

　　　　　　　　　　　　　　　　　　　　节选自茅盾《白杨礼赞》

朗读提示:

　　这篇散文语调略显昂扬,要读出白杨树坚忍不拔的精神。注意本文中"似的、桠枝、倔强、晕圈、婆娑、虬枝、横斜逸出、不屈不挠、屈曲盘旋"等易错词语的读音。

Zuòpǐn 1 Hào

Nà shì lìzhēng shàngyóu de yì zhǒng shù, bǐzhí de gàn, bǐ zhí de zhī. Tā de gàn ne, tōngcháng shì zhàng bǎ gāo, xiàngshì jiāyǐ réngōng shìde, yí zhàng yǐnèi, juéwú pángzhī; tā suǒyǒu de yāzhī ne, yílǜ xiàngshàng, érqiě jǐnjǐn kàolǒng, yě xiàngshì jiāyǐ réngōng shìde, chéngwéi yí shù, juéwú héng xié yì chū; tā de kuāndà de yèzi yě shì piànpiàn xiàngshàng, jīhū méi • yǒu xié shēng de, gèng búyòng shuō dàochuí le; tā de pí, guānghuá ér yǒu yínsè de yùnquān, wēiwēi fànchū dànqīngsè. Zhè shì suī zài běifāng de fēngxuě de yāpò xià què bǎochí zhe jué jiàng tǐnglì de yì zhǒng shù! Nǎpà zhǐyǒu wǎn lái cūxì bà, tā què nǔlì xiàngshàng fāzhǎn, gāo dào zhàng xǔ, liǎng zhàng, cāntiān sǒnglì, bùzhé – bùnáo, duìkàng zhe xīběifēng.

Zhè jiùshì báiyángshù, xīběi jí pǔtōng de yì zhǒng shù, rán'ér jué bú shì píngfán de shù!

Tā méi • yǒu pósuō de zītài, méi • yǒu qūqū pánxuán de qiúzhī, yěxǔ nǐ yào shuō tā bù měilì, —rúguǒ měi shì zhuān zhǐ "pósuō" huò "héng xié yì chū" zhīlèi ér yán, nàmebáiyángshù suàn • bù • dé shù zhōng de hǎo nǚzǐ; dànshì tā què shì wěi'àn, zhèngzhí, pǔzhì, yánsù, yě bù quēfá wēnhé, gèng búyòng tí tā de jiānqiáng bùqū yǔ tǐngbá, tā shì shù zhōng de wěizhàngfu! Dāng nǐ zài jīxuě chū róng de gāoyuán • shàng zǒuguò, kàn • jiàn píngtǎn de dàdì • shàng àorán tǐnglì zhème yì zhū huò yí pái báiyángshù, nándào nǐ jiù zhǐ jué • de shù zhǐshì shù, nán dào nǐ jiù bù xiǎngdào tā de pǔzhì, yánsù, jiānqiáng bùqū, zhìshǎo yě xiàngzhēng le běifāng de nóngmín; nándào nǐ jìng yìdiǎn ryě bù liánxiǎng dào, zài díhòu de guǎngdà // tǔdì • shàng, dàochǔ yǒu jiānqiáng bùqū, jiù xiàng zhè báiyángshù yíyàng àorán tǐnglì de shǒuwèi tāmen jiāxiāng de shàobīng! Nándào nǐ yòu bú gèng yuǎn yídiǎnr xiǎng dào zhèyàng zhīzhī – yèyè kàojǐn tuánjié, lìqiú shàngjìn de báiyángshù, wǎnrán xiàngzhēngle jīntiān zài Huáběi Píngyuán zònghéng juédàng yòng xuè xiěchū xīn Zhōngguó lìshǐ de nà zhǒng jīngshén hé yìzhì。

Jiéxuǎn zì Máo Dùn 《Báiyáng Lǐzàn》

作品 2 号

两个同龄的年轻人同时受雇于一家店铺,并且拿同样的薪水。

可是一段时间后,叫阿诺德的那个小伙子青云直上,而那个叫布鲁诺的小伙子却仍在原地踏步。布鲁诺很不满意老板的不公正待遇。终于有一天他到老板那儿发牢骚了。老板一边耐心地听着他的抱怨,一边在心里盘算着怎样向他解释清楚他和阿诺德之间的差别。

"布鲁诺先生,"老板开口说话了,"您现在到集市上去一下,看看今天早上有什么卖的。"

布鲁诺从集市上回来向老板汇报说,今早集市上只有一个农民拉了一车土豆在卖。

"有多少?"老板问。

布鲁诺赶快戴上帽子又跑到集上,然后回来告诉老板一共四十袋土豆。

"价格是多少?"

布鲁诺又第三次跑到集上问来了价格。

"好吧,"老板对他说,"现在请您坐到这把椅子上一句话也不要说,看看阿诺德怎么说。"

阿诺德很快就从集市上回来了。向老板汇报说到现在为止只有一个农民在卖土豆,一共四十口袋,价格是多少多少;土豆质量很不错,他带回来一个让老板看看。这个农民一个钟头以后还会弄来几箱西红柿,据他看价格非常公道。昨天他们铺子的西红柿卖得很快,库存已经不//多了。他想这么便宜的西红柿,老板肯定会要进一些的,所以他不仅带回了一个西红柿做样品,而且把那个农民也带来了,他现在正在外面等回话呢。

此时老板转向了布鲁诺,说:"现在您肯定知道为什么阿诺德的薪水比您高了吧!"

节选自张健鹏、胡足青主编《故事时代》中《差别》

朗读提示:

本文语调舒缓,对话时语调自然,略有变化。注意文中轻声词语和鼻音声母词语的读音,如"牢骚、抱怨、盘算","年轻、布鲁诺、阿诺德、您、农民"等。

Zuòpǐn 2 Hào

Liǎng gè tónglíng de niánqīngrén tóngshí shòugù yú yì jiā diànpù, bìngqiě ná tóngyàng de xīn • shuǐ.

Kěshì yí duàn shíjiān hòu, jiào Ānuòdé de nàge xiǎohuǒzi qīngyún zhíshàng, ér nàgè jiào Bùlǔnuò de xiǎohuǒzi què réng zài yuándì tàbù. Bùlǔnuò hěn bù mǎnyì lǎobǎn de bù gōngzhèng dàiyù. Zhōngyú yǒu yì tiān tā dào lǎobǎn nàr fā láo • sāo le. Lǎobǎn yìbiān nàixīn de tīngzhe tā de bào • yuàn, yìbiān zài xīn • lǐ pánsuan zhe zěnyàng xiàng tā jiěshì qīngchu tā hé Ānuòdé zhījiān de chābié.

"Bùlǔnuò xiānsheng," Lǎobǎn kāikǒu shuōhuà le, "Nín xiànzài dào jíshì • shàng qù yíxià, kànkan jīntiān zǎoshang yǒu shénme mài de."

Bùlǔnuò cóng jí shì • shàng huí • lái xiàng lǎobǎn huìbào shuō, jīnzǎo jíshì • shàng zhǐyǒu yí gè nóngmín lā le yì chē tǔdòu zài mài.

"Yǒu duō • shǎo?" Lǎo bǎn wèn.

Bùlǔnuò gǎnkuài dài • shàng màozi yòu pǎodào jí • shàng, rán hòu huí • lái gàosu lǎobǎn yí gòng sìshí dài tǔdòu.

"Jià gé shì duō • shǎo?"

Bùlǔnuò yòu dì – sān cì pǎodào jí • shàng wènláile jiàgé.

"Hǎo ba," Lǎobǎn duì tā shuō, "Xiànzài qǐng nín zuòdào zhè bǎ yǐzi • shàng yí jù huà yě búyào shuō, kànkan Ānuòdé zěnme shuō."

Ānuòdé hěn kuài jiù cóng jíshì • shàng huí • lái le. Xiàng lǎobǎn huìbào shuō dào xiànzài wéizhǐ zhǐyǒu yí gè nóngmín zài mài tǔdòu, yígòng sìshí kǒudai, jiàgé shì duō • shǎo duō • shǎo; tǔdòu zhìliàng hěn búcuò, tā dài huí • lái yí gè ràng lǎobǎn kànkàn. Zhège nóngmín yí gè zhōngtóu yǐhòu hái huì nònglái jǐ xiāng xīhóngshì, jù tā kàn jiàgé fēicháng gōngdào. Zuótiān tāmen pùzi de xīhóngshì mài de hěn kuài, kù cún yǐ • jīng bù // duō le. Tā xiǎng zhème piányi de xīhóngshì, lǎobǎn kěndìng huì yào jìn yìxiē de, suǒyǐ tā bùjǐn dàihuí le yí gè xīhóngshì zuò yàngpǐn, érqiě bǎ nàge nóng mín yě dài • lái le, tā xiànzài zhèngzài wài • miàn děng huíhuà ne.

Cǐshí lǎobǎn zhuǎnxiàng le Bùlǔnuò, shuō: "Xiànzài nín kěndìng zhī • dào wèishénme Ānuòdé de xīn • shuǐ bǐ nín gāo le ba?"

Jié xuǎn zì Zhāng Jiànpéng、Hú Zúqīng zhǔ biān《Gùshì Shídài》zhōng《Chābié》

作品 3 号

我常常遗憾我家门前的那块丑石：它黑黝黝地卧在那里，牛似的模样；谁也不知道是什么时候留在这里的，谁也不去理会它。只是麦收时节，门前摊了麦子，奶奶总是说：这块丑石，多占地面啊，抽空把它搬走吧。

它不像汉白玉那样的细腻，可以刻字雕花，也不像大青石那样的光滑，可以供来浣纱捶布。它静静地卧在那里，院边的槐阴没有庇覆它，花儿也不再在它身边生长。荒草便繁衍出来，枝蔓上下，慢慢地，它竟锈上了绿苔、黑斑。我们这些做孩子的，也讨厌起它来，曾合伙要搬走它，但力气又不足；虽时时咒骂它，嫌弃它，也无可奈何，只好任它留在那里了。

终有一日，村子里来了一个天文学家。他在我家门前路过，突然发现了这块石头，眼光立即就拉直了。他再没有离开，就住了下来；以后又来了好些人，都说这是一块陨石，从天上落下来已经有二三百年了，是一件了不起的东西。不久便来了车，小心翼翼地将它运走了。

这使我们都很惊奇！这又怪又丑的石头，原来是天上的啊！它补过天，在天上发过热、闪过光，我们的先祖或许仰望过它，它给了他们光明、向往、憧憬；而它落下来了，在污土里，荒草里，一躺就//是几百年了！

我感到自己的无知，也感到了丑石的伟大，我甚至怨恨它这么多年竟会默默地忍受着这一切！而我又立即深深地感到它那种不屈于误解、寂寞的生存的伟大。

节选自贾平凹《丑石》

朗读提示：

本文节奏舒缓，语调先抑后扬。注意文中"黑黝黝、似的、庇覆、绿苔、浣纱捶布"等词语的读音。要正确读出带有语气词"啊"变的句子，如"……多占地面啊(na)"、"……原来是天上的啊(ya)!"等。注意"……花儿也不再|在它身边生长。"这个句子的停顿。

Zuòpǐn 3 Hào

Wǒ chángcháng yíhàn wǒ jiā mén qián nà kuài chǒu shí: Tā hēiyǒuyǒu① de wò
zài nà·lǐ, niú shìde múyàng; shéi yě bù zhī·dào shì shénme shíhou liú zài zhè·lǐ
de, shéi yě bù qù lǐhuì tā. Zhǐshì màishōu shíjié, mén qián tānle màizi, nǎinai zǒngshì
shuō: Zhè kuài chǒu shí, duō zhàn dìmiàn na, chōukòng bǎ tā bānzǒu ba.

Tā bú xiàng hànbáiyù nàyàng de xìnì, kěyǐ kèzì diāohuā, yě bú xiàng dà qīngshí
nàyàng de guānghuá, kě yǐ gōng lái huànshā chuíbù. Tā jìngjìng de wò zài nà·lǐ,
yuàn biān de huáiyīn méi·yǒu bìfù tā, huā'ér yě búzài zài tā shēnbiān shēngzhǎng.
Huāngcǎo biàn fányǎn chū·lái, zhīwàn shàngxià, mànmàn de, tā jìng xiùshàngle
lùtái、hēibān. Wǒmen zhèxiē zuò háizi de, yě tǎoyàn·qǐ tā·lái, céng héhuǒ yào
bānzǒu tā, dàn lìqi yòu bùzú; suī shíshí zhòumà tā, xiánqì tā, yě wúkě-nài hé, zhǐ hǎo
rèn tā liú zài nà·lǐ le.

Zhōng yǒu yí rì, cūn zi·lǐ láile yí gè tiānwénxuéjiā. Tā zài wǒ jiā mén qián
lùguò, tūrán fāxiànle zhè kuài shítou, yǎnguāng lìjí jiù lāzhí le. Tā zài méi·yǒu líkāi,
jiù zhùle xià·lái; yǐhòu yòu láile hǎoxiē rén, dōu shuō zhè shì yí kuài yǔnshí, cóng
tiān·shàng luò xià·lái yǐ·jīng yǒu èr-sān bǎi nián le, shì yí jiàn liǎo·bùqǐ de
dōngxi. Bùjiǔ biàn láile chē, xiǎoxīn-yìyì de jiāng tā yùnzǒu le.

Zhè shǐ wǒmen dōu hěn jīngqí, zhè yòu guài yòu chǒu de shítou, yuánlái shì
tiān·shàng de ya! Tā bǔguo tiān, zài tiān·shàng fāguo rè、shǎnguo guāng, wǒmen
de xiānzǔ huòxǔ yǎngwàngguo tā, tā gěile tāmen guāngmíng、xiàngwǎng、chōngjǐng;
ér tā luò xià·lái le, zài wū tǔ·lǐ, huāngcǎo·lǐ, yǐ tǎng jiù // shì jǐbǎi nián le!

Wǒ gǎndào zìjǐ de wúzhī, yě gǎndàole chǒu shí de wěidà, wǒ shènzhì yuànhèn tā
zhème duō nián jìng huì mòmò de rěnshòu zhe zhè yíqiè! ér wǒ yòu lìjí shēnshēn de
gǎndào tā nà zhǒng bùqū yú wùjiě、jìmò de shēngcún de wěidà.

Jiéxuǎn zì Jiǎ Píngwā《Chǒu Shí》

_____

① 口语一般读 hēiyōuyōu。

作品 4 号

在达瑞八岁的时候,有一天他想去看电影。因为没有钱,他想是向爸妈要钱,还是自己挣钱。最后他选择了后者。他自己调制了一种汽水,向过路的行人出售。可那时正是寒冷的冬天,没有人买,只有两个人例外——他的爸爸和妈妈。

他偶然有一个和非常成功的商人谈话的机会。当他对商人讲述了自己的"破产史"后,商人给了他两个重要的建议:一是尝试为别人解决一个难题;二是把精力集中在你知道的、你会的和你拥有的东西上。

这两个建议很关键。因为对于一个八岁的孩子而言,他不会做的事情很多。于是他穿过大街小巷,不停地思考:人们会有什么难题,他又如何利用这个机会?

一天,吃早饭时父亲让达瑞去取报纸。美国的送报员总是把报纸从花园篱笆的一个特制的管子里塞进来。假如你想穿着睡衣舒舒服服地吃早饭和看报纸,就必须离开温暖的房间,冒着寒风,到花园去取。虽然路短,但十分麻烦。

当达瑞为父亲取报纸的时候,一个主意诞生了。当天他就按响邻居的门铃,对他们说,每个月只需付给他一美元,他就每天早上把报纸塞到他们的房门底下。大多数人都同意了,很快他有//了七十多个顾客。一个月后,当他拿到自己赚的钱时,觉得自己简直是飞上了天。

很快他又有了新的机会,他让他的顾客每天把垃圾袋放在门前,然后由他早上运到垃圾桶里,每个月加一美元。之后他还想出了许多孩子赚钱的办法,并把它集结成书,书名为《儿童挣钱的二百五十个主意》。为此,达瑞十二岁时就成了畅销书作家,十五岁有了自己的谈话节目,十七岁就拥有了几百万美元。

节选自[德]博多·舍费尔《达瑞的故事》,刘志明译

朗读提示:

本文语调略显轻快,应读出对聪明的达瑞的赞美之情。注意文中儿化词"汽水"和轻声词"篱笆、麻烦、舒舒服服"等词语的读音。

Zuòpǐn 4 Hào

Zài Dáruì bā suì de shíhou, yǒu yì tiān tā xiǎng qù kàn diànyǐng. Yīn • wéi méi • yǒu qián, tā xiǎng shì xiàng bà mā yào qián, háishì zìjǐ zhèngqián. Zuìhòu tā xuǎnzéle hòuzhě. Tā zìjǐ tiáozhìle yì zhǒng qìshuǐ, xiàng guòlù de xíngrén chūshòu. Kě nàshí zhèngshì hánlěng de dōngtiān, méi • yǒu rén mǎi, zhǐyǒu liǎng gè rén lìwài——tā de bàba hé māma.

Tā ǒurán yǒu yí gè hé fēicháng chénggōng de shāngrén tánhuà de jī • huì. Dāng tā duì shāngrén jiǎngshùle zìjǐ de "pòchǎnshǐ" hòu, shāngrén gěile tā liǎng gè zhòngyào de jiànyì: yī shì chángshì wèi bié • rén jiějué yí gè nántí; èr shì bǎ jīnglì jízhōng zài nǐ zhī • dào de, nǐ huì de hé nǐ yōngyǒu de dōngxi • shàng.

Zhè liǎng gè jiànyì hěn guānjiàn. Yīn • wèi duìyú yí gè bā suì de háizi ér yán, tā bú huì zuò de shìqing hěn duō. Yúshì tā chuānguò dàjiē xiǎoxiàng, bùtíng de sīkǎo: rén men huì yǒu shénme nántí, tā yòu rúhé lìyòng zhège jī • huì?

Yì tiān, chī zǎofàn shí fù • qīn ràng Dáruì qù qǔ bàozhǐ. Měiguó de sòngbàoyuán zǒngshì bǎ bàozhǐ cóng huāyuán líba de yí gè tèzhì de guǎnzi • lǐ sāi jìn • lái. Jiǎrú nǐ xiǎng chuānzhe shuìyī shūshū – fúfú① de chī zǎofàn hé kàn bàozhǐ, jiù bìxū líkāi wēnnuǎn de fángjiān, màozhe hánfēng, dào huāyuán qù qǔ. Suīrán lù duǎn, dàn shífēn máfan.

Dāng Dáruì wèi fù • qīn qǔ bàozhǐ de shíhou, yí gè zhǔyì② dànshēng le. Dàngtiān tā jiù ànxiǎng lín • jū de ménlíng, duì tāmen shuō, měi gè yuè zhǐ xū fùgěi tā yī měiyuán, tā jiù měitiān zǎoshang bǎ bàozhǐ sāidào tāmen de fángmén dǐ • xià. Dàduōshù rén dōu tóngyì le, hěn kuài tā jiù yǒu // le qīshí duō gè gùkè. Yí gè yuè hòu, dāng tā nádào zìjǐ zhuàn de qián shí, jué • dé zìjǐ jiǎnzhí shì fēi • shàngle tiān.

Hěn kuài tā yòu yǒule xīn de jī • huì, tā ràng tā de gùkè měitiān bǎ lājīdài fàngzài mén qián, ránhòu yóu tā zǎoshang yùndào lājītǒng • lǐ, měi gè yuè jiā yì měiyuán. Zhīhòu tā hái xiǎngchūle xǔduō háizi zhuànqián de bànfǎ, bìng bǎ tā jíjié chéng shū, shūmíng wéi《értóng Zhèngqián de èrbǎi Wǔshí gè Zhǔyì》. Wèicǐ, Daruì shí'èr suì shí jiù chéngle chàngxiāoshū zuòjiā, shíwǔ suì yǒule zìjǐ de tánhuà jiémù, shíqī suì jiù yōngyǒule jǐ bǎiwàn měiyuán.

Jiéxuǎn zì〔Dé〕Bóduō Shěfèi'ěr《Dáruì de Gùshi》, Liú Zhìmíng yì

---

① 口语一般读 shūshu-fūfū。
② 口语一般读 zhúyi。

作品 5 号

这是入冬以来，胶东半岛上第一场雪。

雪纷纷扬扬，下得很大。开始还伴着一阵儿小雨，不久就只见大片大片的雪花，从彤云密布的天空中飘落下来。地面上一会儿就白了。冬天的山村，到了夜里就万籁俱寂，只听得雪花簌簌地不断往下落，树木的枯枝被雪压断了，偶尔咯吱一声响。

大雪整整下了一夜。今天早晨，天放晴了，太阳出来了。推开门一看，嗬！好大的雪啊！山川、河流、树木、房屋，全都罩上了一层厚厚的雪，万里江山，变成了粉妆玉砌的世界。落光了叶子的柳树上挂满了毛茸茸亮晶晶的银条儿；而那些冬夏常青的松树和柏树上，则挂满了蓬松松沉甸甸的雪球儿。一阵风吹来，树枝轻轻地摇晃，美丽的银条儿和雪球儿簌簌地落下来，玉屑似的雪末儿随风飘扬，映着清晨的阳光，显出一道道五光十色的彩虹。

大街上的积雪足有一尺多深，人踩上去，脚底下发出咯吱咯吱的响声。一群群孩子在雪地里堆雪人，掷雪球儿。那欢乐的叫喊声，把树枝上的雪都震落下来了。

俗话说，"瑞雪兆丰年"。这个话有充分的科学根据，并不是一句迷信的成语。寒冬大雪，可以冻死一部分越冬的害虫；融化了的水渗进土层深处，又能供应 // 庄稼生长的需要。我相信这一场十分及时的大雪，一定会促进明年春季作物，尤其是小麦的丰收。有经验的老农把雪比做是"麦子的棉被"。冬天"棉被"盖得越厚，明春麦子就长得越好，所以又有这样一句谚语："冬天麦盖三层被，来年枕着馒头睡。"

我想，这就是人们为什么把及时的大雪称为"瑞雪"的道理吧。

节选自峻青《第一场雪》

朗读提示：

本文语调轻快，流畅自然。注意本文中的儿化词语的正确读法，如"一阵儿、一会儿、银条儿、雪球儿、雪末儿"等词语。注意 ABB 式词语"毛茸茸、亮晶晶、蓬松松、沉甸甸"等的读音。读准易错词语"簌簌、掷、供应"等词语的读音。注意"……融化了的水渗进土层深处……"这个句子里的平翘舌音。

Zuòpǐn 5 Hào

Zhè shì rùdōng yǐlái, Jiāodōng Bàndǎo • shàng dì - yī cháng xuě.

Xuě fēnfēn - yángyáng, xià de hěn dà. Kāishǐ hái bànzhe yí zhènr xiǎoyǔ, bùjiǔ jiù zhǐ jiàn dàpiàn dàpiàn de xuěhuā, cóng tóngyún - mìbù de tiānkōng zhōng piāoluò xià • lái. Dìmiàn • shàng yíhuìr jiù bái le. Dōngtiān de shāncūn, dàole yè • li jiù wànlài - jùjì, zhǐ tīng de xuěhuā sùsù de búduàn wǎngxià luò, shùmù de kūzhī bèi xuě yāduàn le, ǒu'ěr gēzhī yì shēng xiǎng.

Dàxuě zhěngzhěng xiàle yíyè. Jīntiān zǎo • chén, tiān fàngqíng le, tài • yáng chū • lái le. Tuīkāi mén yí kàn, hē! Hǎo dà de xuě ya! Shānchuān、héliú、shùmù、 fángwū, quán dōu zhào • shàngle yì céng hòuhòu de xuě, wànlǐ jiāngshān, biànchéngle fěnzhuāng - yùqì de shìjiè. Luòguāngle yèzi de liǔshù • shàng guàmǎnle máoróngróng① liàngjīngjīng de yíntiáor; ér nàxiē dōng - xià chángqīng de sōngshù hé bǎishù • shàng, zé guàmǎnle péngsōngsōng chéndiàndiàn② de xuěqiúr. Yí zhèn fēng chuīlái, shùzhī qīngqīng de yáo • huàng, měilì de yíntiáor hé xuěqiúr sùsù de luò xià lái, yùxiè shìde xuěmòr suí fēng piāoyáng, yìngzhe qīngchén de yángguāng, xiǎnchū yí dàodào wǔguāng - shísè de cǎihóng.

Dàjiē • shàng de jīxuě zú yǒu yì chǐ duō shēn, rén cǎi shàng • qù, jiǎo dǐ • xià fāchū gēzhī gēzhī de xiǎngshēng. Yì qúnqún háizi zài xuědì • li duī xuěrén, zhì xuěqiúr. Nà huānlè de jiàohǎnshēng, bǎ shùzhī • shàng de xuě dōu zhènluò xià • lái le.

Súhuà shuō, "Ruìxuě zhào fēngnián". Zhège huà yǒu chōngfèn de kēxué gēnjù, bìng bú shì yí jù míxìn de chéngyǔ. Hándōng dàxuě, kěyǐ dòngsǐ yí bùfen yuèdōng de hàichóng; rónghuàle de shuǐ shènjìn tǔcéng shēnchǔ, yòu néng gōngyìng // zhuāngjia shēngzhǎng de xūyào. Wǒ xiāngxìn zhè yì cháng shífēn jíshí de dàxuě, yídìng huì cùjìn míngnián chūnjì zuòwù, yóuqí shì xiǎomài de fēngshōu. Yǒu jīngyàn de lǎonóng bǎ xuě bǐzuò shì "màizi de miánbèi". Dōngtiān "miánbèi" gài de yuè hòu, míngchūn màizi jiù zhǎngde yuè hǎo, suǒyǐ yòu yǒu zhèyàng yí jù yànyǔ: "Dōngtiān mài gài sān céng bèi, láinián zhěnzhe mántou shuì".

Wǒ xiǎng, zhè jiùshì rénmen wèishénme bǎ jíshí de dàxuě chēngwéi "ruìxuě" de dào • lǐ ba.

Jiéxuǎn zì Jùn Qīng《Dì - yī Cháng Xuě》

---

① 口语一般可以读 máoróngróng。
② 口语一般可以读 chéndiāndiān。

作品 6 号

我常想读书人是世间幸福人,因为他除了拥有现实的世界之外,还拥有另一个更为浩瀚也更为丰富的世界。现实的世界是人人都有的,而后一个世界却为读书人所独有。由此我想,那些失去或不能阅读的人是多么的不幸,他们的丧失是不可补偿的。世间有诸多的不平等,财富的不平等,权力的不平等,而阅读能力的拥有或丧失却体现为精神的不平等。

一个人的一生,只能经历自己拥有的那一份欣悦,那一份苦难,也许再加上他亲自闻知的那一些关于自身以外的经历和经验。然而,人们通过阅读,却能进入不同时空的诸多他人的世界。这样,具有阅读能力的人,无形间获得了超越有限生命的无限可能性。阅读不仅使他多识了草木虫鱼之名,而且可以上溯远古下及未来,饱览存在的与非存在的奇风异俗。

更为重要的是,读书加惠于人们的不仅是知识的增广,而且还在于精神的感化与陶冶。人们从读书学做人,从那些往哲先贤以及当代才俊的著述中学得他们的人格。人们从《论语》中学得智慧的思考,从《史记》中学得严肃的历史精神,从《正气歌》中学得人格的刚烈,从马克思学得人世//的激情,从鲁迅学得批判精神,从托尔斯泰学得道德的执着。歌德的诗句刻写着睿智的人生,拜伦的诗句呼唤着奋斗的热情。一个读书人,一个有机会拥有超乎个人生命体验的幸运人。

节选自谢冕《读书人是幸福人》

朗读提示:

本文书面语较多,语调深沉,充满哲理。朗读时,注意文中平翘舌声母的读音,如"读书人、世界、亲自闻知、草木虫鱼、上溯、才俊、著述"等词语。

Zuòpǐn 6 Hào

Wǒ cháng xiǎng dúshūrén shì shìjiān xìngfú rén, yīn • wèi tā chúle yōngyǒu xiànshí de shìjiè zhī wài, hái yōngyǒu lìng yí gè gèng wéi hàohàn yě gèng wéi fēngfù de shìjiè. Xiànshí de shìjiè shì rénrén dōu yǒu de, ér hòu yí gè shìjiè què wéi dúshūrén suǒ dúyǒu. Yóu cǐ wǒ xiǎng, nàxiē shīqù huò bù néng yuèdú de rén shì duōme de búxìng, tāmen de sàngshī shì búkě bǔcháng de. Shìjiān yǒu zhūduō de bù píngděng, cáifù de bù píngděng, quánlì de bù píngděng, ér yuèdú nénglì de yōngyǒu huò sàngshī què tǐxiàn wéi jīngshén de bù píngděng.

Yí gè rén de yìshēng, zhǐnéng jīnglì zìjǐ yōngyǒu de nà yí fèn xīnyuè, nà yí fèn kǔnàn, yěxǔ zài jiā • shàng tā qīnzì wén zhī de nà yìxiē guānyú zìshēn yǐwài de jīnglì hé jīngyàn. Rán'ér, rénmen tōngguò yuèdú, què néng jìnrù bùtóng shíkōng de zhūduō tārén de shìjiè. Zhè yàng, jùyǒu yuèdú nénglì de rén, wúxíng jiān huòdéle chāoyuè yǒuxiàn shēngmìng de wú xiàn kěnéngxìng. Yuèdú bùjǐn shǐ tā duō shíle cǎo - mù - chóng - yú zhī míng, érqiě kěyǐ shàngsù yuǎngǔ xià jí wèilái, bǎo lǎn cúnzài de yǔ fēi cúnzài de qífēng - yìsú.

gèng wéi zhòngyào de shì, dúshū jiāhuì yú rénmen de bùjǐn shì zhīshi de zēngguǎng, érqiě hái zàiyú jīngshén de gǎnhuà yǔ táoyě. Rénmen cóng dúshū xué zuò rén, cóng nàxiē wǎngzhě xiānxián yǐjí dāngdài cáijùn de zhùshù zhōng xuédé tāmen de réngé. Rénmen cóng《Lúnyǔ》zhōng xuédé zhìhuì de sīkǎo, cóng《Shǐjì》zhōng xuédé yánsù de lìshǐ jīngshén, cóng《Zhèngqìgē》zhōng xuédé réngé de gānglliè, cóng Mǎkèsī xuédé rénshì // de jīqíng, cóng Lǔ Xùn xuédé pīpàn jīngshén, cóng Tuō'ěrsītài xuédé dàodé de zhízhuó. Gēdé de shījù kèxiězhe ruìzhì de rénshēng, Bàilún de shījù hūhuànzhe fèndòu de rèqíng. Yí gè dúshūrén, yí gè yǒu jī • huì yōngyǒu chāohū gèrén shēngmìng tǐyàn de xìngyùn rén.

Jiéxuǎn zì Xiè Miǎn《Dúshūrén Shì Xìngfú Rén》

作品 7 号

一天,爸爸下班回到家已经很晚了,他很累也有点儿烦,他发现五岁的儿子靠在门旁正等着他。

"爸,我可以问您一个问题吗?"

"什么问题?""爸,您一小时可以赚多少钱?""这与你无关,你为什么问这个问题?"父亲生气地说。

"我只是想知道,请告诉我,您一小时赚多少钱?"小孩儿哀求道,"假如你一定要知道的话,我一小时赚二十美金。"

"哦,"小孩儿低下了头,接着又说,"爸,可以借我十美金吗?"父亲发怒了:"如果你只是要借钱去买毫无意义的玩具的话,给我回到你的房间睡觉去。好好想想为什么你会那么自私。我每天辛苦工作,没时间和你玩儿小孩子的游戏。"

小孩儿默默地回到自己的房间关上门。

父亲坐下来还在生气。后来,他平静下来了。心想他可能对孩子太凶了——或许孩子真的很想买什么东西,再说他平时很少要过钱。

父亲走进孩子的房间:"你睡了吗?""爸,还没有,我还醒着。"孩子回答。

"我刚才可能对你太凶了,"父亲说,"我不应该发那么大的火儿——这是你要的十美金。""爸,谢谢您。"孩子高兴地从枕头下拿出一些被弄皱的钞票,慢慢地数着。

"为什么你已经有钱了还要?"父亲不解地问。

"因为原来不够,但现在凑够了。"孩子回答,"爸,我现在有 // 二十美金了,我可以向您买一个小时的时间吗? 明天请早一点儿回家——我想和您一起吃晚餐。"

节选自唐继柳编译《二十美金的价值》

朗读提示:

本文语调舒缓,应读出父子不同的对话语气。注意文中儿化词"有点儿、小孩儿、发(那么大的)火儿"等词语的读音。注意读准易错的"您、赚、弄皱"等词语。

Zuòpǐn 7 Hào

Yì tiān, bàba xiàbān huídào jiā yǐ • jīng hěn wǎn le, tā hěn lèi yě yǒu diǎnr fán, tā fāxiàn wǔ suì de érzi kào zài mén páng zhèng děngzhe tā.

"Bà, wǒ kěyǐ wèn nín yí gè wèntí ma?"

"Shénme wèntí?" "Bà, nín yì xiǎoshí kěyǐ zhuàn duō • shǎo qián?" "Zhè yǔ nǐ wúguān, nǐ wèishénme wèn zhège wèntí?" Fù • qīn shēngqì de shuō.

"Wǒ zhǐshì xiǎng zhī • dào, qǐng gàosù wǒ, nín yì xiǎoshí zhuàn duō • shǎo qián?" Xiǎoháir āiqiú dào, "Jiǎrú nǐ yídìng yào zhī • dào de huà, wǒ yì xiǎoshí zhuàn èrshí měijīn. "

"ò," Xiǎoháir dīxiàle tóu, jiēzhe yòu shuō, "Bà, kěyǐ jiè wǒ shí měijīn ma?" Fù • qīn fānù le: "Rúguǒ nǐ zhǐshì yào jiè qián qù mǎi háowú yìyì de wánjù de huà, gěi wǒ huídào nǐ de fángjiān shuìjiào • qù. Hǎohǎo xiǎngxiang wèishénme nǐ huì nàme zìsī. Wǒ měitiān xīnkǔ gōngzuò, méi shíjiān hé nǐ wánr xiǎoháizi de yóuxì. "

Xiǎoháir mòmò de huídào zìjǐ de fángjiān guān • shàng mén.

Fù • qīn zuò xià • lái hái zài shēngqì. Hòulái, tā píngjìng xià • lái le. Xīnxiǎng tā kěnéng duì háizi tài xiōng le——huòxǔ háizi zhēnde hěn xiǎng mǎi shénme dōngxi, zài shuō tā píngshí hěn shǎo yàoguo qián.

Fù • qīn zǒujìn háizi de fángjiān: "Nǐ shuìle ma?" "Bà, hái méi • yǒu, wǒ hái xǐngzhe. " Háizi huídá.

"Wǒ gāngcái kěnéng duì nǐ tài xiōng le," Fù • qīn shuō, "Wǒ bù yīnggāi fā nàme dà de huǒr——zhè shì nǐ yào de shí měijīn. " "Bà, xièxie nín. " Háizǐ gāoxīng de cóng zhěntou • xià náchū yìxiē bèi nòngzhòu de chāopiào, mànmàn de shǔzhe.

"Wèishénme nǐ yǐ • jīng yǒu qián le hái yào?" Fù • qīn bùjiě de wèn.

"Yīn • wèi yuánlái bùgòu, dàn xiànzài còugòu le. " Háizi huí dá, "Bà, wǒ xiànzài yǒu // èrshí měijīn le, wǒ kěyǐ xiàng nín mǎi yí gè xiǎoshí de shíjiān ma? Míngtiān qǐng zǎo yìdiǎnr huíjiā ——wǒ xiǎng hé nín yīqǐ chī wǎncān. "

Jiéxuǎn zì Táng Jìliǔ biānyì《èrshí Měijīn de Jiàzhí》

作品 8 号

我爱月夜，但我也爱星天。从前在家乡七八月的夜晚在庭院里纳凉的时候，我最爱看天上密密麻麻的繁星。望着星天，我就会忘记一切，仿佛回到了母亲的怀里似的。

三年前在南京我住的地方有一道后门，每晚我打开后门，便看见一个静寂的夜。下面是一片菜园，上面是星群密布的蓝天。星光在我们的肉眼里虽然微小，然而它使我们觉得光明无处不在。那时候我正在读一些天文学的书，也认得一些星星，好像它们就是我的朋友，它们常常在和我谈话一样。

如今在海上，每晚和繁星相对，我把它们认得很熟了。我躺在舱面上，仰望天空。深蓝色的天空里悬着无数半明半昧的星。船在动，星也在动，它们是这样低，真是摇摇欲坠呢！渐渐地我的眼睛模糊了，我好像看见无数萤火虫在我的周围飞舞。海上的夜是柔和的，是静寂的，是梦幻的。我望着许多认识的星，我仿佛看见它们在对我眨眼，我仿佛听见它们在小声说话。这时我忘记了一切。在星的怀抱中我微笑着，我沉睡着。我觉得自己是一个小孩子，现在睡在母亲的怀里了。

有一夜，那个在哥伦波上船的英国人指给我看天上的巨人。他用手指着：// 那四颗明亮的星是头，下面的几颗是身子，这几颗是手，那几颗是腿和脚，还有三颗星算是腰带。经他这一番指点，我果然看清楚了那个天上的巨人。看，那个巨人还在跑呢！

节选自巴金《繁星》

朗读提示：

本文语调舒缓，意境美好。注意读准文中带有 ing 韵母词语，如"星天、繁星、星群密布、星光、星星、光明、静寂、萤火虫、"等。读准轻声词"似的、朋友、眼睛、模糊、清楚"等词语。

Zuòpǐn 8 Hào

Wǒ ài yuèyè, dàn wǒ yě ài xīngtiān. Cóngqián zài jiāxiāng qī – bāyuè de yèwǎn zài tíngyuàn • lǐ nàliáng de shíhou, wǒ zuì ài kàn tiān • shàng mìmì – mámá de fánxīng. Wàngzhe xīngtiān, wǒ jiù huì wàngjì yíqiè, fǎngfú huídàole mǔ • qīn de huái • lǐ shìde.

Sān nián qián zài Nánjīng wǒ zhù de dìfāng yǒu yí dào hòumén, měi wǎn wǒ dǎkāi hòumén, biàn kàn • jiàn yí gè jìngjì de yè. Xià • miàn shì yí piàn càiyuán, shàng • miàn shì xīngqún mìbù de lántiān. Xīngguāng zài wǒmen de ròuyǎn • lǐ suīrán wēixiǎo, rán'ér tā shǐ wǒmen jué • de guāngmíng wúchù – bù zài. Nà shíhou wǒ zhèngzài dú yìxiē tiānwénxué de shū, yě rènde yìxiē xīngxing, hǎoxiàng tāmen jiùshì wǒ de péngyou, tāmen chángcháng zài hé wǒ tánhuà yíyàng.

Rújīn zài hǎi • shàng, měi wǎn hé fánxīng xiāngduì, wǒ bǎ tāmen rènde hěn shú le. Wǒ tǎng zài cāngmiàn • shàng, yǎngwàng tiānkōng. Shēnlánsè de tiānkōng • lǐ xuánzhe wúshù bànmíng – bànmèi de xīng. Chuán zài dòng, xīng yě zài dòng, tāmen shì zhèyàng dī, zhēn shì yáoyáo – yù zhuì ne! Jiànjiàn de wǒ de yǎnjing móhu le, wǒ hǎoxiàng kàn • jiàn wúshù yínghuǒchóng zài wǒ de zhōuwéi fēiwǔ. Hǎi • shàng de yè shì róuhé de, shì jìngjì de, shì mènghuàn de. Wǒ wàngzhe xǔduō rènshí de xīng, wǒ fǎngfú kàn • jiàn tāmen zài duì wǒ zhǎyǎn, wǒ fǎngfú tīng • jiàn tāmen zài xiǎoshēng shuōhuà. Zhèshí wǒ wàngjìle yíqiè. Zài xīng de huáibào zhōng wǒ wēixiàozhe, wǒ chénshuìzhe. Wǒ jué • dé zìjǐ shì yī gè xiǎoháizi, xiànzài shuì zài mǔ • qīn de huái • lǐ le.

Yǒu yí yè, nàge zài gēlúnbō shàng chuán de Yīngguórén zhǐ gěi wǒ kàn • tiān shàng de jùrén. Tā yòng shǒu zhǐzhe: // nà sì kē míngliàng de xīng shì tóu, xià • miàn de jǐ kē shì shēnzi, zhè jǐ kē shì shǒu, nà jǐ kē shì tuǐ hé jiǎo, háiyǒu sān kē xīng suàn shì yāodài. Jīng tā zhè yìfān zhǐdiǎn, wǒ guǒrán kàn qīngchule nàgè tiān • shàng de jùrén. Kàn, nàge jùrén hái zài pǎo ne!

Jiéxuǎn zì Bā Jīn《Fánxīng》

作品 9 号

假日到河滩上转转,看见许多孩子在放风筝。一根根长长的引线,一头系在天上,一头系在地上,孩子同风筝都在天与地之间悠荡,连心也被悠荡得恍恍惚惚了,好像又回到了童年。

儿时放的风筝,大多是自己的长辈或家人编扎的,几根削得很薄的篾,用细纱线扎成各种鸟兽的造型,糊上雪白的纸片,再用彩笔勾勒出面孔与翅膀的图案。通常扎得最多的是"老雕""美人儿""花蝴蝶"等。

我们家前院就有位叔叔,擅扎风筝,远近闻名。他扎得风筝不只体形好看,色彩艳丽,放飞得高远,还在风筝上绷一叶用蒲苇削成的膜片,经风一吹,发出"嗡嗡"的声响,仿佛是风筝的歌唱,在蓝天下播扬,给开阔的天地增添了无尽的韵味,给驰荡的童心带来几分疯狂。

我们那条胡同的左邻右舍的孩子们放的风筝几乎都是叔叔编扎的。他的风筝不卖钱,谁上门去要,就给谁,他乐意自己贴钱买材料。

后来,这位叔叔去了海外,放风筝也渐与孩子们远离了。不过年年叔叔给家乡写信,总不忘提起儿时的放风筝。香港回归之后,他在家信中说到,他这只被故乡放飞到海外的风筝,尽管飘荡游弋,经沐风雨,可那线头儿一直在故乡和//亲人手中牵着,如今飘得太累了,也该要回归到家乡和亲人身边来了。

是的。我想,不光是叔叔,我们每个人都是风筝,在妈妈手中牵着,从小放到大,再从家乡放到祖国最需要的地方去啊!

节选自李恒瑞《风筝畅想曲》

朗读提示:

本文语调舒缓,充满深情。文中"风筝"这一轻声词语出现很多次,要读得正确。此外,轻声词还有"转转、天上、地上、叔叔"等。注意读准易错词语的读音,如"系、篾、编扎、擅、蒲苇、飘荡游弋、经沐风雨"等。读准儿化词"美人儿、胡同、线头儿"等。

Zuòpǐn 9 Hào

Jiàrì dào hétān • shàng zhuànzhuan, kàn • jiàn xǔduō háizi zài fàng fēngzheng. Yīgēngēn chángcháng de yǐnxiàn, yìtóur jì zài tiān • shàng, yì tóur jì zài dì • shàng, háizǐ tóng fēngzheng dōu zài tiān yǔ dì zhījiān yōudàng, lián xīn yě bèi yōudàng de huǎnghuǎng – hūhū le, hǎoxiàng yòu huídào le tóngnián.

érshí fàng de fēngzheng, dàduō shì zìjǐ de zhǎngbèi huò jiārén biānzā de, jǐ gēn xiāo de hěn báo de miè, yòng xì shāxiàn zāchéng gè zhǒng niǎo shòu de zàoxíng, hú • shàng xuěbái de zhǐpiàn, zài yòng cǎibǐ gōulè chū miànkǒng yǔ chìbǎng de tú'àn. Tōngcháng zā de zuì duō de shì "lǎodiāo" "měirénr" "huā húdié" děng.

Wǒmen jiā qiányuàn jiù yǒu wèi shūshu, shàn zā fēngzheng, yuǎn – jìn wénmíng. Tā zā de fēngzheng bùzhǐ tǐxíng hǎokàn, sècǎi yànlì, fàngfēi de gāo yuǎn, hái zài fēngzheng • shàng bēng yí yè yòng púwěi xiāochéng de mópiàn, jīng fēng yì chuī, fāchū "wēngwēng" de shēngxiǎng, fǎngfú shì fēngzheng de gēchàng, zài lántiān • xià bō yáng, gěi kāikuò de tiāndì zēngtiānle wújìn de yùnwèi, gěi chídàng de tóngxīn dàilái jǐ fēn fēngkuáng.

Wǒmen nà tiáo hútòngr de zuǒlín – yòushè de háizimen fàng de fēngzheng jīhū dōu shì shūshu biānzā de. Tā de fēngzheng bú mài qián, shéi shàngmén qù yào, jiù gěi shéi, tā lèyì zìjǐ tiē qián mǎi cáiliào.

Hòulái, zhèwèi shūshu qùle hǎiwài, fàng fēngzheng yě jiàn yǔ háizi men yuǎnlí le. Búguò niánnián shūshu gěi jiāxiāng xiěxìn, zǒng bú wàng tíqǐ érshí de fàng fēngzheng. Xiānggǎng huíguī zhīhòu, tā zài jiāxìn zhōng shuōdào, tā zhè zhī bèi gùxiāng fàngfēi dào hǎiwài de fēngzheng, jǐnguǎn piāodàng yóuyì, jīng mù fēngyǔ, kě nà xiàntóur yìzhí zài gùxiāng hé // qīnrén shǒu zhōng qiānzhe, rújīn piāo de tài lèi le, yě gāi yào huíguī dào jiāxiāng hé qīnrén shēnbiān lái le.

Shìde. Wǒ xiǎng, bùguāng shì shūshu, wǒmen měi gè rén dōu shì fēngzheng, zài māma shǒu zhōng qiānzhe, cóngxiǎo fàngdào dà, zài cóng jiāxiāng fàngdào zǔguó zuì xūyào de dìfang qù ya!

Jiéxuǎn zì Lǐ Héngruì《Fēngzheng Chàngxiǎngqǔ》

作品 10 号

爸不懂得怎样表达爱,使我们一家人融洽相处的是我妈。他只是每天上班下班,而妈则把我们做过的错事开列清单,然后由他来责骂我们。

有一次我偷了一块糖果,他要我把它送回去,告诉卖糖的说是我偷来的,说我愿意替他拆箱卸货作为赔偿。但妈妈却明白我只是个孩子。

我在运动场打秋千跌断了腿,在前往医院的途中一直抱着我的,是我妈。爸把汽车停在急诊室门口,他们叫他驶开,说那空位是留给紧急车辆停放的。爸听了便叫嚷道:"你以为这是什么车? 旅游车?"

在我生日会上,爸总是显得有些不大相称。他只是忙于吹气球,布置餐桌,做杂务。把插着蜡烛的蛋糕推过来让我吹的,是我妈。

我翻阅照相册时,人们总是问:"你爸爸是什么样子的?"天晓得! 他老是忙着替别人拍照。妈和我笑容可掬地一起拍的照片,多得不可胜数。

我记得妈有一次叫他教我骑自行车。我叫他别放手,但他却说是应该放手的时候了。我摔倒之后,妈跑过来扶我,爸却挥手要她走开。我当时生气极了,决心要给他点儿颜色看。于是我马上爬上自行车,而且自己骑给他看。他只是微笑。

我念大学时,所有的家信都是妈写的。他 // 除了寄支票外,还寄过一封短柬给我,说因为我不在草坪上踢足球了,所以他的草坪长得很美。

每次我打电话回家,他似乎都想跟我说话,但结果总是说:"我叫你妈来接。"

我结婚时,掉眼泪的是我妈。他只是大声擤了一下鼻子,便走出房间。

我从小到大都听他说:"你到哪里去? 什么时候回家? 汽车有没有汽油? 不,不准去。"爸完全不知道怎样表达爱。除非……

会不会是他已经表达了,而我却未能察觉?

节选自〔美〕艾尔玛·邦贝克《父亲的爱》

朗读提示:

本文语调舒缓,显出流淌般的亲情。注意本文中"融洽、清单、秋千、叫嚷、餐桌、照相册、笑容可掬、时候"等词语的读音。

Zuòpǐn 10 Hào

Bà bù dǒng • dé zěnyàng biǎodá ài, shǐ wǒmen yì jiā rén róngqià xiāngchǔ de shì wǒ mā. Tā zhǐshì měi tiān shàngbān xiàbān, ér mā zé bǎ wǒmen zuòguo de cuòshì kāiliè qīngdān, ránhòu yóu tā lái zémà wǒmen.

Yǒu yí cì wǒ tōule yí kuài tángguǒ, tā yào wǒ bǎ tā sòng huí • qù, gàosu mài táng de shuō shì wǒ tōu • lái de, shuō wǒ yuàn • yì tì tā chāi xiāng xiě huò zuòwéi péi cháng. Dàn māma què míngbai wǒ zhǐshì gè háizi.

Wǒ zài yùndòngchǎng dǎ qiūqiān diēduànle tuǐ, zài qiánwǎng yīyuàn de túzhōng yìzhí bàozhe wǒ de, shì wǒ mā. Bà bǎ qìchē tíng zài jízhěnshì ménkǒu, tāmen jiào tā shǐkāi, shuō nà kōngwèi shì liúgěi jǐnjí chēliàng tíngfàng de. Bà tīngle biàn jiàorǎng dào: "Nǐ yǐwéi zhè shì shénme chē? Lǚyóuchē?"

Zài wǒ shēngrì huì • shàng, bà zǒngshì xiǎn • dé yǒuxiē búdà xiāngchèn. Tā zhǐshì máng yú chuī qìqiú, bùzhì cānzhuō, zuò záwù. Bǎ chāzhe làzhú de dàngāo tuī guò • lái ràng wǒ chuī de, shì wǒ mā.

Wǒ fānyuè zhàoxiàngcè shí, rénmen zǒngshì wèn: "Nǐ bàba shì shénme yàngzi de?" Tiān xiǎo • dé! Tā lǎoshì mángzhe tì bié • rén pāi zhào. Mā hé wǒ xiàoróng - kějū de yìqǐ pāi de zhàopiàn, duō de bùkě - shèngshǔ.

Wǒ jì • dé mā yǒu yí cì jiào tā jiāo wǒ qí zìxíngchē. Wǒ jiào tā bié fàngshǒu, dàn tā què shuō shì yīnggāi fàngshǒu de shíhou le. Wǒ shuāidǎo zhīhòu, mā pǎo guò • lái fú wǒ, bà què huīshǒu yào tā zǒukāi. Wǒ dàngshí shēngqì jí le, juéxīn yào gěi tā diǎnr yánsè kàn. Yúshì wǒ mǎshàng pá • shàng zìxíngchē, érqiě zìjǐ qí gěi tā kàn. Ta zhǐshì wēixiào.

Wǒ niàn dàxué shí, suǒyǒu de jiāxìn dōu shì mā xiě de. Tā// chúle jì zhīpiào wài, hái jìguo yì fēng duǎn jiǎn gěi wǒ, shuō yīn • wèi wǒ bù zài cǎopíng • shàng tī zúqiú le, suǒyǐ tā de cǎopíng zhǎng de hěn měi.

Měi cì wǒ dǎ diànhuà huíjiā, tā sìhū dōu xiǎng gēn wǒ shuōhuà, dàn jiéguǒ zǒngshì shuō: "Wǒ jiào nǐ mā lái jiē."

Wǒ jiéhūn shí, diào yǎnlèi de shì wǒ mā. Tā zhǐshì dàshēng xǐngle yíxià bízi, biàn zǒuchū fángjiān.

Wǒ cóng xiǎo dào dà dōu tīng tā shuō: "Nǐ dào nǎ • lǐ qù? Shénme shíhou huíjiā? Qìchē yǒu méi • yǒu qìyóu? Bù, bù zhǔn qù." Bà wánquán bù zhī • dào zěnyàng biǎodá ài. Chú fēi……

Huì bu huì shì tā yǐ • jīng biǎodá le, ér wǒ què wèi néng chájué?

Jiéxuǎn zì [Měi] Ài'ěrmǎ Bāngbèikè 《Fù • qīn de Ài》

作品 11 号

一个大问题一直盘踞在我脑袋里：

世界杯怎么会有如此巨大的吸引力？除去足球本身的魅力之外，还有什么超乎其上而更伟大的东西？

近来观看世界杯，忽然从中得到了答案：是由于一种无上崇高的精神情感——国家荣誉感！

地球上的人都会有国家的概念，但未必时时都有国家的感情。往往人到异国，思念家乡，心怀故国，这国家概念就变得有血有肉，爱国之情来得非常具体。而现代社会，科技昌达，信息快捷，事事上网，世界真是太小太小，国家的界限似乎也不那么清晰了。再说足球正在快速世界化，平日里各国球员频繁转会，往来随意，致使越来越多的国家联赛都具有国际的因素。球员们不论国籍，只效力于自己的俱乐部，他们比赛时的激情中完全没有爱国主义的因子。

然而，到了世界杯大赛，天下大变。各国球员都回国效力，穿上与光荣的国旗同样色彩的服装。在每一场比赛前，还高唱国歌以宣誓对自己祖国的挚爱与忠诚。一种血缘情感开始在全身的血管里燃烧起来，而且立刻热血沸腾。

在历史时代，国家间经常发生对抗，好男儿戎装卫国。国家的荣誉往往需要以自己的生命去换//取。但在和平时代，唯有这种国家之间大规模对抗性的大赛，才可以唤起那种遥远而神圣的情感，那就是：为祖国而战！

节选自冯骥才《国家荣誉感》

朗读提示：

本文语调略显高亢，充满了爱国之情。朗读时，注意文中多音字"血"的读音，如"有血有肉、血缘、血管、热血"等。注意读准"脑袋、魅力、似乎、清晰、激情、挚爱"等易错词语。

Zuòpǐn 11 Hào

Yí gè dà wèntí yìzhí pánjù zài wǒ nǎodai • lǐ:

Shìjièbēi zěnme huì yǒu rúcǐ jùdà de xīyǐnlì? Chúqù zúqiú běnshēn de mèilì zhīwài, hái yǒu shénme chāohūqíshàng ér gèng wěidà de dōngxi?

Jìnlái guānkàn shìjièbēi, hūrán cóngzhōng dédàole dá'àn: Shì yóuyú yì zhǒng wúshàng chónggāo de jīngshén qínggǎn——guójiā róngyùgǎn!

Dìqiú • shàng de rén dōu huì yǒu guójiā de gàiniàn, dàn wèibì shíshí dōu yǒu guójiā de gǎnqíng. Wǎngwǎng rén dào yìguó, sīniàn jiāxiāng, xīn huái gùguó, zhè guójiā gàiniàn jiù biànde yǒu xiě yǒu ròu, àiguó zhī qíng lái de fēicháng jùtǐ. ér xiàndài shèhuì, kējì chāngdá, xìnxī kuàijié, shìshì shàngwǎng, shìjiè zhēn shì tài xiǎo tài xiǎo, guójiā de jièxiàn sìhū yě bú nàme qīngxī le. Zàishuō zúqiú zhèngzài kuàisù shìjièhuà, píngrì • lǐ gè guó qiúyuán pínfán zhuǎn huì, wǎnglái suíyì, zhìshǐ yuè lái yuè duō de guójiā liánsài dōu jùyǒu guójì de yīnsù. Qiúyuánmen búlùn guójí, zhǐ xiàolì yú zìjǐ de jùlèbù, tāmen bǐsài shí de jīqíng zhōng wánquán méi • yǒu àiguózhǔyì de yīnzǐ.

Rán'ér, dàole shìjièbēi dàsài, tiānxià dàbiàn. Gè guó qiúyuán dōu huíguó xiàolì, chuān • shàng yǔ guāngróng de guóqí tóngyàng sècǎi de fúzhuāng. Zài měi yì chǎng bǐsài qián, hái gāochàng guógē yǐ xuānshì duì zìjǐ zǔguó de zhì'ài yǔ zhōngchéng. Yì zhǒng xuèyuán qínggǎn kāishǐ zài quánshēn de xuèguǎn • lǐ ránshāo qǐ • lái, érqiě lìkè rèxuè fèiténg.

Zài lìshǐ shídài, guójiā jiān jīngcháng fāshēng duìkàng, hǎo nán'ér róngzhuāng wèiguó. guójiā de róngyù wǎngwǎng xūyào yǐ zìjǐ de shēngmìng qù huàn // qǔ. Dàn zài hépíng shídài, wéiyǒu zhè zhǒng guójiā zhījiān dà guīmó duìkàngxìng de dàsài, cái kěyǐ huànqǐ nà zhǒng yáoyuǎn ér shénshèng de qínggǎn, nà jiùshì: wèi zǔguó ér zhàn!

Jiéxuǎn zì Féng Jìcái《Guójiā Róngyùgǎn》

作品 12 号

夕阳落山不久,西方的天空,还燃烧着一片橘红色的晚霞。大海,也被这霞光染成了红色,而且比天空的景色更要壮观。因为它是活动的,每当一排排波浪涌起的时候,那映照在浪峰上的霞光,又红又亮,简直就像一片片霍霍燃烧着的火焰,闪烁着,消失了。而后面的一排,又闪烁着,滚动着,涌了过来。

天空的霞光渐渐地淡下去了,深红的颜色变成了绯红,绯红又变为浅红。最后,当这一切红光都消失了的时候,那突然显得高而远了的天空,则呈现出一片肃穆的神色。最早出现的启明星,在这蓝色的天幕上闪烁起来了。它是那么大,那么亮,整个广漠的天幕上只有它在那里放射着令人注目的光辉,活像一盏悬挂在高空的明灯。

夜色加浓,苍空中的"明灯"越来越多了。而城市各处的真的灯火也次第亮了起来,尤其是围绕在海港周围山坡上的那一片灯光,从半空倒映在乌蓝的海面上,随着波浪,晃动着,闪烁着,像一串流动着的珍珠,和那一片片密布在苍穹里的星斗互相辉映,煞是好看。

在这幽美的夜色中,我踏着软绵绵的沙滩,沿着海边,慢慢地向前走去。海水,轻轻地抚摸着细软的沙滩,发出温柔的 // 刷刷声。晚来的海风,清新而又凉爽。我的心里,有着说不出的兴奋和愉快。

夜风轻飘飘地吹拂着,空气中飘荡着一种大海和田禾相混合的香味儿,柔软的沙滩上还残留着白天太阳炙晒的余温。那些在各个工作岗位上劳动了一天的人们,三三两两地来到这软绵绵的沙滩上,他们浴着凉爽的海风,望着那缀满了星星的夜空,尽情地说笑,尽情地休憩。

节选自峻青《海滨仲夏夜》

朗读提示:

本文语调舒缓,语气柔和,意境优美。朗读时,注意文中"燃烧、时候、绯红、启明星、令人注目、明灯、珍珠、轻轻、香味儿、休憩"等词语的读音。

Zuòpǐn 12 Hào

Xīyáng luòshān bùjiǔ, xīfāng de tiānkōng, hái ránshāozhe yí piàn júhóngsè de wǎnxiá. Dàhǎi, yě bèi zhè xiáguāng rǎnchéngle hóngsè, érqiě bǐ tiānkōng de jǐngsè gèng yào zhuàngguān. Yīn • wèi tā shì huó • dòng de, měidāng yìpáipái bōlàng yǒngqǐ de shíhou, nà yìngzhào zài làngfēng • shàng de xiáguāng, yòu hóng yòu liàng, jiǎnzhí jiù xiàng yípiànpiàn huǒhuǒ ránshāozhe de huǒyàn, shǎnshuò zhe, xiāoshī le. Ér hòu • miàn de yì pái, yòu shǎnshuòzhe, gǔndòngzhe, yǒngle guò • lái.

Tiānkōng de xiáguāng jiànjiàn de dàn xià • qù le, shēnhóng de yánsè biànchéngle fēihóng, fēihóng yòu biànwéi qiǎnhóng. Zuìhòu, dāng zhè yíqiè hóngguāng dōu xiāoshīle de shíhou, nà tūrán xiǎn • dé gāo ér yuǎn le de tiānkōng, zé chéngxiàn chū yí piàn sùmù de shénsè. Zuì zǎo chūxiàn de qǐmíngxīng, zài zhè lánsè de tiānmù • shàng shǎnshuò qǐ • lái le. Tā shì nàme dà, nàme liàng, zhěng gè guǎngmò de tiānmù • shàng zhǐyǒu tā zài nà • lǐ fàngshèzhe lìng rén zhùmù de guānghuī, huóxiàng yì zhǎn xuánguà zài gāokōng de míngdēng.

Yèsè jiā nóng, cāngkōng zhōng de "míngdēng" yuèláiyuè duō le. ér chéngshì gè chù de zhēn de dēnghuǒ yě cìdì liàngle qǐ • lái, yóuqí shì wéirào zài hǎigǎng zhōuwéi shānpō • shàng de nà yí piàn dēngguāng, cóng bànkōng dàoyìng zài wūlán de hǎimiàn • shàng, suízhe bōlàng, huàngdòngzhe, shǎnshuòzhe, xiàng yí chuàn liúdòngzhe de zhēnzhū, hé nà yípiànpiàn mìbù zài cāngqióng • lǐ de xīngdǒu hùxiāng huīyìng, shà shì hǎokàn.

Zài zhè yōuměi de yèsè zhōng, wǒ tàzhe ruǎnmiánmián de shātān, yánzhe hǎibiān, mànmàn de xiàngqián zǒu • qù. Hǎishuǐ, qīngqīng de fǔmōzhe xìruǎn de shātān, fāchū wēnróu de // shuāshuā shēng. Wǎnlái de hǎifēng, qīngxīn ér yòu liángshuǎng. Wǒ de xīn • lǐ, yǒuzhe shuō • bùchū de xīngfèn hé yúkuài.

Yèfēng qīngpiāopiāo de chuīfúzhe, kōngqì zhōng piāodàng • zhe yì zhǒng dàhǎi hé tiánhé xiāng hùnhé de xiāngwèir, róuruǎn de shātān • shàng hái cánliúzhe bái • tiān tài • yáng zhìshài de yúwēn. Nàxiē zài gè gè gōngzuò gǎngwèi • shàng láodòngle yì tiān de rénmen, sānsān – liǎngliǎng de láidào zhè ruǎnmiánmián de shātān • shàng, tāmen yù zhe liángshuǎng de hǎifēng, wàngzhe nà zhuìmǎnle xīngxing de yèkōng, jìnqíng de shuōxiào, jìnqíng de xiūqì.

Jiéxuǎn zì Jùn Qīng《Hǎibīn Zhòngxià Yè》

作品 13 号

生命在海洋里诞生绝不是偶然的,海洋的物理和化学性质,使它成为孕育原始生命的摇篮。

我们知道,水是生物的重要组成部分,许多动物组织的含水量在百分之八十以上,而一些海洋生物的含水量高达百分之九十五。水是新陈代谢的重要媒介,没有它,体内的一系列生理和生物化学反应就无法进行,生命也就停止。因此,在短时期内动物缺水要比缺少食物更加危险。水对今天的生命是如此重要,它对脆弱的原始生命,更是举足轻重了。生命在海洋里诞生,就不会有缺水之忧。

水是一种良好的溶剂。海洋中含有许多生命所必需的无机盐,如氯化钠、氯化钾、碳酸盐、磷酸盐,还有溶解氧,原始生命可以毫不费力地从中吸取它所需要的元素。

水具有很高的热容量,加之海洋浩大,任凭夏季烈日曝晒,冬季寒风扫荡,它的温度变化却比较小。因此,巨大的海洋就像是天然的"温箱",是孕育原始生命的温床。

阳光虽然为生命所必需,但是阳光中的紫外线却有扼杀原始生命的危险。水能有效地吸收紫外线,因而又为原始生命提供了天然的"屏障"。

这一切都是原始生命得以产生和发展的必要条件。//

节选自童裳亮《海洋与生命》

朗读提示:

本文书面语较多,语调平稳,朗读时,注意文中平翘舌声母的读音,如"生命、水、组织、举足轻重"等词语。注意读准易错的"氯化钠、氯化钾、溶解氧、曝晒、扼杀、屏障"等词语。注意句中停顿。

Zuòpǐn 13 Hào

Shēngmìng zài hǎiyáng • lǐ dànshēng jué bú shì ǒurán de, hǎiyáng de wùlǐ hé huàxué xìngzhì, shǐ tā chéngwéi yùnyù yuánshǐ shēngmìng de yáolán.

Wǒmen zhī • dào, shuǐ shì shēngwù de zhòngyào zǔchéng bùfen, xǔduō dòngwù zǔzhī de hánshuǐliàng zài bǎ fēn zhī bāshí yǐshàng, ér yìxiē hǎiyáng shēngwù de hánshuǐliàng gāodá bǎ fēn zhī jiǔshíwǔ. Shuǐ shì xīnchén – dàixiè de zhòngyào méijiè, méi • yǒu tā, tǐnèi de yíxìliè shēnglǐ hé shēngwù huàxué fǎnyìng jiù wúfǎ jìnxíng, shēngmìng yě jiù tíngzhǐ. Yīncǐ, zài duǎn shíqī nèi dòngwù quē shuǐ yào bǐ quēshǎo shíwù gèngjiā wēixiǎn. Shuǐ duì jīntiān de shēngmìng shì rúcǐ zhòngyào, tā duì cuìruò de yuánshǐ shēngmìng, gèng shì jǔzú – qīngzhòng le. Shēngmìng zài hǎiyáng • lǐ dànshēng, jiù bú huì yǒu quē shuǐ zhī yōu.

Shuǐ shì yì zhǒng liánghǎo de róngjì. Hǎiyáng zhōng hányǒu xǔduō shēngmìng suǒ bìxū de wújīyán, rú lǜhuànà, lǜhuàjiǎ, tànsuānyán, línsuānyán, háiyǒu róngjiěyǎng, yuánshǐ shēngmìng kěyǐ háobú fèilì de cóngzhōng xīqǔ tā suǒ xūyào de yuánsù.

Shuǐ jùyǒu hěn gāo de rè róngliàng, jiāzhī hǎiyáng hàodà, rènpíng xiàjì lièrì pùshài, dōngjì hánfēng sǎodàng, tā de wēndù biànhuà què bǐjiào xiǎo. Yīncǐ, jùdà de hǎiyáng jiù xiàng shì tiānrán de "wēn xiāng", shì yùnyù yuánshǐ shēngmìng de wēnchuáng.

Yángguāng suīrán wéi shēngmìng suǒ bìxū, dànshì yángguāng zhōng de zǐwàixiàn què yǒu èshā yuánshǐ shēngmìng de wēixiǎn. Shuǐ néng yǒuxiào de xīshōu zǐwàixiàn. Yīn'ér yòu wèi yuánshǐ shēngmìng tígōngle tiānrán de "píngzhàng".

Zhè yíqiè dōu shì yuánshǐ shēngmìng déyǐ chǎnshēng hé fāzhǎn de bìyào tiáojiàn. //

Jiéxuǎn zì Tóng Chángliàng《Hǎiyáng yǔ Shēngmìng》

作品 14 号

读小学的时候,我的外祖母去世了。外祖母生前最疼爱我,我无法排除自己的忧伤,每天在学校的操场上一圈儿又一圈儿地跑着,跑得累倒在地上,扑在草坪上痛哭。

那哀痛的日子,断断续续地持续了很久,爸爸妈妈也不知道如何安慰我。他们知道与其骗我说外祖母睡着了,还不如对我说实话:外祖母永远不会回来了。

"什么是永远不会回来呢?"我问着。

"所有时间里的事物,都永远不会回来。你的昨天过去,它就永远变成昨天,你不能再回到昨天。爸爸以前也和你一样小,现在也不能回到你这么小的童年了;有一天你会长大,你会像外祖母一样老;有一天你度过了你的时间,就永远不会回来了。"爸爸说。

爸爸等于给我一个谜语,这谜语比课本上的"日历挂在墙壁,一天撕去一页,使我心里着急"和"一寸光阴一寸金,寸金难买寸光阴"还让我感到可怕;也比作文本上的"光阴似箭,日月如梭"更让我觉得有一种说不出的滋味。

时间过得那么飞快,使我的小心眼儿里不只是着急,还有悲伤。有一天我放学回家,看到太阳快落山了,就下决心说:"我要比太阳更快地回家。"我狂奔回去,站在庭院前喘气的时候,看到太阳//还露着半边脸,我高兴地跳跃起来,那一天我跑赢了太阳。以后我就时常做那样的游戏,有时和太阳赛跑,有时和西北风比快,有时一个暑假才能做完的作业,我十天就做完了;那时我三年级,常常把哥哥五年级的作业拿来做。每一次比赛胜过时间,我就快乐得不知道怎么形容。

如果将来我有什么要教给我的孩子,我会告诉他:假若你一直和时间比赛,你就可以成功!

节选自(台湾)林清玄《和时间赛跑》

朗读提示:

注意本文中平翘舌声母的读音,如"时候、外祖母、生前、最、排除、忧伤、操场上、知道、睡着了、滋味、时间、着急、日月如梭、悲伤、喘气、暑假、常常"等词语。注意儿化词"一圈儿、小心眼儿"等词语。语调平稳,注意句子的重音。

Zuòpǐn 14 Hào

Dú xiǎoxué de shíhou, wǒ de wàizǔmǔ qùshì le. Wàizǔmǔ shēngqián zuì téng'ài wǒ, wǒ wúfǎ páichú zìjǐ de yōushāng, měi tiān zài xuéxiào de cāochǎng • shàng yī quānr yòu yì quānr de pǎozhe, pǎo de lèidǎo zài dì • shàng, pūzài cǎopíng • shàng tòngkū.

Nà āitòng de rìzi, duànduàn – xùxù de chíxùle hěn jiǔ, bàba māma yě bù zhī • dào rúhé ānwèi wǒ. Tāmen zhī • dào yǔqí piàn wǒ shuō wàizǔmǔ shuìzháole, hái bùrú duì wǒ shuō shíhuà: Wàizǔmǔ yǒngyuǎn bú huì huí • lái le.

"Shénme shì yǒngyuǎn bù huì huí • lái ne?" wǒ wènzhe.

"Suǒyǒu shíjiān • lǐ de shìwù, dōu yǒngyuǎn bú huì huí • lái. Nǐ de zuótiān guò • qù, tā jiù yǒngyuǎn biàn chéng zuótiān, nǐ bùnéng zài huídào zuótiān. Bàba yǐqián yě hé nǐ yíyàng xiǎo, xiànzài yě bùnéng huídào nǐ zhème xiǎo de tóngnián le; yǒu yì tiān nǐ huì zhǎngdà, nǐ huì xiàng wàizǔmǔ yíyàng lǎo; yǒu yì tiān nǐ dùguole nǐ de shíjiān, jiù yǒngyuǎn bù huì huí • lái le." Bàba shuō.

Bàba děngyú gěi wǒ yí gè míyǔ, zhè míyǔ bǐ kèběn • shàng de "Rìlì guà zài qiángbì, yì tiān sī • qù yí yè, shǐ wǒ xīn • lǐ zhāojí" hé "Yícùn guāngyīn yí cùn jīn, cùn jīn nán mǎi cùn guāngyīn" hái ràng wǒ gǎndào kěpà; yě bǐ zuòwénběn • shàng de "guāngyīn sì jiàn, rìyuè rú suō" gèng ràng wǒ jué • dé yǒu yì zhǒng shuō • bùchū de zīwèi.

Shíjiān guò de nàme fēikuài, shǐ wǒ de xiǎo xīnyǎnr • lǐ bù zhǐshì zhāojí, háiyǒu bēishāng. Yǒu yì tiān wǒ fàngxué huíjiā, kàndào tài • yáng kuài luòshān le, jiù xià juéxīn shuō: "Wǒ yào bǐ tài • yáng gèng kuài de huíjiā." Wǒ kuángbēn huíqù, zhànzài tíngyuàn qián chuǎnqì de shíhou, kàndào tài • yáng // hái lòuzhe bànbiān liǎn, wǒ gāoxìng de tiàoyuè qǐ • lái, nà yì tiān wǒ pǎoyíngle tài • yáng. Yǐhòu wǒ jiù shícháng zuò nàyàng de yóuxì, yǒushí hé tài • yáng sàipǎo, yǒu shí hé xīběifēng bǐ kuài, yǒushí yí gè shǔjià cái néng zuòwán de zuòyè, wǒ shí tiān jiù zuòwánle; nà shí wǒ sān niánjí, chángcháng bǎ gēge wǔ niánjí de zuòyè ná • lái zuò. Měi yí cì bǐsài shèngguò shíjiān, wǒ jiù kuàilè de bù zhī • dào zěnme xíngróng.

Rúguǒ jiānglái wǒ yǒu shénme yào jiāogěi wǒ de háizi, wǒ huì gàosu tā: jiǎruò nǐ yìzhí hé shíjiān bǐsài, nǐ jiù kěyǐ chénggōng!

Jiéxuǎn zì (Táiwān) Lín Qīngxuán 《Hé Shíjiān Sàipǎo》

作品 15 号

三十年代初,胡适在北京大学任教授。讲课时他常常对白话文大加称赞,引起一些只喜欢文言文而不喜欢白话文的学生的不满。

一次,胡适正讲得得意的时候,一位姓魏的学生突然站了起来,生气地问:"胡先生,难道说白话文就毫无缺点吗?"胡适微笑着回答说:"没有。"那位学生更加激动了:"肯定有!白话文废话太多,打电报用字多,花钱多。"胡适的目光顿时变亮了,轻声地解释说:"不一定吧! 前几天有位朋友给我打来电报,请我去政府部门工作,我决定不去,就回电拒绝了。复电是用白话写的,看来也很省字。请同学们根据我这个意思,用文言文写一个回电,看看究竟是白话文省字,还是文言文省字?"胡教授刚说完,同学们立刻认真地写了起来。

十五分钟过去,胡适让同学举手,报告用字的数目,然后挑了一份用字最少的文言电报稿,电文是这样写的:

"才疏学浅,恐难胜任,不堪从命。"白话文的意思是:学问不深,恐怕很难担任这个工作,不能服从安排。

胡适说,这份写得确实不错,仅用了十二个字。但我的白话电报却只用了五个字:
"干不了,谢谢!"

胡适又解释说:"干不了"就有才疏学浅、恐难胜任的意思;"谢谢"既 // 对朋友的介绍表示感谢,又有拒绝的意思。所以,废话多不多,并不看它是文言文还是白话文,只要注意选用字词,白话文是可以比文言文更省字的。

节选自陈灼主编《实用汉语中级教程》(上)中《胡适的白话电报》

朗读提示:

本文语调平稳,注意文中平翘舌声母的读音,如"三十、教授、常常、称赞、时候"等词语。注意读准轻声词"喜欢、学生、胡先生、朋友、同学们、意思、看看"等词语。注意句子的停连,如"……难道说|白话文就毫无缺点吗?",注意读准"干不了,谢谢!"的句意。

Zuòpǐn 15 Hào

Sānshí niándài chū, Hú Shì zài Běijīng Dàxué rèn jiàoshòu. Jiǎngkè shí tā chángcháng duì báihuàwén dàjiā chēngzàn, yǐnqǐ yìxiē zhǐ xǐhuan wényánwén ér bù xǐhuan báihuàwén de xuésheng de bùmǎn.

Yí cì, Hú Shì zhèng jiǎng de déyì de shíhou, yí wèi xìng wèi de xuésheng tūrán zhànle qǐ • lái, shēngqì de wèn: "Hú xiānsheng, nándào shuō báihuàwén jiù háowú quēdiǎn ma?" Hú Shì wēixiàozhe huídá shuō: "méi • yǒu." "Nà wèi xuésheng gèngjiā jīdòng le: "Kěndìng yǒu! Báihuàwén fèihuà tài duō, dǎ diànbào yòng zì duō, huāqián duō." Hú Shì de mùguāng dùnshí biànliàng le, qīngshēng de jiěshì shuō: "Bù yīdìng bā! Qián jǐ tiān yǒu wèi péngyou gěi wǒ dǎ • lái diànbào, qǐng wǒ qù zhèngfǔ bùmén gōngzuò, wǒ juédìng bú qù, jiù huídiàn jùjué le. Fùdiàn shì yòng báihuà xiě de, kànlái yě hěn shěng zì. Qǐng tóngxuémen gēnjù wǒ zhège yìsi, yòng wényánwén xiě yí gè huídiàn, kànkan jiūjìng shì báihuàwén shěng zì, hái shì wényánwén shěng zì?" Hú jiàoshòu gāng shuōwán, tóngxuémen lìkè rènzhēn de xiěle qǐ • lái.

Shíwǔ fēnzhōng guò • qù, Hú Shì ràng tóngxué jǔshǒu, bàogào yòng zì de shùmù, ránhòu tiāole yí fèn yòng zì zuì shǎo de wényán diànbàogǎo, diànwén shì zhèyàng xiě de:

"Cáishū – xuéqiǎn, kǒng nán shèngrèn, bùkān cóngmìng." Báihuàwén de yìsi shì: Xuéwen bù shēn, kǒngpà hěn nán dānrèn zhège gōng zuò, bùnéng fúcóng ānpái.

Hú Shì shuō, zhè fèn xiě de quèshí búcuò, jǐn yòngle shí'èr gè zì. Dàn wǒ de báihuà diànbào què zhǐ yòngle wǔ gè zì:

"gàn • bù liǎo, xièxie!"

Hú shì yòu jiěshì shuō: "gàn • bù liǎo" jiù yǒu cáishū – xuéqiǎn, kǒng nán shèngrèn de yìsi; "Xièxie" jì // duì péngyou de jièshào biǎoshì gǎnxiè, yòu yǒu jùjué de yìsi. Suǒyǐ, fèi huà duō • bù duō, bìng bú kàn tā shì wényánwén hái shì báihuàwén, zhǐyào zhùyì xuǎnyòng zìcí, báihuàwén shì kěyǐ bǐ wényánwén gèng shěng zì de.

Jiéxuǎn zì Chén Zhuó Zhǔbiān《Shíyòng Hànyǔ Zhōngjí Jiàochéng》(shàng) zhōng《Hú Shì de Báihuà Diànbào》

作品 16 号

很久以前,在一个漆黑的秋天的夜晚,我泛舟在西伯利亚一条阴森森的河上。船到一个转弯处,只见前面黑黢黢的山峰下面,一星火光蓦地一闪。

火光又明又亮,好像就在眼前……

"好啦,谢天谢地!"我高兴地说,"马上就到过夜的地方啦!"

船夫扭头朝身后的火光望了一眼,又不以为然地划起桨来。

"远着呢!"

我不相信他的话,因为火光冲破朦胧的夜色,明明在那儿闪烁。不过船夫是对的,事实上,火光的确还远着呢。

这些黑夜的火光的特点是:驱散黑暗,闪闪发亮,近在眼前,令人神往。乍一看,再划几下就到了……其实却还远着呢!……

我们在漆黑如墨的河上又划了很久。一个个峡谷和悬崖,迎面驶来,又向后移去,仿佛消失在茫茫的远方,而火光却依然停在前头,闪闪发亮,令人神往——依然是这么近,又依然是那么远……

现在,无论是这条被悬崖峭壁的阴影笼罩的漆黑的河流,还是那一星明亮的火光,都经常浮现在我的脑际,在这以前和在这以后,曾有许多火光,似乎近在咫尺,不止使我一人心驰神往。可是生活之河却仍然在那阴森森的两岸之间流着,而火光也依旧非常遥远。因此,必须加劲划桨……

然而,火光啊……毕竟……毕竟就//在前头!……

节选自〔俄〕柯罗连科《火光》,张铁夫译

朗读提示:

本文语调深沉,充满哲理。注意文中平翘舌声母的读音,如"阴森森、转弯处、闪烁、乍一看、经常、曾有、似乎、咫尺、心驰神往"等词语。注意读准易错的"蓦地、朦胧、划、悬崖、仍然"等词语。正确读出带有语气词"啊"变的句子,如"然而,火光啊(nga)……"。

Zuòpǐn 16 Hào

Hěn jiǔ yǐqián, zài yí gè qīhēi de qiūtiān de yèwǎn, wǒ fàn zhōu zài Xībólìyà yì tiáo yīnsēnsēn de hé • shàng. Chuán dào yí gè zhuǎnwān chù, zhǐ jiàn qián • miàn hēiqūqū de shānfēng xià • miàn, yì xīng huǒguāng mòdì yì shǎn.

Huǒguāng yòu míng yòu liàng, hǎoxiàng jiù zài yǎnqián……

"Hǎo la, xiètiān – xièdì!" Wǒ gāoxìng de shuō, "Mǎshàng jiù dào guòyè de dìfang la!"

Chuánfū niǔtóu cháo shēnhòu de huǒguāng wàng le yì yǎn, yòu bùyǐwéirán de huá • qǐ jiǎng • lái.

"Yuǎnzhe ne!"

Wǒ bù xiāngxìn tā de huà, yīn • wèi huǒguāng chōngpò ménglóng de yèsè, míngmíng zài nàr shǎnshuò. Búguò chuánfū shì duì de, shìshí • shàng, huǒguāng díquè hái yuǎnzhe ne.

Zhèxiē hēiyè de huǒguāng de tèdiǎn shì: Qū sàn hēi'àn, shǎnshǎn fāliàng, jìn zài yǎnqián, lìngrén shénwǎng. Zhà yí kàn, zài huá jǐ xià jiù dào le……Qíshí què hái yuǎnzhe ne! ……

Wǒmen zài qīhēi rú mò de hé • shàng yòu huále hěn jiǔ. Yígègè xiágǔ hé xuányá, yíngmiàn shǐ • lái, yòu xiàng hòu yí • qù, fǎngfú xiāoshī zài mángmáng de yuǎnfāng, ér huǒguāng què yīrán tíng zài qiántou, shǎnshǎn fāliàng, lìngrénshénwǎng——yīrán shì zhème jìn, yòu yīrán shì nàme yuǎn……

Xiànzài, wúlùn shì zhè tiáo bèi xuányá qiàobì de yīnyǐng lǒngzhào de qīhēi de héliú, háishì nà yì xīng míngliàng de huǒguāng, dōu jīngcháng fúxiàn zài wǒ de nǎojì, zài zhè yǐqián hé zài zhè yǐhòu, céng yǒu xǔduō huǒguāng, sìhū jìn zài zhǐchǐ, bùzhǐ shǐ wǒ yì rén xīnchí – shénwǎng. Kěshì shēnghuó zhī hé què réngrán zài nà yīnsēnsēn de liǎng'àn zhījiān liúzhe, ér huǒguāng yě yījiù fēicháng yáoyuǎn. Yīncǐ, bìxū jiājìn huá jiǎng……

Rán'ér, huǒguāng nga……bìjìng……bìjìng jiù// zài qiántou! ……

Jiéxuǎn zì[é]Kēluóliánkē《Huǒguāng》, Zhāng Tiěfū yì

作品 17 号

对于一个在北平住惯的人，像我，冬天要是不刮风，便觉得是奇迹；济南的冬天是没有风声的。对于一个刚由伦敦回来的人，像我，冬天要能看得见日光，便觉得是怪事；济南的冬天是响晴的。自然，在热带的地方，日光永远是那么毒，响亮的天气，反有点儿叫人害怕。可是，在北方的冬天，而能有温晴的天气，济南真得算个宝地。

设若单单是有阳光，那也算不了出奇。请闭上眼睛想：一个老城，有山有水，全在天底下晒着阳光，暖和安适地睡着，只等春风来把它们唤醒，这是不是理想的境界？小山整把济南围了个圈儿，只有北边缺着点口儿。这一圈小山在冬天特别可爱，好像是把济南放在一个小摇篮里，它们安静不动地低声地说："你们放心吧，这儿准保暖和。"真的，济南的人们在冬天是面上含笑的。他们一看那些小山，心中便觉得有了着落，有了依靠。他们由天上看到山上，便不知不觉地想起：明天也许就是春天了吧？这样的温暖，今天夜里山草也许就绿起来了吧？就是这点儿幻想不能一时实现，他们也并不着急，因为这样慈善的冬天，干什么还希望别的呢！

最妙的是下点儿小雪呀。看吧，山上的矮松越发的青黑，树尖儿上 // 顶着一髻儿白花，好像日本看护妇。山尖儿全白了，给蓝天镶上一道银边。山坡上，有的地方雪厚点儿，有的地方草色还露着；这样，一道儿白，一道儿暗黄，给山们穿上一件带水纹儿的花衣；看着看着，这件花衣好像被风儿吹动，叫你希望看见一点儿更美的山的肌肤。等到快日落的时候，微黄的阳光斜射在山腰上，那点儿薄雪好像忽然害羞，微微露出点儿粉色。就是下小雪吧，济南是受不住大雪的，那些小山太秀气。

节选自老舍《济南的冬天》

朗读提示：

本文语调自然，舒缓轻松。朗读时，注意文中的儿化词语的正确读法，如"有点儿、圈儿、缺着点口儿、这儿、这点儿、下点儿、树尖儿、一髻儿、山尖儿、银边、厚点儿、一道儿、水纹儿、一点儿、那点儿、露出点儿"等词语。注意"地方、暖和、时候、秀气"等轻声词的读音和易错的"真得、着急、准保、暖和"等词语的读音。

Zuòpǐn 17 Hào

Duìyú yí gè zài Běipíng zhùguàn de rén, xiàng wǒ, dōngtiān yàoshì bù guāfēng, biàn jué • dé shì qíjì; Jǐnán de dōngtiān shì méi • yǒu fēngshēngde. Duìyú yí gè gāng yóu Lúndūn huí • lái de rén, xiàng wǒ, dōngtiān yào néng kàn de jiàn rìguāng, biàn jué • dé shì guàishì; Jǐnán de dōngtiān shì xiǎngqíng de. Zìrán, zài rèdài de dìfang, rìguāng yǒngyuǎn shì nàme dú, xiǎngliàng de tiānqì, fǎn yǒudiǎnr jiào rén hàipà. Kěshì, zài běifāng de dōngtiān, ér néng yǒu wēnqíng de tiānqì, Jǐnán zhēn děi suàn gè bǎodì.

Shèruò dāndān shì yǒu yángguāng, nà yě suàn • bùliǎo chūqí. Qǐng bì • shàng yǎnjing xiǎng: Yí gè lǎochéng, yǒu shān yǒu shuǐ, quán zài tiān dǐ • xià shàizhe yángguāng, nuǎnhuo ānshì de shuìzhe, zhǐ děng chūnfēng lái bǎ tāmen huànxǐng, zhè shì • búshì lǐxiǎng de jìngjiè? Xiǎoshān zhěng bǎ Jǐnán wéile gè quānr, zhǐyǒu běi • biān quēzhe diǎnr kǒur. Zhè yì quān xiǎoshān zài dōngtiān tèbié kě'ài, hǎoxiàng shì bǎ Jǐnán fàng zài yí gè xiǎo yáolán • lǐ, tāmen ānjìng bú dòng de dīshēng de shuō: "Nǐmen fàngxīn ba, zhèr zhǔnbǎo nuǎnhuo." zhēn de, Jǐnán de rénmen zài dōngtiān shì miàn • shàng hánxiào de. Tā men yí kàn nàxiē xiǎoshān, xīnzhōng biàn jué • dé yǒule zhuóluò, yǒule yīkào. Tā men yóu tiān • shàng kàndào shān • shàng, biàn bùzhī – bùjué de xiǎngqǐ: Míngtiān yěxǔ jiùshì chūntiān le ba? Zhèyàng de wēnnuǎn, jīntiān yè • lǐ shāncǎo yěxǔ jiù lùqǐ • lái le ba?" Jiùshì zhè diǎnr huànxiǎng bùnéng yìshí shíxiàn, tāmen yě bìng bù zháojí, yīn • wèi zhè yàng císhàn de dōngtiān, gànshénme hái xīwàng biéde ne!

Zuì miào de shì xià diǎnr xiǎoxuě ya. Kàn ba, shān • shàng de ǎisōng yuèfā de qīnghēi, shùjiānr • shàng // dǐngzhe yí jìr báihuā, hǎoxiàng Rìběn kānhùfù. Shānjiānr quán bái le, gěi lántiān xiāng • shàng yí dào yínbiānr. Shānpō • shàng, yǒude dìfang xuě hòu diǎn, yǒude dìfang cǎosè hái lòuzhe; zhèyàng, yí dàor bái, yí dàor ànhuáng, gěi shānmen chuān • shàng yí jiàn dài shuǐwénr de huāyī; kànzhe kànzhe, zhè jiàn huāyī hǎoxiàng bèi fēng'ér chuīdòng, jiào nǐ xīwàng kàn • jiàn yìdiǎnr gèng měi de shān de jīfū. Děngdào kuài rìluò de shíhou, wēihuáng de yángguāng xié shè zài shānyāo • shàng, nà diǎnr báo xuě hǎoxiàng hūrán hàixiū, wēiwēi lòuchū diǎnr fěnsè Jiùshì xià xiǎoxuě ba, Jǐnán shì shòu • búzhù dàxuě de, nàxiē xiǎoshān tài xiùqi.

Jiéxuǎn zì Lǎo Shě《Jǐnán de Dōngtiān》

作品 18 号

纯朴的家乡村边有一条河,曲曲弯弯,河中架一弯石桥,弓样的小桥横跨两岸。

每天,不管是鸡鸣晓月,日丽中天,还是月华泻地,小桥都印下串串足迹,洒落串串汗珠。那是乡亲为了追求多棱的希望,兑现美好的遐想。弯弯小桥,不时荡过轻吟低唱,不时露出舒心的笑容。

因而,我稚小的心灵,曾将心声献给小桥:你是一弯银色的新月,给人间普照光辉;你是一把闪亮的镰刀,割刈着欢笑的花果;你是一根晃悠悠的扁担,挑起了彩色的明天!哦,小桥走进我的梦中。

我在飘泊他乡的岁月,心中总涌动着故乡的河水,梦中总看到弓样的小桥。当我访南疆探北国,眼帘闯进座座雄伟的长桥时,我的梦变得丰满了,增添了赤橙黄绿青蓝紫。

三十多年过去,我带着满头霜花回到故乡,第一紧要的便是去看望小桥。

啊!小桥呢?它躲起来了?河中一道长虹,浴着朝霞熠熠闪光。哦,雄浑的大桥敞开胸怀,汽车的呼啸、摩托的笛音、自行车的叮铃,合奏着进行交响乐;南来的钢筋、花布,北往的柑橙、家禽,绘出交流欢悦图……

啊!蜕变的桥,传递了家乡进步的消息,透露了家乡富裕的声音。时代的春风,美好的追求,我蓦地记起儿时唱//给小桥的歌,哦,明艳艳的太阳照耀了,芳香甜蜜的花果捧来了,五彩斑斓的岁月拉开了!

我心中涌动的河水,激荡起甜美的浪花。我仰望一碧蓝天,心底轻声呼喊:家乡的桥啊,我梦中的桥!

节选自郑莹《家乡的桥》

朗读提示:

本文语调欢快,充满了对家乡的热爱之情。朗读时,注意文中易错词语的正确读法,如"串串、多棱、兑现、割刈、扁担、挑起、熠熠、柑橙、蓦地、斑斓"等词语。注意带有语气词"啊"变的句子,如"家乡的桥啊(wa),我梦中的桥!"。

Zuòpǐn 18 Hào

Chúnpǔ de jiāxiāng cūnbiān yǒu yì tiáo hé, qūqū – wānwān, hé zhōng jià yì wān shíqiáo, gōng yàng de xiǎoqiáo héngkuà liǎng'àn.

Měi tiān, bùguǎn shì jī míng xiǎo yuè, rì lì zhōng tiān, háishì yuè huá xiè dì, xiǎoqiáo dōu yìnxià chuànchuàn zújì, sǎluò chuànchuàn hànzhū. Nà shì xiāngqīn wèile zhuīqiú duōléng de xīwàng, duìxiàn měihǎo de xiáxiǎng. Wānwān xiǎoqiáo, bùshí dàngguo qīng yín – dīchàng, bùshí lùchū shūxīn de xiàoróng.

Yīn'ér, wǒ zhìxiǎo de xīnlíng, céng jiāng xīnshēng xiàngěi xiǎoqiáo: nǐ shì yì wān yínsè de xīnyuè, gěi rénjiān pǔzhào guānghuī; nǐ shì yì bǎ shǎnliàng de liándāo, gēyìzhe huānxiào de huāguǒ; nǐ shì yì gēn huàngyōuyōu de biǎndan, tiǎoqǐle cǎisè de míngtiān! ò, xiǎoqiáo zǒujìn wǒ de mèng zhōng.

Wǒ zài piāobó tāxiāng de suìyuè, xīnzhōng zǒng yǒngdòngzhe gùxiāng de héshuǐ, mèngzhōng zǒng kàndào gōng yàng de xiǎoqiáo. Dāng wǒ fǎng nánjiāng tàn běiguó, yǎnlián chuǎngjìn zuòzuò xióngwěi de chángqiáo shí, wǒ de mèng biàn de fēngmǎn le, zēngtiānle chì – chéng – huáng – lǜ – qīng – lán – zǐ.

Sānshí duō nián guò • qù, wǒ dàizhe mǎntóu shuānghuā huídào gùxiāng, dì – yī jǐnyào de biànshì qù kànwàng xiǎoqiáo.

À! Xiǎo qiáo ne? tā duǒ qǐ • lái le? Hé zhōng yí dào chánghóng, yùzhe zhāoxiá yìyì shǎnguāng. Ò, xiónghún de dàqiáo chǎngkāi xiōnghuái, qìchē de hūxiào, mótuō de díyīn, zìxíngchē de dīnglíng, hézòuzhe jìnxíng jiāoxiǎngyuè; nán lái de gāngjīn, huā bù, běi wǎng de gānchéng, jiāqín, huìchū jiāoliú huānyuè tú......

À! Tuìbiàn de qiáo, chuándìle jiāxiāng jìnbù de xiāoxi, tòulùle jiāxiāng fùyù de shēngyīn. Shídài de chūnfēng, měihǎo de zhuīqiú, wǒ mòdì jìqǐ érshí chàng // gěi xiǎoqiáo de gē, ò, míngyànyàn de tài • yáng zhàoyào le, fāngxiāng tiánmì de huāguǒ pénglái le, wǔcǎi bānlán de suì yuè lākāi le!

Wǒ xīnzhōng yǒngdòng de héshuǐ, jīdàng qǐ tiánměi de lànghuā. Wǒ yǎngwàng yí bì lántiān, xīndǐ qīngshēng hūhǎn: Jiāxiāng de qiáo wa, wǒ mèng zhōng de qiáo!

Jiéxuǎn zì Zhèng Yíng《Jiāxiāng de Qiáo》

作品 19 号

三百多年前，建筑设计师莱伊恩受命设计了英国温泽市政府大厅。他运用工程力学的知识，依据自己多年的实践，巧妙地设计了只用一根柱子支撑的大厅天花板。一年以后，市政府权威人士进行工程验收时，却说只用一根柱子支撑天花板太危险，要求莱伊恩再多加几根柱子。

莱伊恩自信只要一根坚固的柱子足以保证大厅安全，他的"固执"惹恼了市政官员，险些被送上法庭。他非常苦恼；坚持自己原先的主张吧，市政官员肯定会另找人修改设计；不坚持吧，又有悖自己为人的准则。矛盾了很长一段时间，莱伊恩终于想出了一条妙计，他在大厅里增加了四根柱子，不过这些柱子并未与天花板接触，只不过是装装样子。

三百多年过去了，这个秘密始终没有被人发现。直到前两年，市政府准备修缮大厅的天花板，才发现莱伊恩当年的"弄虚作假"。消息传出后，世界各国的建筑专家和游客云集，当地政府对此也不加掩饰，在新世纪到来之际，特意将大厅作为一个旅游景点对外开放，旨在引导人们崇尚和相信科学。

作为一名建筑师，莱伊恩并不是最出色的。但作为一个人，他无疑非常伟大。这种 // 伟大表现在他始终恪守着自己的原则，给高贵的心灵一个美丽的住所，哪怕是遭遇到最大的阻力，也要想办法抵达胜利。

节选自游宇明《坚守你的高贵》

朗读提示：

本文语调沉稳。朗读时，注意文中"来伊恩、大厅、惹恼、有悖、修缮、崇尚、恪守、心灵"等易错词语的读音。注意停连和重音的表达，如"建筑设计师来伊恩|受命设计了英国温泽市政府大厅"、"来伊恩自信|只要一根坚固的柱子|足以保证大厅安全"、"这个秘密始终没有被人发现"等。

Zuòpǐn 19 Hào

Sānbǎi duō nián qián, jiànzhù shèjìshī Láiyī'ēn shòumìng shèjìle Yīngguó Wēnzé shìzhèngfǔ dàtīng. Tā yùnyòng gōngchéng lìxué de zhīshi, yījù zìjǐ duōnián de shíjiàn, qiǎomiào de shèjìle zhǐ yòng yì gēn zhùzi zhīchēng de dàtīng tiānhuābǎn. Yì nián yǐhòu, shìzhèngfǔ quánwēi rénshì jìnxíng gōngchéng yànshōu shí, què shuō zhǐ yòng yì gēn zhùzi zhīchēng tiānhuābǎn tài wēixiǎn, yāoqiú Láiyī'ēn zài duō jiā jǐ gēn zhùzi.

Láiyī'ēn zìxìn zhǐyào yì gēn jiāngù de zhùzi zúyǐ bǎozhèng dàtīng ānquán, tā de "gùzhi" rěnǎole shìzhèng guānyuán, xiǎnxiē bèi sòng • shàng fǎtíng. Tā fēicháng kǔnǎo; jiānchí zìjǐ yuánxiān de zhǔzhāng ba, shìzhèng guānyuán kěndìng huì lìng zhǎo rén xiūgǎi shèjì; bù jiānchí ba, yòu yǒu bèi zìjǐ wéirén de zhǔnzé. Máodùnle hěn cháng yíduàn shíjiān, Láiyī'ēn zhōngyú xiǎngchūle yì tiáo miàojì, tā zài dàtīng • lǐ zēngjiāle sì gēn zhùzi, búguò zhèxiē zhùzi bìng wèi yǔ tiānhuābǎn jiēchù, zhǐ • búguò shì zhuāngzhuang yàngzi.

Sānbǎi duō nián guò • qù le, zhège mìmì shǐzhōng méi • yǒu bèi rén fāxiàn. Zhídào qián liǎng nián, shìzhèngfǔ zhǔnbèi xiūshàn dàtīng de tiānhuābǎn, cái fāxiàn Láiyī'ēn dàngnián de "nòngxū – zuòjiǎ". Xiāoxi chuánchū hòu, shìjiè gè guó de jiànzhù zhuānjiā hé yóukè yúnjí, dāngdì zhèngfǔ duìcǐ yě bù jiā yǎnshì, zài xīn shìjì dàolái zhī jì, tèyì jiāng dàtīng zuòwéi yí gè lǚyóu jǐngdiǎn duìwài kāifàng, zhǐ zài yǐndǎo rénmen chóngshàng hé xiāngxìn kēxué.

Zuòwéi yì míng jiànzhùshī, Láiyī'ēn bìng bú shì zuì chūsè de. Dàn zuòwéi yí gè rén, tā wúyí fēicháng wěidà. Zhè zhǒng // wěidà biǎoxiàn zài tā shǐzhōng kèshǒuzhe zìjǐ de yuánzé, gěi gāoguì de xīnlíng yí gè měilì de zhùsuǒ, nǎpà shì zāoyù dào zuì dà de zǔlì, yě yào xiǎng bànfǎ dǐdá shènglì.

Jiéxuǎn zì Yóu Yǔmíng《Jiānshǒu Nǐ de Gāoguì》

作品 20 号

自从传言有人在萨文河畔散步时无意发现了金子后，这里便常有来自四面八方的淘金者。他们都想成为富翁，于是寻遍了整个河床，还在河床上挖出很多大坑，希望借助它们找到更多的金子。的确，有一些人找到了，但另外一些人因为一无所得而只好扫兴归去。

也有不甘心落空的，便驻扎在这里，继续寻找。彼得·弗雷特就是其中一员。他在河床附近买了一块没人要的土地，一个人默默地工作。他为了找金子，已把所有的钱都押在这块土地上。他埋头苦干了几个月，直到土地全变成了坑坑洼洼，他失望了——他翻遍了整块土地，但连一丁点儿金子都没看见。

六个月后，他连买面包的钱都没有了。于是他准备离开这儿到别处去谋生。

就在他即将离去的前一个晚上，天下起了倾盆大雨，并且一下就是三天三夜。雨终于停了，彼得走出小木屋，发现眼前的土地看上去好像和以前不一样：坑坑洼洼已被大水冲刷平整，松软的土地上长出一层绿茸茸的小草。

"这里没找到金子，"彼得忽有所悟地说，"但这土地很肥沃，我可以用来种花，并且拿到镇上去卖给那些富人，他们一定会买些花装扮他们华丽的客厅。//如果真是这样的话，那么我一定会赚许多钱。有朝一日我也会成为富人……"

于是他留了下来。彼得花了不少精力培育花苗，不久田地里长满了美丽娇艳的各色鲜花。

五年以后，彼得终于实现了他的梦想——成了一个富翁。"我是唯一的一个找到真金的人！"他时常不无骄傲地告诉别人，"别人在这儿找不到金子后便远远地离开，而我的'金子'是在这块土地里，只有诚实的人用勤劳才能采集到。"

节选自陶猛译《金子》

朗读提示：

本文语调沉稳但不失变化。朗读时，注意停连和重音的表达，如"自从传言|有人在萨文河散步时|无意发现了金子后，……"、"他失望了——他翻遍了整块土地，但连一丁点儿金子都没看见"。注意文中易错词语的读音，如"萨文河、淘金者、富翁、一无所得、驻扎、彼得·弗雷特、坑坑洼洼、一丁点儿、即将、倾盆大雨、平整、绿茸茸、客厅、精力、真金"等。

Zuòpǐn 20 Hào

Zìcóng chuányán yǒu rén zài Sàwén hépàn sànbù shí wúyì fāxiànle jīnzi hòu, zhè·lǐ biàn cháng yǒu láizì sìmiàn - bāfāng de táojīnzhě. Tā men dōu xiǎng chéngwéi fùwēng, yúshì xúnbiànle zhěnggè héchuáng, hái zài héchuáng·shàng wāchū hěnduō dàkēng, xīwàng jièzhù tāmen zhǎodào gèng duō de jīnzi. Díquè, yǒu yìxiē rén zhǎodào le, dàn lìngwài yìxiē rén yīn·wèi yìwú - suǒdé ér zhǐhǎo sǎoxīng guīqù.

Yě yǒu bù gānxīn luòkōng de, biàn zhùzhā zài zhè·lǐ, jìxù xúnzhǎo. Bǐdé· Fúléitè jiùshì qízhōng yìyuán. Tā zài héchuáng fùjìn mǎile yí kuài méi rén yào de tǔdì, yí gè rén mòmò de gōngzuò. Tā wèile zhǎo jīnzi, yǐ bǎ suǒyǒu de qián dōu yā zài zhè kuài tǔdì·shàng. Tā máitóu - kǔgànle jǐ gè yuè, zhídào tǔdì quán biànchéngle kēngkēng - wāwā, tā shīwàng le ——tā fānbiànle zhěngkuài tǔdì, dàn lián yì dīngdiǎnr jīnzi dōu méi kàn·jiàn.

Liù gè yuè hòu, tā lián mǎi miànbāo de qián dōu méi·yǒu le. Yúshì tā zhǔnbèi líkāi zhèr dào biéchù qù móushēng.

Jiù zài tā jíjiāng líqù de qián yí gè wǎnshang, tiān xiàqǐle qīngpén - dàyǔ, bìngqiě yíxià jiùshì sān tiān sān yè. Yǔ zhōngyú tíng le, Bǐdé zǒuchū xiǎo mùwū, fāxiàn yǎnqián de tǔdì kàn shàng·qù hǎoxiàng hé yǐqián bù yíyàng, kēngkeng - wāwā yǐ bèi dàshuǐ chōngshuā píngzhěng, sōngruǎn de tǔdì·shàng zhǎngchū yì céng lǜróngróng de xiǎocǎo.

"Zhè·lǐ méi zhǎodào jīnzi," Bǐdé hū yǒu suǒ wù de shuō, "Dàn zhè tǔdì hěn féiwò, wǒ kěyǐ yònglái zhǒng huā, bìngqiě nádào zhèn·shàng qù màigěi nàxiē fùrén, tāmen yídìng huì mǎi xiē huā zhuāngbàn tāmen huálì de kètīng. // Rúguǒ zhēn shì zhèyàng de huà, nàme wǒ yídìng huì zhuàn xǔduō qián. Yǒuzhāo - yírì wǒ yě huì chéngwéi fùrén……"

Yúshì tā liú le xià·lái, Bǐdé huā le bù shǎo jīnglì péi yù huāmiáo, bùjiǔ tiándì·lǐ zhǎngmǎnle měilì jiāoyàn de gè sè xiānhuā.

Wǔ nián yǐhòu, Bǐdé zhōngyú shíxiànle tā de mèngxiǎng——chéngle yí gè fùwēng. "Wǒ shì wéiyī de yí gè zhǎodào zhēnjīn de rén!" Tā shícháng bùwú jiāo'ào de gàosu bié·rén, "Bié·rén zài zhèr zhǎo·búdào jīnzi hòu biàn yuǎnyuǎn de líkāi, ér wǒ de 'jīnzi' shì zài zhè kuài tǔdì·lǐ, zhǐyǒu chéng·shí de rén yòng qínláo cáinéng cǎijí dào."

Jiéxuǎn zì Táo Měng yì《Jīnzi》

作品 21 号

我在加拿大学习期间遇到过两次募捐,那情景至今使我难以忘怀。

一天,我在渥太华的街上被两个男孩子拦住去路。他们十来岁,穿得整整齐齐,每人头上戴着个做工精巧、色彩鲜艳的纸帽,上面写着"为帮助患小儿麻痹的伙伴募捐。"其中的一个,不由分说就坐在小凳上给我擦起皮鞋来,另一个则彬彬有礼地发问:"小姐,您是哪国人? 喜欢渥太华吗?""小姐,在你们国家有没有小孩儿患小儿麻痹? 谁给他们医疗费?"一连串的问题,使我这个有生以来头一次在众目睽睽之下让别人擦鞋的异乡人,从近乎狼狈的窘态中解脱出来。我们像朋友一样聊起天儿来……

几个月之后,也是在街上。一些十字路口处或车站坐着几位老人。他们满头银发,身穿各种老式军装,上面布满了大大小小形形色色的徽章、奖章,每人手捧一大束鲜花,有水仙、石竹、玫瑰及叫不出名字的,一色雪白。匆匆过往的行人纷纷止步,把钱投进这些老人身旁的白色木箱内,然后向他们微微鞠躬,从他们手中接过一朵花。我看了一会儿,有人投一两元,有人投几百元,还有人掏出支票填好后投进木箱。那些老军人毫不注意人们捐多少钱,一直不 // 停地向人们低声道谢。同行的朋友告诉我,这是为纪念二次大战中参战的勇士,募捐救济残废军人和烈士遗孀,每年一次;认捐的人可谓踊跃,而且秩序井然,气氛庄严。有些地方,人们还耐心地排着队。我想,这是因为他们都知道:正是这些老人们的流血牺牲换来了包括他们信仰自由在内的许许多多。

我两次把那微不足道的一点儿钱捧给他们,只想对他们说声"谢谢"。

节选自青白《捐诚》

朗读提示:

注意本文中易错词语的读音,如"募捐、情景、渥太华、男孩子、精巧、小儿麻痹、彬彬有礼、您、小孩儿、众目睽睽、窘态、聊起天儿来、一会儿、遗孀、井然"等。注意对话中人物语气的不同。注意停连和重音的表达,如"一连串的问题,使我这个|有生以来头一次在众目睽睽之下|让别人擦鞋的异乡人,从近乎狼狈的窘态中|解脱出来。"

Zuòpǐn 21 Hào

Wǒ zài Jiānádà xué xí qījiān yùdàoguo liǎng cì mùjuān, nà qíngjǐng zhìjīn shǐ wǒ nányǐ - wànghuái.

Yì tiān, wǒ zài Wòtàihuá de jiē • shàng bèi liǎng gè nánháizi lánzhù qùlù. Tāmen shí lái suì, chuān de zhěngzhěng - qíqí, měi rén tóu • shàng dàizhe gè zuògōng jīngqiǎo, sècǎi xiānyàn de zhǐmào, shàng • miàn xiězhe"Wéi bāngzhù huàn xiǎo'ér mábì de huǒbàn mùjuān". Qízhōng de yí gè, bùyóu - fēnshuō jiù zuò zài xiǎodèng • shàng gěi wǒ cā • qǐ píxié • lái, lìng yí gè zé bīnbīn - yǒulǐ de fāwèn:"Xiǎo • jiě, nín shì nǎ guó rén? Xǐhuan Wòtàihuá ma?""Xiǎo • jiě, zài nǐmen guójiā yǒu méi • yǒu xiǎoháir huàn xiǎo'ér mábì? Shéi gěi tāmen yīliáofèi?"Yìliánchuàn de wèntí, shǐ wǒ zhège yǒushēng - yǐlái tóu yí cì zài zhòngmù - kuíkuí zhīxià ràng bié • rén cā xié de yìxiāngrén, cóng jìnhū lángbèi de jiǒngtài zhōng jiětuō chū • lái. Wǒmen xiàng péngyou yíyàng liáo • qǐ tiānr • lái……

Jǐ gè yuè zhīhòu, yě shì zài jiē • shàng, Yìxiē shízì lùkǒu chù huò chēzhàn zuòzhe jǐ wèi lǎorén. Tāmen mǎntóu yínfà, shēn chuān gè zhǒng lǎoshì jūnzhuāng, shàng • miàn bùmǎnle dàdà - xiǎoxiǎo xíngxíng - sèsè de huīzhāng、jiǎngzhāng, měi rén shǒu pěng yí dà shù xiānhuā. Yǒu shuǐxiān、shízhú、méi • gui jí jiào • bùchū míngzi de, yísè xuěbái. Cōngcōng guòwǎng de xíngrén fēnfēn zhǐbù, bǎ qián tóujìn zhèxiē lǎorén shēnpáng de báisè mùxiāng nèi, ránhòu xiàng tāmen wēiwēi jūgōng, cóng tāmen shǒu zhōng jiēguo yì duǒ huā. Wǒ kànle yíhuìr, yǒu rén tóu yì - liǎng yuán, yǒu rén tóu jǐbǎi yuán, hái yǒu rén tāochū zhīpiào tiánhǎo hòu tóujìn mùxiāng. Nàxiē lǎojūnrén háobù zhùyì rénmen juān duō • shǎo qián, yìzhí bù // tíng de xiàng rénmen dīshēng dàoxiè. Tóngxíng de péngyou gàosu wǒ, zhè shì wéi jìniàn èr Cì Dàzhàn zhōng cānzhàn de yǒngshì, mùjuān jiùjì cánfèi jūnrén hé lièshì yíshuāng, měinián yí cì; rèn juān de rén kěwèi yǒngyuè, érqiě zhìxù jǐngrán, qì • fēn zhuāngyán. Yǒuxiē dìfang, rénmen hái nàixīn de páizhe duì, Wǒ xiǎng, zhè shì yīn • wèi tāmen dōu zhī • dào: Zhèng shì zhèxiē lǎorénmen de liúxuè xīshēng huànláile bāokuò tāmen xìnyǎng zìyóu zài nèi de xǔxǔ - duōduō.

Wǒ liǎng cì bǎ nà wēibùzúdào de yìdiǎnr qián pěnggěi tāmen, zhǐ xiǎng duì tāmen shuō shēng"xièxie".

Jiéxuǎn zì Qīng Bái《Juān Chéng》

作品 22 号

没有一片绿叶，没有一缕炊烟，没有一粒泥土，没有一丝花香，只有水的世界，云的海洋。

一阵台风袭过，一只孤单的小鸟无家可归，落到被卷到洋里的木板上，乘流而下，姗姗而来，近了，近了！……

忽然，小鸟张开翅膀，在人们头顶盘旋了几圈儿，"噗啦"一声落到了船上。许是累了？还是发现了"新大陆"？水手撵它它不走，抓它，它乖乖地落在掌心。可爱的小鸟和善良的水手结成了朋友。

瞧，它多美丽，娇巧的小嘴，啄理着绿色的羽毛，鸭子样的扁脚，呈现出春草的鹅黄。水手们把它带到舱里，给它"搭铺"，让它在船上安家落户，每天把分到的一塑料筒淡水匀给它喝，把从祖国带来的鲜美的鱼肉分给它吃，天长日久，小鸟和水手的感情日趋笃厚。清晨，当第一束阳光射进舷窗时，它便敞开美丽的歌喉，唱啊唱，嘤嘤有韵，宛如春水淙淙。人类给它以生命，它毫不悭吝地把自己的艺术青春奉献给了哺育它的人。可能都是这样？艺术家们的青春只会献给尊敬他们的人。

小鸟给远航生活蒙上了一层浪漫色调。返航时，人们爱不释手，恋恋不舍地想把它带到异乡。可小鸟憔悴了，给水，不喝！喂肉，不吃！油亮的羽毛失去了光泽。是啊，我//们有自己的祖国，小鸟也有它的归宿，人和动物都是一样啊，哪儿也不如故乡好！

慈爱的水手们决定放开它，让它回到大海的摇篮去，回到蓝色的故乡去。离别前，这个大自然的朋友与水手们留影纪念。它站在许多人的头上，肩上，掌上，胳膊上，与喂养过它的人们，一起融进那蓝色的画面……

节选自王文杰《可爱的小鸟》

朗读提示：

本文语调自然舒缓，充满浓浓的爱意。朗读时，注意文中"一"的变调读法。如"一片、一缕、一粒、一丝、一阵、一只、一声、一塑料筒、一束、一层、一样、一起"等。读准语气词"啊"的变读，如"唱啊（nga）唱，嘤嘤有韵，……"、"是啊（ra），我们有自己的祖国……，"、"……人和动物都是一样啊（nga），……"。注意读准鼻边音的词语，如"绿叶、一缕、泥土、小鸟、近了、累了、撵、落在、塑料、美丽"等。读准易错词语的读音，如"搭铺、笃厚、舷窗、淙淙、悭吝"等。

Zuòpǐn 22 Hào

Méi‧yǒu yí piàn lǜyè, méi‧yǒu yì lǚ chuīyān, méi‧yǒu yí lì nítǔ, méi‧yǒu yì sī huāxiāng, zhǐyǒu shuǐ de shìjiè, yún de hǎiyáng.

Yí zhèn táifēng xíguò, yì zhī gūdān de xiǎoniǎo wújiā‑kěguī, luòdào bèi juǎndào yáng‧lǐ de mùbǎn‧shàng, chéng liú ér xià, shānshān ér lái, jìn le, jìn le……

Hūrán, xiǎoniǎo zhāngkāi chìbǎng, zài rénmen tóudǐng pánxuánle jǐ quānr, "pūlā" yì shēng luòdàole chuán‧shàng. Xǔ shì lèi le? Háishì fāxiànle "xīn dàlù"? Shuǐshǒu niǎn tā tā bù zǒu, zhuā tā, tā guāiguāi de luò zài zhǎngxīn. Kě'ài de xiǎoniǎo hé shànliáng de shuǐshǒu jiéchéngle péngyou.

Qiáo, tā duō měilì, jiāoqiǎo de xiǎozuǐ, zhuólǐzhe lǜsè de yǔmáo, yāzi yàng de biǎnjiǎo, chéngxiàn chū chūncǎo de éhuáng. Shuǐshǒumen bǎ tā dàidào cāng‧lǐ, gěi tā "dā pù", ràng tā zài chuán‧shàng ānjiā‑luòhù, měi tiān bǎ fēndào de yí sùliàotǒng dànshuǐ yúngěi tā hē, bǎ cóng zǔguó dài‧lái de xiānměi de yúròu fēngěi tā chī, tiāncháng‑rìjiǔ, xiǎoniǎo hé shuǐshǒu de gǎnqíng rìqū dǔhòu. Qīngchén, dāng dì‑yī shù yángguāng shèjìn xiánchuāng shí, tā biàn chǎngkāi měilì de gēhóu, chàng nga chàng, yīngyīng‑yǒuyùn, wǎnrú chūnshuǐ cóngcóng. Rénlèi gěi tā yǐ shēngmìng, tā háobù qiānlìn de bǎ zìjǐ de yìshù qīngchūn fèngxiàn gěile bǔyù tā de rén. Kěnéng dōu shì zhèyàng? Yìshùjiāmen de qīngchūn zhǐ huì xiàngěi zūnjìng tāmen de rén.

Xiǎoniǎo gěi yuǎnháng shēnghuó méng‧shàngle yì céng làngmàn sèdiào. Fǎnháng shí, rénmen àibúshìshǒu, liànliàn‑bùshě de xiǎng bǎ tā dàidào yìxiāng. Kě xiǎoniǎo qiáocuì le, gěi shuǐ, bù hē! Wèi ròu, bù chī! Yóuliàng de yǔmáo shīqùle guāngzé. Shì ra, wǒ // men yǒu zìjǐ de zǔguó, xiǎoniǎo yě yǒu tā de guīsù, rén hé dòngwù dōu shì yíyàng nga, nǎr yě bùrú gùxiāng hǎo!

Cí'ài de shuǐshǒumen juédìng fàngkāi tā, ràng tā huídào dàhǎi de yáolán‧qù, huídào lánsè de gùxiāng‧qù. Líbié qián, zhège dàzìrán de péngyou yǔ shuǐshǒumen liúyǐng jìniàn. Tā zhàn zài xǔduō rén de tóu‧shàng, jiān‧shàng, zhǎng‧shàng, gēbo‧shàng, yǔ wèiyǎngguo tā de rénmen, yìqǐ róngjìn nà lánsè de huàmiàn……

Jiéxuǎn zì Wáng Wénjié《Kě'ài de Xiǎoniǎo》

作品 23 号

纽约的冬天常有大风雪,扑面的雪花不但令人难以睁开眼睛,甚至呼吸都会吸入冰冷的雪花。有时前一天晚上还是一片晴朗,第二天拉开窗帘,却已经积雪盈尺,连门都推不开了。

遇到这样的情况,公司、商店常会停止上班,学校也通过广播,宣布停课。但令人不解的是,唯有公立小学,仍然开放。只见黄色的校车,艰难地在路边接孩子,老师则一大早就口中喷着热气,铲去车子前后的积雪,小心翼翼地开车去学校。

据统计,十年来纽约的公立小学只因为超级暴风雪停过七次课。这是多么令人惊讶的事。犯得着在大人都无须上班的时候让孩子去学校吗? 小学的老师也太倒霉了吧?

于是,每逢大雪而小学不停课时,都有家长打电话去骂。妙的是,每个打电话的人,反应全一样——先是怒气冲冲地责问,然后满口道歉,最后笑容满面地挂上电话。原因是,学校告诉家长:

在纽约有许多百万富翁,但也有不少贫困的家庭。后者白天开不起暖气,供不起午餐,孩子的营养全靠学校里免费的中饭,甚至可以多拿些回家当晚餐。学校停课一天,穷孩子就受一天冻,挨一天饿,所以老师们宁愿自己苦一点儿,也不能停//课。

或许有家长会说:何不让富裕的孩子在家里,让贫穷的孩子去学校享受暖气和营养午餐呢?

学校的答复是:我们不愿让那些穷苦的孩子感到他们是在接受救济,因为施舍的最高原则是保持受施者的尊严。

节选自(台湾)刘墉《课不能停》

朗读提示:

本文语调自然舒缓,充满博爱思想。文中"动+补"结构词语中的"不"可以读成轻声,如"推不开、开不起、供不起"等词语。注意读准鼻边音词语,如"纽约、令人、难以、冰冷、晴朗艰难、十年来、拿"等。注意易错词语"仍然、犯得着(zháo)、挨(ái)饿"等的读音。

Zuòpǐn 23 Hào

Niǔyuē de dōngtiān cháng yǒu dà fēngxuě, pūmiàn de xuěhuā búdàn lìng rén nányǐ zhēngkāi yǎnjing, shènzhì hūxī dōu huì xīrù bīnglěng de xuěhuā. Yǒushí qián yì tiān wǎnshang háishì yí piàn qínglǎng, dì-èr tiān lākāi chuānglián, què yǐ • jīng jīxuě yíng chǐ, lián mén dōu tuī • bùkāi le.

Yùdào zhèyàng de qíngkuàng, gōngsī, shāngdiàn cháng huì tíngzhǐ shàngbān, xuéxiào yě tōngguò guǎngbō, xuān bù tíngkè. Dàn lìng rén bùjiě de shì, wéi yǒu gōnglì xiǎoxué, réngrán kāifàng. Zhǐ jiàn huángsè de xiàochē, jiānnán de zài lùbiān jiē háizi, lǎoshī zé yídàzǎo jiù kǒuzhōng pēnzhe rèqì, chǎnqù chēzi qiánhòu de jīxuě, xiǎoxīn-yìyì de kāichē qù xuéxiào.

Jù tǒngjì, shí nián lái Niǔyuē de gōnglì xiǎoxué zhǐ yīn • wèi chāojí bàofēngxuě tíngguo qī cì kè. Zhè shì duōme lìng rén jīngyà de shì. Fànde zháo zài dàrén dōu wúxū shàngbān de shíhou ràng háizi qù xuéxiào ma? Xiǎoxué de lǎoshī yě tài dǎoméile ba?

Yúshì, měiféng dàxuě ér xiǎoxué bù tíngkè shí, dōu yǒu jiāzhǎng dǎ diànhuà qù mà. Miào de shì, měi gè dǎ diànhuà de rén, fǎnyìng quán yí yàng——xiān shì nùqì- chōngchōng de zéwèn, ránhòu mǎnkǒu dàoqiàn, zuìhòu xiàoróng mǎnmiàn de guà • shàng diànhuà. Yuányīn shì, xuéxiào gàosu jiāzhǎng:

Zài Niǔyuē yǒu xǔduō bǎiwàn fùwēng, dàn yě yǒu bùshǎo pínkùn de jiātíng. Hòuzhě bái • tiān kāi • bùqǐ nuǎnqì, gōng • bùqǐ wǔcān, háizi de yíngyǎng quán kào xuéxiào • lǐ miǎnfèi de zhōngfàn, shènzhì kěyǐ duō ná xiē huíjiā dàng wǎncān, xuéxiào tíngkè yì tiān, qióng háizi jiù shòu yì tiān dòng, ái yì tiān è, suǒyǐ lǎoshīmen nìngyuàn zìjǐ kǔ yìdiǎnr, yě bù néng tíng//kè.

Huòxǔ yǒu jiāzhǎng huì shuō: Hé bú ràng fùyù de háizi zài jiā • lǐ, ràng pínqióng de háizi qù xuéxiào xiǎngshòu nuǎnqì hé yíngyǎng wǔcān ne?

Xuéxiào de dá • fù shì: Wǒmen búyuàn ràng nàxiē qióngkǔ de háizi gǎndào tāmen shì zài jiēshòu jiùjì, yīn • wèi shīshě de zuìgāo yuánzé shì bǎochí shòushīzhě de zūnyán.

Jiéxuǎn zì (Táiwān) Liú Yōng《Kè Bùnéng Tíng》

作品 24 号

十年，在历史上不过是一瞬间。只要稍加注意，人们就会发现：在这一瞬间里，各种事物都悄悄经历了自己的千变万化。

这次重新访日，我处处感到亲切和熟悉，也在许多方面发觉了日本的变化。就拿奈良的一个角落来说吧，我重游了为之感受很深的唐招提寺，在寺内各处匆匆走了一遍，庭院依旧，但意想不到还看到了一些新的东西。其中之一，就是近几年从中国移植来的"友谊之莲"。

在存放鉴真遗像的那个院子里，几株中国莲昂然挺立，翠绿的宽大荷叶正迎风而舞，显得十分愉快。开花的季节已过，荷花朵朵已变为莲蓬累累。莲子的颜色正在由青转紫，看来已经成熟了。

我禁不住想："因"已转化为"果"。

中国的莲花开在日本，日本的樱花开在中国，这不是偶然。我希望这样一种盛况延续不衰。可能有人不欣赏花，但决不会有人欣赏落在自己面前的炮弹。

在这些日子里，我看到了不少多年不见的老朋友，又结识了一些新朋友。大家喜欢涉及的话题之一，就是古长安和古奈良。那还用得着问吗，朋友们缅怀过去，正是瞩望未来。瞩目于未来的人们必将获得未来。

我不例外，也希望一个美好的未来。

为//了中日人民之间的友谊，我将不浪费今后生命的每一瞬间。

节选自严文井《莲花和樱花》

朗读提示：

注意本文中"一"的变调读法。如"一瞬间、一个、一些、之一"等词语。注意读准鼻边音的词语，如"奈良、角落、莲蓬"等。注意易错词语"为（wèi）之、累累（léi）、结识、缅怀、瞩望"等的读音。语调自然舒缓，注意停连和重音的表达。如"我重游了｜为之感受很深的｜唐｜招提寺，……"，"……我看到了不少｜多年不见的老朋友，又结识了一些新朋友。"

Zuòpǐn 24 Hào

Shí nián, zài lìshǐ • shàng bùguò shì yí shùnjiān. Zhǐyào shāo jiā zhùyì, rénmen jiù huì fāxiàn: Zài zhè yí shùnjiān • lǐ, gè zhǒng shìwù dōu qiāoqiāo jīnglìle zìjǐ de qiānbiàn – wànhuà.

Zhè cì chóngxīn fǎng Rì, wǒ chùchù gǎndào qīnqiè hé shú • xī, yě zài xǔduō fāngmiàn fājuéle Rìběn de biànhuà. Jiù ná Nàiliáng de yí gè jiǎoluò lái shuō ba, wǒ chóngyóule wèi zhī gǎnshòu hěn shēn de Táng Zhāotísì, zài sìnèi gè chù cōngcōng zǒule yí biàn, tíngyuàn yījiù, dàn yìxiǎngbùdào hái kàndàole yìxiē xīn de dōngxi. Qízhōng zhīyī, jiùshì jìn jǐ nián cóng Zhōngguó yízhí lái de "yǒuyì zhī lián".

Zài cúnfàng Jiànzhēn yíxiàng de nàge yuànzi • lǐ, jǐ zhū Zhōngguó lián ángrán tǐnglì, cuìlǜ de kuāndà héyè zhèng yíngfēng ér wǔ, xiǎn • dé shífēn yúkuài. Kāihuā de jìjié yǐ guò, héhuā duǒduǒ yǐ biàn wéi liánpéng léiléi. Liánzǐ de yánsè zhèngzài yóu qīng zhuǎn zǐ, kàn • lái yǐ • jīng chéngshú le.

Wǒ jīn • búzhù xiǎng: "Yīn" yǐ zhuǎnhuà wéi "guǒ".

Zhōngguó de liánhuā kāi zài Rìběn, Rìběn de yīnghuā kāi zài Zhōngguó, zhè bú shì ǒurán. Wǒ xīwàng zhèyàng yì zhǒng shèngkuàng yánxù bù shuāi. Kěnéng yǒu rén bù xīnshǎng huā, dàn jué búhuì yǒu rén xīnshǎng luò zài zìjǐ miànqián de pàodàn.

Zài zhèxiē rìzi • lǐ, wǒ kàndàole bùshǎo duō nián bú jiàn de lǎopéngyou, yòu jiéshíle yìxiē xīn péngyou. Dàjiā xǐhuan shèjí de huàtí zhīyī, jiùshì gǔ Cháng'ān hé gǔ Nàiliáng. Nà hái yòngdezháo wèn ma, péngyoumen miǎnhuái guòqù, zhèngshì zhǔwàng wèilái. Zhǔmù yú wèilái de rénmen bìjiāng huòdé wèilái.

Wǒ bú lìwài, yě xīwàng yí gè měihǎo de wèilái.

Wèi // le Zhōng – Rì rénmín zhījiān de yǒuyì, wǒ jiāng bú làngfèi jīnhòu shēngmìng de měi yíshùnjiān.

Jiéxuǎn zì Yán Wénjǐng《Liánhuā hé Yīnghuā》

作品 25 号

梅雨潭闪闪的绿色招引着我们，我们开始追捉她那离合的神光了。揪着草，攀着乱石，小心探身下去，又鞠躬过了一个石穹门，便到了汪汪一碧的潭边了。

瀑布在襟袖之间，但是我的心中已没有瀑布了。我的心随潭水的绿而摇荡。那醉人的绿呀！仿佛一张极大极大的荷叶铺着，满是奇异的绿呀。我想张开两臂抱住她，但这是怎样一个妄想啊。

站在水边，望到那面，居然觉着有些远呢！这平铺着、厚积着的绿，着实可爱。她松松地皱缬着，像少妇拖着的裙幅；她滑滑的明亮着，像涂了"明油"一般，有鸡蛋清那样软，那样嫩；她又不杂些尘滓，宛然一块温润的碧玉，只清清的一色——但你却看不透她！

我曾见过北京什刹海拂地的绿杨，脱不了鹅黄的底子，似乎太淡了。我又曾见过杭州虎跑寺近旁高峻而深密的"绿壁"，丛叠着无穷的碧草与绿叶的，那又似乎太浓了。其余呢，西湖的波太明了，秦淮河的也太暗了。可爱的，我将什么来比拟你呢？我怎么比拟得出呢？大约潭是很深的，故能蕴蓄着这样奇异的绿；仿佛蔚蓝的天融了一块在里面似的，这才这般的鲜润啊。

那醉人的绿呀！我若能裁你以为带，我将赠给那轻盈的 // 舞女，她必能临风飘举了。我若能挹你以为眼，我将赠给那善歌的盲妹，她必明眸善睐了。我舍不得你，我怎舍得你呢？我用手拍着你，抚摩着你，如同一个十二三岁的小姑娘。我又掬你入口，便是吻着她了。我送你一个名字，我从此叫你"女儿绿"，好吗？

第二次到仙岩的时候，我不禁惊诧于梅雨潭的绿了。

节选自朱自清《绿》

朗读提示：

这是一篇文辞优美的散文，语调舒缓，感情充沛。注意读准易错词语，如"追捉、揪着、石穹门、襟袖、着（zhúo）实、软、嫩、尘滓、温润、什刹海、拂地、虎跑寺、比拟、蕴蓄、挹、掬"等。注意读准语气词"啊"的变读。如"……但这是怎样一个妄想啊（nga）"、"……这才这般的鲜润啊（na）"等。

Zuòpǐn 25 Hào

Méiyǔtán shǎnshǎn de lǜsè zhāoyǐnzhe wǒmen, wǒmen kāishǐ zhuīzhuō tā nà líhé de shénguāng le. Jiūzhe cǎo, pānzhe luànshí, xiǎo‧xīn tànshēn xià‧qù, yòu jūgōng guòle yí gè shíqióngmén, biàn dàole wāngwāng yí bì de tán biān le.

Pùbù zài jīnxiù zhījiān, dànshì wǒ de xīnzhōng yǐ méi‧yǒu pùbù le. Wǒ de xīn suí tánshuǐ de lǜ ér yáodàng. Nà zuìrén de lǜ ya! Fǎngfú yì zhāng jí dà jí dà de héyè pūzhe, mǎnshì qíyì de lǜ ya. Wǒ xiǎng zhāngkāi liǎngbì bàozhù tā, dàn zhè shì zěnyàng yí gè wàngxiǎng nga.

Zhàn zài shuǐbiān, wàngdào nà‧miàn, jūrán juézhe yǒu xiē yuǎn ne! Zhè píngpūzhe, hòujīzhe de lǜ, zhuóshí kě'ài. Tā sōngsōng de zhòuxiézhe, xiàng shǎofù tuōzhe de qúnfú; tā huáhuá de míngliàngzhe, xiàng túle "míngyóu" yìbān, yǒu jīdànqīng nàyàng ruǎn, nàyàng nèn; tā yòu bù zá xiē chénzǐ, wǎnrán yí kuài wēnrùn de bìyù, zhǐ qīngqīng de yí sè——dàn nǐ què kàn‧bútòu tā!

Wǒ céng jiànguo Běijīng Shíchàhǎi fúdì de lǜyáng, tuō‧bùliǎo éhuáng de dǐzi, sìhū tài dàn le. Wǒ yòu céng jiànguo Hángzhōu Hǔpáosì jìnpáng gāojùn ér shēnmì de "lǜbì", cóngdiézhe wúqióng de bìcǎo yǔ lǜyè de, nà yòu sìhū tài nóng le. Qíyú ne, Xīhú de bō tài míng le, Qínhuái Hé de yě tài àn le. Kě'ài de, wǒ jiāng shénme lái bǐnǐ nǐ ne? Wǒ zěnme bǐnǐ de chū ne? Dàyuē tán shì hěn shēn de, gù néng yùnxù zhe zhèyàng qíyì de lǜ; fǎngfú wèilán de tiān róngle yí kuài zài lǐ‧miàn shìde, zhè cái zhèbān de xiānrùn na.

Nà zuìrén de lǜ ya! Wǒ ruò néng cái nǐ yǐ wéi dài, wǒ jiāng zènggěi nà qīngyíng de // wǔnǚ, tā bìnéng línfēng piāojǔ le. Wǒ ruò néng yì nǐ yǐ wéi yǎn, wǒ jiāng zènggěi nà shàn gē de mángmèi, tā bì míngmóu‑shànlài le. Wǒ shě‧bù‧dé nǐ, wǒ zěn shě‧dé nǐ ne? Wǒ yòng shǒu pāizhe nǐ, fǔmózhe nǐ, rútóng yí gè shí'èr‑sān suì de xiǎogūniang. Wǒ yòu jū nǐ rùkǒu, biànshì wěnzhe tā le. Wǒ sòng nǐ yí gè míngzi, wǒ cóngcǐ jiào nǐ "nǚ'érlǜ", hǎo ma?

Dì‑èr cì dào Xiānyán de shíhou, wǒ bùjīn jīngchà yú Méiyǔtán de lǜ le.

Jiéxuǎn zì Zhū Zìqīng《Lǜ》

作品 26 号

我们家的后园有半亩空地，母亲说："让它荒着怪可惜的，你们那么爱吃花生，就开辟出来种花生吧。"我们姐弟几个都很高兴，买种，翻地，播种，浇水，没过几个月，居然收获了。

母亲说："今晚我们过一个收获节，请你们父亲也来尝尝我们的新花生，好不好？"我们都说好。母亲把花生做成了好几样食品，还吩咐就在后园的茅亭里过这个节。

晚上天色不太好，可是父亲也来了，实在很难得。

父亲说："你们爱吃花生吗？"

我们争着答应："爱！"

"谁能把花生的好处说出来？"

姐姐说："花生的味美。"

哥哥说："花生可以榨油。"

我说："花生的价钱便宜，谁都可以买来吃，都喜欢吃。这就是它的好处。"

父亲说："花生的好处很多，有一样最可贵：它的果实埋在地里，不像桃子、石榴、苹果那样，把鲜红嫩绿的果实高高地挂在枝头上，使人一见就生爱慕之心。你们看它矮矮地长在地上，等到成熟了，也不能立刻分辨出来它有没有果实，必须挖出来才知道。"

我们都说是，母亲也点点头。

父亲接下去说："所以你们要像花生，它虽然不好看，可是很有用，不是外表好看而没有实用的东西。"

我说："那么，人要做有用的人，不要做只讲体面，而对别人没有好处的人了。"//

父亲说："对。这是我对你们的希望。"

我们谈到夜深才散。花生做的食品都吃完了，父亲的话却深深地印在我的心上。

节选自许地山《落花生》

朗读提示：

这是一篇记述、对话散文，语言朴实自然，口语化成分较多。注意读准轻声词语，如"荒着、尝尝、吩咐、我们、这个、晚上、你们、答应、说出来、便宜、喜欢、好处、地里、桃子、石榴、挖出来、知道、东西、那么、体面"等。另外，"母亲、父亲"等词语可以读成轻声，但"花生、苹果、果实"等不读轻声。"花生的味美"中的"味"可以读成儿化韵。

Zuòpǐn 26 Hào

Wǒmen jiā de hòuyuán yǒu bàn mǔ kōngdì, mǔ · qīn shuō: "ràng tā huāngzhe guài kěxī de, nǐmen nàme ài chī huāshēng, jiù kāipì chū · lái zhòng huāshēng ba. " Wǒmen jiē – dì jǐ gè dōu hěn gāoxìng, mǎizhǒng, fāndì, bōzhǒng, jiāoshuǐ, méi guò jǐ gè yuè, jūrán shōuhuò le.

Mǔ · qīn shuō: "Jīnwǎn wǒmen guò yí gè shōuhuòjié, qǐng nǐmen fù · qīn yě lái chángchang wǒmen de xīn huāshēng, hǎo · bù hǎo?" Wǒmen dōu shuō hǎo. Mǔ · qīn bǎ huāshēng zuòchéngle hǎo jǐ yàng shípǐn, hái fēnfù jiù zài hòuyuán de máotíng · lǐ guò zhège jié.

Wǎnshang tiānsè bú tài hǎo, kěshì fù · qīn yě lái le, shízài hěn nándé.

Fù · qīn shuō: "Nǐmen ài chī huāshēng ma?"

Wǒmen zhēngzhe dāying: "ài!"

"Shéi néng bǎ huāshēng de hǎo · chù shuō chū · lái?"

Jiějie shuō: "Huāshēng de wèir měi. "

gēge shuō: "Huāshēng kěyǐ zhàyóu. "

Wǒ shuō: "Huāshēng de jià · qián piányi, shéi dōu kěyǐ mǎi · lái chī, dōu xǐhuan chī. Zhè jiùshì tā de hǎo · chù. "

Fù · qīn shuō: "Huāshēng de hǎo · chù hěn duō, yǒu yí yàng zuì kěguì, tā de guǒshí mái zài dì · lǐ, bú xiàng táozi、shíliu、píngguǒ nàyàng, bǎ xiānhóng nènlǜ de guǒshí gāogāo de guà zài zhītóu · shàng, shǐ rén yí jiàn jiù shēng àimù zhī xīn. Nǐmen kàn tā ǎi'ǎi de zhǎng zài dì · shàng, děngdào chéngshú le, yě bùnéng lìkè fēnbiàn chū · lái tā yǒu méi · yǒu guǒshí, bìxū wā chū · lái cái zhī · dào. "

Wǒmen dōu shuō shì, mǔ · qīn yě diǎndian tóu.

Fù · qīn jiē xià · qù shuō: "Suǒyǐ nǐmen yào xiàng huāshēng, tā suīrán bù hǎokàn, kěshì hěn yǒuyòng, bú shì wàibiǎo hǎokàn ér méi · yǒu shíyòng de dōngxi. "

Wǒ shuō: "Nàme, rén yào zuò yǒuyòng de rén, búyào zuò zhǐ jiǎng tǐ · miàn, ér duì bié · rén méi · yǒu hǎo · chù de rén le. " //

Fù · qīn shuō: "Duì. Zhè shì wǒ duì nǐmen de xīwàng. "

Wǒmen tándào yè shēn cái sàn. Huāshēng zuò de shípǐn dōu chīwán le, fù · qīn de huà què shēnshēn de yìn zài wǒ de xīn · shàng.

Jiéxuǎn zì Xǔ Dìshān《Luòhuāshēng》

作品 27 号

我打猎归来,沿着花园的林阴路走着。狗跑在我前边。

突然,狗放慢脚步,蹑足潜行,好像嗅到了前边有什么野物。

我顺着林阴路望去,看见了一只嘴边还带黄色、头上生着柔毛的小麻雀。风猛烈地吹打着林阴路上的白桦树,麻雀从巢里跌落下来,呆呆地伏在地上,孤立无援地张开两只羽毛还未丰满的小翅膀。

我的狗慢慢向它靠近。忽然,从附近一棵树上飞下一只黑胸脯的老麻雀,像一颗石子似的落到狗的跟前。老麻雀全身倒竖着羽毛,惊恐万状,发出绝望、凄惨的叫声,接着向露出牙齿、大张着的狗嘴扑去。

老麻雀是猛扑下来救护幼雀的。它用身体掩护着自己的幼儿……但它整个小小的身体因恐怖而战栗着,它小小的声音也变得粗暴嘶哑,它在牺牲自己!

在它看来,狗该是多么庞大的怪物啊!然而,它还是不能站在自己高高的、安全的树枝上……一种比它的理智更强烈的力量,使它从那儿扑下身来。

我的狗站住了,向后退了退……看来,它也感到了这种力量。

我赶紧唤住惊慌失措的狗,然后我怀着崇敬的心情,走开了。

是啊,请不要见笑。我崇敬那只小小的、英勇的鸟儿,我崇敬它那种爱的冲动和力量。

爱,我//想,比死和死的恐惧更强大。只有依靠它,依靠这种爱,生命才能维持下去,发展下去。

节选自〔俄〕屠格涅夫《麻雀》,巴金译

朗读提示:

注意读准本文中易错词语的读音,如"打猎、林阴路、蹑足潜行、嗅、顺着、柔毛、巢里、石子、露出、战栗、惊慌失措、崇敬"等。注意本文中语气词"啊"的变读,如"……狗该是多么庞大的怪物啊"、"是啊,请不要见笑"等。这是一篇歌颂伟大母爱的文章,语气节奏变化较大,强调性、对比性和并列性的重音较多,朗读时要注意把握。

Zuòpǐn 27 Hào

Wǒ dǎliè guīlái, yánzhe huāyuán de línyīnlù zǒuzhe. gǒu pǎo zài wǒ qián • biān.

Tūrán, gǒu fàngmàn jiǎobù, nièzú – qiánxíng, hǎoxiàng xiùdàole qián • biān yǒu shénme yěwù.

Wǒ shùnzhe línyīnlù wàng • qù, kàn • jiànle yì zhī zuǐ biān hái dài huángsè, tóu • shàng shēngzhe róumáo de xiǎo máquè. Fēng měngliè de chuīdǎzhe línyīnlù • shàng de báihuàshù, máquè cóng cháo • lǐ diēluò xià • lái, dāidāi de fú zài dì • shàng, gūlì wúyuán de zhāngkāi liǎng zhī yǔmáo hái wèi fēngmǎn de xiǎo chìbǎng.

Wǒ de gǒu mànmàn xiàng tā kàojìn. Hūrán, cóng fùjìn yì kē shù • shàng fēi • xià yì zhī hēi xiōngpú de lǎo máquè, xiàng yì kē shízǐ shìde luòdào gǒu de gēn • qián. Lǎo máquè quánshēn dàoshùzhe yǔmáo, jīngkǒng – wànzhuàng, fāchū juéwàng, qīcǎn de jiàoshēng, jiēzhe xiàng lòuchū yáchǐ, dà zhāngzhe de gǒuzuǐ pū • qù.

Lǎo máquè shì měng pū xià • lái jiùhù yòuquè de. Tā yòng shēntǐ yǎnhùzhe zìjǐ de yòu'ér······Dàn tā zhěnggè xiǎoxiǎo de shēntǐ yīn kǒngbù ér zhànlìzhe, tā xiǎoxiǎo de shēngyīn yě biànde cūbào sīyǎ, tā zài xīshēng zìjǐ!

Zài tā kànlái, gǒu gāi shì duōme pángdà de guàiwu wa! Rán'ér, tā háishì bùnéng zhàn zài zìjǐ gāogāo de, ānquán de shùzhī • shàng······Yì zhǒng bǐ tā de lǐzhì gèng qiángliè de lì • liàng, shǐ tā cóng nàr pū • xià shēn • lái.

Wǒ de gǒu zhànzhù le, xiàng hòu tuìle tuì······Kànlái, tā yě gǎndàole zhè zhǒng lì • liàng.

Wǒ gǎnjǐn huànzhù jīnghuāng – shīcuò de gǒu, ránhòu wǒ huáizhe chóngjìng de xīnqíng, zǒukāi le.

Shì ra, qǐng búyào jiànxiào. Wǒ chóngjìng nà zhī xiǎoxiǎo de, yīngyǒng de niǎo' ér, wǒ chóngjìng tā nà zhǒng ài de chōngdòng hé lì • liàng.

ài, Wǒ // xiǎng, bǐsǐ hé sǐ de kǒngjù gèng qiángdà. Zhǐyǒu yīkào tā, yīkào zhè zhǒng ài, shēngmìng cái néng wéichí xià • qù, fāzhǎn xià • qù.

Jiéxuǎn zì [É] Túgénièfū《Máquè》, Bā Jīn yì

作品 28 号

那年我六岁。离我家仅一箭之遥的小山坡旁,有一个早已被废弃的采石场,双亲从来不准我去那儿,其实那儿风景十分迷人。

一个夏季的下午,我随着一群小伙伴偷偷上那儿去了。就在我们穿越了一条孤寂的小路后,他们却把我一个人留在原地,然后奔向"更危险的地带"了。

等他们走后,我惊慌失措地发现,再也找不到要回家的那条孤寂的小道了。像只无头的苍蝇,我到处乱钻,衣裤上挂满了芒刺。太阳已经落山,而此时此刻,家里一定开始吃晚餐了,双亲正盼着我回家……想着想着,我不由得背靠着一棵树,伤心地呜呜大哭起来……

突然,不远处传来了声声柳笛。我像找到了救星,急忙循声走去。一条小道边的树桩上坐着一位吹笛人,手里还正削着什么。走近细看,他不就是被大家称为"乡巴佬儿"的卡廷吗?

"你好,小家伙儿,"卡廷说,"看天气多美,你是出来散步的吧?"

我怯生生地点点头,答道:"我要回家了。"

"请耐心等上几分钟,"卡廷说,"瞧,我正在削一支柳笛,差不多就要做好了,完工后就送给你吧!"

卡廷边削边不时把尚未成形的柳笛放在嘴里试吹一下。没过多久,一支柳笛便递到我手中。我俩在一阵阵清脆悦耳的笛音 // 中,踏上了归途……

当时,我心中只充满感激,而今天,当我自己也成了祖父时,却突然领悟到他用心之良苦!那天当他听到我的哭声时,便判定我一定迷了路,但他并不想在孩子面前扮演"救星"的角色,于是吹响柳笛以便让我能发现他,并跟着他走出困境!就这样,卡廷先生以乡下人的纯朴,保护了一个小男孩强烈的自尊。

节选自唐若水译《迷途笛音》

朗读提示:

本文描写了小男孩内心的不寻常的经历,朗读时注意把握刻画小男孩心理的词语,并与善良人卡廷的轻松话语进行对比。恰当使用重音形式表达文意。如"我惊慌失措地发现,……"、"我不由得背靠着一棵大树,伤心地呜呜大哭起来……"、"看天气多美,你是出来散步的吧?"等。注意轻声词和儿化词的读音,如"那儿、乡巴佬儿、小家伙儿、小男孩儿、苍蝇、什么"等。

Zuòpǐn 28 Hào

Nànián wǒ liù suì. Lí wǒ jiā jǐn yí jiàn zhī yáo de xiǎo shānpō páng, yǒu yí gè zǎo yǐ bèi fèiqì de cǎishíchǎng, shuāngqīn cónglái bùzhǔn wǒ qù nàr, qíshí nàr fēngjǐng shífēn mírén.

Yí gè xiàjì de xiàwǔ, wǒ suízhe yì qún xiǎohuǒbànr tōutōu shàng nàr qù le. Jiù zài wǒmen chuānyuèle yì tiáo gūjì de xiǎolù hòu, tāmen què bǎ wǒ yí gè rén liú zài yuán dì, ránhòu bēnxiàng "gèng wēixiǎn de dìdài" le.

Děng tāmen zǒuhòu, wǒ jīnghuāng‐shīcuò de fāxiàn, zài yě zhǎo • búdào yào huíjiā de nà tiáo gūjì de xiǎodào le. Xiàng zhī wú tóu de cāngying, wǒ dàochǔ luàn zuàn, yīkù • shàng guàmǎnle mángcì. Tài • yáng yǐ • jīng luò shān, ér cǐshí cǐkè, jiā • lǐ yídìng kāishǐ chī wǎncān le, shuāngqīn zhèng pànzhe wǒ huíjiā······ Xiǎngzhe xiǎngzhe, wǒ bùyóude bèi kàozhe yì kē shù, shāngxīn de wūwū dàkū qǐ • lái······

Tūrán, bù yuǎnchù chuán • láile shēngshēng liǔdí. Wǒ xiàng zhǎodàole jiùxīng, jímáng xúnshēng zǒuqù. Yì tiáo xiǎodào biān de shùzhuāng • shàng zuòzhe yí wèi chuīdí rén, shǒu • lǐ hái zhèng xiāozhe shénme. Zǒujìn xì kàn, tā bú jiùshì bèi dàjiā chēng wéi "xiāngbalǎor" de Kǎtíng ma?

"Nǐ hǎo, xiǎojiāhuor," Kǎtíng shuō, "kàn tiānqì duō měi, nǐ shì chū • lái sànbù de ba?"

Wǒ qièshēngshēng de diǎndian tóu, dádào: "Wǒ yào huíjiā le."

"Qǐng nàixīn děng • shàng jǐ fēnzhōng," Kǎtíng shuō, "Qiáo, wǒ zhèngzài xiāo yì zhī liǔdí, chà • bùduō jiù yào zuòhǎo le, wángōng hòu jiù sònggěi nǐ ba!"

Kǎtíng biān xiāo biān bùshí bǎ shàng wèi chéngxíng de liǔdí fàng zài zuǐ • lǐ shìchuī yíxià. Méi guò duōjiǔ, yì zhī liǔdí biàn dìdào wǒ shǒu zhōng. Wǒ liǎ zài yí zhènzhèn qīngcuì yuè'ěr de díyīn// zhōng, tà • shàng le guītú······

Dàngshí, wǒ xīnzhōng zhǐ chōngmǎn gǎn • jī, ér jīntiān, dāng wǒ zìjǐ yě chéngle zǔfù shí, què tūrán lǐngwù dào tā yòngxīn zhī liángkǔ! Nà tiān dāng tā tīngdào wǒ de kūshēng shí, biàn pàndìng wǒ yídìng míle lù, dàn tā bìng bù xiǎng zài háizi miànqián bànyǎn "jiùxīng" de juésè, yúshì chuīxiǎng liǔdí yǐbiàn ràng wǒ néng fāxiàn tā, bìng gēnzhe tā zǒuchū kùnjìng! Jiù zhèyàng, Kǎtíng xiānsheng yǐ xiāngxiàrén de chúnpǔ, bǎohùle yí gè xiǎonánháir qiángliè de zìzūn.

Jiéxuǎn zì Táng Ruòshuǐ yì《Mítú Díyīn》

作品 29 号

在浩瀚无垠的沙漠里,有一片美丽的绿洲,绿洲里藏着一颗闪光的珍珠。这颗珍珠就是敦煌莫高窟。它坐落在我国甘肃省敦煌市三危山和鸣沙山的怀抱中。

鸣沙山东麓是平均高度为十七米的崖壁。在一千六百多米长的崖壁上,凿有大小洞窟七百余个,形成了规模宏伟的石窟群。其中四百九十二个洞窟中,共有彩色塑像两千一百余尊,各种壁画共四万五千多平方米。莫高窟是我国古代无数艺术匠师留给人类的珍贵文化遗产。

莫高窟的彩塑,每一尊都是一件精美的艺术品。最大的有九层楼那么高,最小的还不如一个手掌大。这些彩塑个性鲜明,神态各异。有慈眉善目的菩萨,有威风凛凛的天王,还有强壮勇猛的力士……

莫高窟壁画的内容丰富多彩,有的是描绘古代劳动人民打猎、捕鱼、耕田、收割的情景,有的是描绘人们奏乐、舞蹈、演杂技的场面,还有的是描绘大自然的美丽风光。其中最引人注目的是飞天。壁画上的飞天,有的臂挎花篮,采摘鲜花;有的反弹琵琶,轻拨银弦;有的倒悬身子,自天而降;有的彩带飘拂,漫天遨游;有的舒展着双臂,翩翩起舞。看着这些精美动人的壁画,就像走进了//灿烂辉煌的艺术殿堂。

莫高窟里还有一个面积不大的洞窟——藏经洞。洞里曾藏有我国古代的各种经卷、文书、帛画、刺绣、铜像等共六万多件。由于清朝政府腐败无能,大量珍贵的文物被外国强盗掠走。仅存的部分经卷,现在陈列于北京故宫等处。

莫高窟是举世闻名的艺术宝库。这里的每一尊彩塑、每一幅壁画、每一件文物,都是中国古代人民智慧的结晶。

节选自小学《语文》第六册中《莫高窟》

朗读提示:

注意本文中易错词语"浩瀚无垠、莫高窟、崖壁、采摘、银弦、遨游、藏经洞、帛画"等读音。注意停连和重音的表达,如"它坐落在我国甘肃省|敦煌市|三危山|和鸣沙山的怀抱中。"、"有的是描绘古代劳动人民打猎、捕鱼、耕田、收割的情景,有的……"等。

Zuòpǐn 29 Hào

Zài hàohàn wúyín de shāmò • lǐ, yǒu yí piàn měilì de lǜzhōu, lǜzhōu • lǐ cángzhe yì kē shǎnguāng de zhēnzhū. Zhè kē zhēnzhū jiùshì Dūnhuáng Mògāokū. Tā zuòluò zài wǒguó gānsù Shěng Dūnhuáng Shì Sānwēi Shān hé Míngshā Shān de huáibào zhōng.

Míngshā Shān dōnglù shì píngjūn gāodù wéi shíqī mǐ de yábì. Zài yìqiān liùbǎi duō mǐ cháng de yábì • shàng, záo yǒu dàxiǎo dòngkū qībǎi yú gè, xíngchéngle guīmó hóngwěi de shíkūqún. Qízhōng sìbǎi jiǔshí'èr gè dòngkū zhōng, gòng yǒu cǎisè sùxiàng liǎngqiān yībǎi yú zūn, gè zhǒng bìhuà gòng sìwàn wǔqiān duō píngfāngmǐ. Mògāokū shì wǒguó gǔdài wúshù yìshù jiàngshī liúgěi rénlèi de zhēnguì wénhuà yíchǎn.

Mògāokū de cǎisù, měi yì zūn dōu shì yí jiàn jīngměi de yìshùpǐn. Zuì dà de yǒu jiǔ céng lóu nàme gāo, zuì xiǎo de hái bùrú yí gè shǒuzhǎng dà. Zhèxiē cǎisù gèxìng xiānmíng, shéntài – gèyì. Yǒu címéi – shànmù de pú • sà, yǒu wēifēng – lǐnlǐn de tiānwáng, háiyǒu qiángzhuàng yǒngměng de lìshì...

Mògāokū bìhuà de nèiróng fēngfù – duōcǎi, yǒude shì miáohuì gǔdài láodòng rénmín dǎliè, bǔyú, gēngtián, shōugē de qíngjǐng, yǒude shì miáohuì rénmen zòuyuè, wǔdǎo, yǎn zájì de chǎngmiàn, hái yǒude shì miáohuì dàzìrán de měilì fēngguāng. Qízhōng zuì yǐnrén – zhùmù de shì fēitiān. Bìhuà • shàng de fēitiān, yǒude bì kuà huālán, cǎizhāi xiānhuā; yǒude fǎn tán pí • pá, qīng bō yínxián; yǒude dào xuán shēnzi, zì tiān ér jiàng; yǒude cǎidài piāofú, màntiān áo yóu; yǒude shūzhǎnzhe shuāngbì, piānpiān – qǐwǔ. Kànzhe zhèxiē jīngměi dòngrén de bìhuà, jiù xiàng zǒujìnle // cànlàn huīhuáng de yìshù diàntáng.

Mògāokū • lǐ háiyǒu yí gè miànjī bú dà de dòngkū——cángjīngdòng. Dòng • lǐ céng cángyǒu wǒguó gǔdài de gè zhǒng jīngjuàn, wénshū, bóhuà, cìxiù, tóngxiàng děng gòng liùwàn duō jiàn. Yóuyú Qīngcháo zhèngfǔ fǔbài wúnéng, dàliàng zhēnguì de wénwù bèi wàiguó qiángdào lüèzǒu. Jǐncún de bùfen jīngjuàn, xiànzài chénliè yú Běijīng gùgōng děng chù.

Mògāokū shì jǔshì – wénmíng de yìshù bǎokù. Zhè • lǐ de měi yì zūn cǎisù, měi yì fú bìhuà, měi yí jiàn wénwù, dōu shì Zhōngguó gǔdài rénmín zhìhuì de jiéjīng.

Jiéxuǎn zì Xiǎoxué《Yǔwén》dì – liù cè zhōng《Mògāokū》

作品 30 号

其实你在很久以前并不喜欢牡丹,因为它总被人作为富贵膜拜。后来你目睹了一次牡丹的落花,你相信所有的人都会为之感动:一阵清风徐来,娇艳鲜嫩的盛期牡丹忽然整朵整朵地坠落,铺撒一地绚丽的花瓣。那花瓣落地时依然鲜艳夺目,如同一只奉上祭坛的大鸟脱落的羽毛,低吟着壮烈的悲歌离去。

牡丹没有花谢花败之时,要么烁于枝头,要么归于泥土,它跨越萎顿和衰老,由青春而死亡,由美丽而消遁。它虽美却不吝惜生命,即使告别也要展示给人最后一次的惊心动魄。

所以在这阴冷的四月里,奇迹不会发生。任凭游人扫兴和诅咒,牡丹依然安之若素。它不苟且、不俯就、不妥协、不媚俗,甘愿自己冷落自己。它遵循自己的花期自己的规律,它有权利为自己选择每年一度的盛大节日。它为什么不拒绝寒冷?

天南海北的看花人,依然络绎不绝地涌入洛阳城。人们不会因牡丹的拒绝而拒绝它的美。如果它再被贬谪十次,也许它就会繁衍出十个洛阳牡丹城。

于是你在无言的遗憾中感悟到,富贵与高贵只是一字之差。同人一样,花儿也是有灵性的,更有品位之高低。品位这东西为气为魂为 // 筋骨为神韵,只可意会。你叹服牡丹卓尔不群之姿,方知品位是多么容易被世人忽略或是漠视的美。

节选自张抗抗《牡丹的拒绝》

朗读提示:

本文哲理性较强,书面语成分较多,语调沉稳。朗读时注意文中易错词语"牡丹、膜拜、坠落、绚丽、低吟、萎顿、消遁、吝惜、诅咒、安之若素、苟且、俯就、媚俗、遵循、贬谪"等读音。"为"字多次出现但读音却有不同,注意其读法。注意句子的停连和重音的表达,如"它不苟且、不俯就、不妥协、不媚俗,甘愿自己冷落自己。"等。

Zuòpǐn 30 Hào

Qíshí nǐ zài hěn jiǔ yǐqián bìng bù xǐhuan mǔ • dan, yīn • wèi tā zǒng bèi rén zuòwéi fùguì móbài. Hòulái nǐ mùdǔle yí cì mǔ • dan de luòhuā, nǐ xiāngxìn suǒyǒu de rén dōu huì wéi zhī gǎndòng: yí zhèn qīngfēng xúlái, jiāoyàn xiānnèn de shèngqī mǔ • dān hūrán zhěng duǒ zhěng duǒ de zhuìluò, pūsǎ yídì xuànlì de huābàn. Nà huābàn luòdì shí yīrán xiānyàn duómù, rútóng yì zhī bèi fèng • shàng jìtán de dàniǎo tuōluò de yǔmáo, dīyínzhe zhuàngliè de bēigē líqù.

Mǔ • dān méi • yǒu huāxiè – huābài zhī shí, yàome shuòyú zhītóu, yàome guīyú nítǔ, tā kuàyuè wěidùn hé shuāilǎo, yóu qīngchūn ér sǐwáng, yóu měilì ér xiāodùn. Tā suī měi què bú lìnxī shēngmìng, jíshǐ gàobié yě yào zhǎnshì gěi rén zuìhòu yí cìde jīngxīn – dòngpò.

Suǒyǐ zài zhè yīnlěng de sìyuè • lǐ, qíjì bú huì fāshēng. Rènpíng yóurén sǎoxìng hé zǔzhòu, mǔ • dan yīrán ānzhī – ruòsù. Tā bù gǒuqiě, bù fǔjiù, bù tuǒxié, bú mèisú, gānyuàn zìjǐ lěngluò zìjǐ. Tā zūnxún zìjǐ de huāqī zìjǐ de guīlù, tā yǒu quánlì wèi zìjǐ xuǎnzé měinián yí dù de shèngdà jiérì. Tā wèishénme bú jùjué hánlěng?

Tiānnán – hǎiběi de kàn huā rén, yīrán luòyì – bùjué de yǒngrù Luòyáng Chéng. Rénmen bú huì yīn mǔ • dan de jùjué ér jùjué tā de měi. Rúguǒ tā zài bèi biǎnzhé shí cì, yěxǔ tā jiùhuì fányǎn chū shí gè Luòyáng mǔ • dan chéng.

Yúshì nǐ zài wúyán de yíhàn zhōng gǎnwù dào, fùguì yǔ gāoguì zhǐshì yí zì zhī chā. Tóng rén yíyàng, huā'ér yě shì yǒu língxìng de, gèng yǒu pǐnwèi zhī gāodī. Pǐnwèi zhè dōngxi wéi qì wéi hún wéi // jīngǔ wéi shényùn, zhǐ kě yìhuì. Nǐ tànfú mǔ • dan zhuó'ěr – bùqún zhī zī, fāng zhī pǐnwèi shì duōme róng • yì bèi shìrén hūlüè huò shì mòshì de měi.

Jiéxuǎn zì Zhāng Kàngkàng《Mǔ • dān de Jùjué》

作品 31 号

森林涵养水源,保持水土,防止水旱灾害的作用非常大。据专家测算,一片十万亩面积的森林,相当于一个两百万立方米的水库,这正如农谚所说的:"山上多栽树,等于修水库。雨多它能吞,雨少它能吐。"

说起森林的功劳,那还多得很。它除了为人类提供木材及许多种生产、生活的原料之外,在维护生态环境方面也是功劳卓著,它用另一种"能吞能吐"的特殊功能孕育了人类。因为地球在形成之初,大气中的二氧化碳含量很高,氧气很少,气温也高,生物是难以生存的。大约在四亿年之前,陆地才产生了森林。森林慢慢将大气中的二氧化碳吸收,同时吐出新鲜氧气,调节气温:这才具备了人类生存的条件,地球上才最终有了人类。

森林,是地球生态系统的主体,是大自然的总调度室,是地球的绿色之肺。

森林维护地球生态环境的这种"能吞能吐"的特殊功能是其他任何物体都不能取代的。然而,由于地球上的燃烧物增多,二氧化碳的排放量急剧增加,使得地球生态环境急剧恶化,主要表现为全球气候变暖,水分蒸发加快,改变了气流的循环,使气候变化加剧,从而引发热浪、飓风、暴雨、洪涝及干旱。

为了 // 使地球的这个"能吞能吐"的绿色之肺恢复健壮,以改善生态环境,抑制全球变暖,减少水旱等自然灾害,我们应该大力造林、护林,使每一座荒山都绿起来。

节选自《中考语文课外阅读试题精选》中《"能吞能吐"的森林》

朗读提示:

本文说明语气比较鲜明,语调平稳。朗读时注意重音和停连的表达,如"森林,是地球生态的主体,是大自然的总调度室,是地球的绿色之肺。"、"从而引发热浪、飓风、暴雨、洪涝及干旱"。注意文中易错词语的读音,如"森林、提供、卓著、能吞能吐"等。

Zuòpǐn 31 Hào

Sēnlín hányǎng shuǐyuán, bǎochí shuǐtǔ, fángzhǐ shuǐhàn zāihài de zuòyòng fēicháng dà. Jù zhuānjiā cèsuàn, yí piàn shíwànmǔ miànjī de sēnlín, xiāngdāngyú yí gè liǎngbǎiwàn lìfāngmǐ de shuǐkù, zhè zhèngrú nóngyàn suǒshuō de: "Shān • shàng duō zāishù, děngyú xiū shuǐkù. Yǔduō tā néngtūn, yǔshǎo tā néngtǔ."

Shuōqǐ sēnlín de gōng • láo, nà hái duō de hěn. Tā chúle wèi rénlèi tígōng mùcái jí xǔduō zhǒng shēngchǎn、shēnghuó de yuánliào zhīwài, zài wéihù shēngtài huánjìng fāngmiàn yěshì gōngláo zhuózhù. Tā yòng lìng yì zhǒng "néngtūn‐néngtǔ" de tèshū gōngnéng yùnyù • le rénlèi. Yīn • wèi dìqiú zài xíngchéng zhīchū, dàqì zhōng de èryǎnghuàtàn hánliàng hěngāo, yǎngqì hěnshǎo, qìwēn yě gāo, shēngwù shì nányǐshēngcún de. Dàyuē zài sìyìnián zhīqián, lùdì cái chǎnshēng le sēnlín. Sēnlín mànmàn jiāng dàqì zhōng de èryǎnghuàtàn xīshōu, tóngshí tǔ • chū xīnxiān yǎngqì, tiáojié qìwēn; zhè cái jùbèi le rénlèi shēngcún de tiáojiàn, dìqiú • shàng cái zuìzhōng yǒule rénlèi.

Sēnlín, shì dìqiú shēngtài xìtǒng de zhǔtǐ, shì dàzìrán de zǒng diàodùshì, shì dìqiú de lǜsè zhī fèi.

Sēnlín wéihù dìqiú shēngtài huánjìng de zhèzhǒng "néng tūn‐néngtǔ" de tèshū gōngnéng shì qítā rènhé wùtǐ dōu bùnéng qǔdài de. Rán'ér, yóuyú dìqiú • shàng de ránshāowù zēngduō, èryǎnghuàtàn de páifàngliàng jíjù zēngjiā, shǐ • dé dìqiú shēngtài huánjìng jíjù èhuà, zhǔyào biǎoxiàn wéi quánqiú qìhòu biànnuǎn, shuǐfèn zhēngfā jiākuài, gǎibiàn le qìliú de xúnhuán, shǐ qìhòu biànhuà jiājù, cóng'ér yǐnfā rèlàng、jùfēng、bàoyǔ、hónglào jí gānhàn.

Wèile // shǐ dìqiú de zhègè "néngtūn‐néngtǔ" de lǜsè zhī fèi huīfù jiànzhuàng, yǐ gǎishàn shēngtài huánjìng, yìzhì quánqiú biànnuǎn, jiǎnshǎo shuǐhàn děng zìrán zāihài, wǒmen yīnggāi dàlì zàolín, hùlín, shǐ měi yí zuò huāngshān dōu lǜ qǐ • lái.

Jiéxuǎn zì 《Zhōngkǎo Yǔwén Kèwài Yuèdú Shìtí Jīngxuǎn》zhōng 《"Néngtūn‐néngtǔ"de Sēnlín》

作品 32 号

朋友即将远行。

暮春时节,又邀了几位朋友在家小聚。虽然都是极熟的朋友,却是终年难得一见,偶尔电话里相遇,也无非是几句寻常话。一锅小米稀饭,一碟大头菜,一盘自家酿制的泡菜,一只巷口买回的烤鸭,简简单单,不像请客,倒像家人团聚。

其实,友情也好,爱情也好,久而久之都会转化为亲情。

说也奇怪,和新朋友会谈文学、谈哲学、谈人生道理等等,和老朋友却只话家常,柴米油盐,细细碎碎,种种琐事。很多时候,心灵的契合已经不需要太多的言语来表达。

朋友新烫了个头,不敢回家见母亲,恐怕惊骇了老人家,却欢天喜地来见我们,老朋友颇能以一种趣味性的眼光欣赏这个改变。

年少的时候,我们差不多都在为别人而活,为苦口婆心的父母活,为循循善诱的师长活,为许多观念、许多传统的约束力而活。年岁逐增,渐渐挣脱外在的限制与束缚,开始懂得为自己活,照自己的方式做一些自己喜欢的事,不在乎别人的批评意见,不在乎别人的诋毁流言,只在乎那一份随心所欲的舒坦自然。偶尔,也能够纵容自己放浪一下,并且有一种恶作剧的窃喜。

就让生命顺其自然,水到渠成吧,犹如窗前的//乌桕,自生自落之间,自有一份圆融丰满的喜悦。春雨轻轻落着,没有诗,没有酒,有的只是一份相知相属的自在自得。

夜色在笑语中渐渐沉落,朋友起身告辞,没有挽留,没有送别,甚至也没有问归期。

已经过了大喜大悲的岁月,已经过了伤感流泪的年华,知道了聚散原来是这样的自然和顺理成章,懂得这点,便懂得珍惜每一次相聚的温馨,离别便也欢喜。

节选自(台湾)杏林子《朋友和其他》

朗读提示:

这是一篇哲理性较强的散文,语言朴实自然。注意读准轻声词语,如"朋友、即将、老人家、舒坦、烫了个头、不在乎"等。注意读准 in 和 ing 韵母词语的读音,如"友情、爱情、亲情、心灵、新朋友、欣赏、苦口婆心"等。读准易错词语的读音,如"酿制、柴米油盐、种种琐事、颇能、循循善诱、约束力、年岁逐增、挣脱、束缚、诋毁流言、放浪、窃喜、顺其自然、乌桕、相知相属"等。

Zuòpǐn 32 Hào

Péngyou jíjiāng yuǎnxíng.

Mùchūn shíjié, yòu yāole jǐ wèi péngyou zài jiā xiǎojù. Suīrán dōu shì jí shú de péngyou, què shì zhōngnián nándé yíjiàn, ǒu'ěr diànhuà • lǐ xiàngyù, yě wúfēi shì jǐjù xúnchánghuà. Yì guō xiǎomǐ xīfàn, yì dié dàtóucài, yì pán zìjiā niàngzhì de pàocài, yì zhī xiàngkǒu mǎihuí de kǎoyā, jiǎnjiǎn – dāndān, bú xiàng jiārén qǐngkè, dào xiàng jiārén tuánjù.

Qíshí, yǒuqíng yě hǎo, àiqíng yě hǎo, jiǔ'érjiǔzhī dōu huì zhuǎnhuà wéi qīnqíng.

Shuō yě qíguài, hé xīn péngyou huì tán wénxué、tán zhéxué、tán rénshēng dào • lǐ děng, hé lǎo péngyou què zhǐ huà jiācháng, chái – mǐ – yóu – yán, xìxì – suì suì, zhǒngzhǒng suǒshì. Hěn duō shíhou, xīnlíng de qìhé yǐ • jīng bù xūyào tài duō de yányǔ lái biǎodá.

Péngyou xīn tàngle • gè tóu, bù gǎn huíjiā jiàn mǔ • qīn, kǒngpà jīnghài le lǎo • rén • jiā, què huāntiān – xǐdì lái jiàn wǒmen, lǎo péngyou pō néng yǐ yì zhǒng qùwèi • xìng de yǎnguāng xīnshǎng zhège gǎibiàn.

Niánshào de shíhou, wǒmen chà • bùduō dōu zài wèi bié • rén ér huó, wèi kǔkǒu – póxīn de fùmǔ huó, wèi xúnxún – shànyòu de shīzhǎng huó, wèi xǔduō guānniàn、xǔduō chuántǒng de yuēshùlì ér huó. Niánsuì zhú zēng, jiànjiàn zhèngtuō wàizài de xiànzhì yǔ shùfù, kāishǐ dǒng • dé wèi zìjǐ huó, zhào zìjǐ de fāngshì zuò yìxiē zìjǐ xǐhuan de shì, bú zàihu bié • rén de pīpíng yì • jiàn, bú zàihu bié • rén de dǐhuǐ liúyán, zhǐzàihu nà yí fèn suíxīn – suǒyù de shūtan zìrán. ǒu'ěr, yě nénggòu zòngróng zìjǐ fànglàng yí xià, bìngqiě yǒu yì zhǒng èzuòjù de qièxǐ.

Jiù ràng shēngmìng shùnqí – zìrán, shuǐdào – qúchéng ba, yóurú chuāngqián de // wūjiù, zìshēng – zìluò zhījiān, zì yǒu yí fèn yuánróng fēngmǎn de xǐyuè. Chūnyǔ qīngqīng luòzhe, méiyǒu shī, méiyǒu jiǔ, yǒude zhǐshì yí fèn xiāngzhī – xiāngzhǔ de zìzài – zìdé.

Yèsè zài xiàoyǔ zhōng jiànjiàn chénluò, péngyou qǐshēn gàocí, méi • yǒu wǎnliú, méi • yǒu sòngbié, shènzhì yě méi • yǒu wèn guīqī.

Yǐ • jīng guòle dàxǐ – dàbēi de suìyuè, yǐ • jīng guòle shānggǎn liúlèi de niánhuá, zhīdào le jùsàn yuánlái shì zhèyàng de zìrán hé shùnlǐ – chéngzhāng, dǒng • dé zhèdiǎn, biàn dǒng • dé zhēnxī měi yí cì xiàngjù de wēnxīn, líbié biàn yě huānxǐ.

　　　　Jiéxuǎn zì(Tái Wān)Xìng Línzǐ《Péngyou hé Qítā》

作品 33 号

我们在田野散步：我，我的母亲，我的妻子和儿子。

母亲本不愿出来的。她老了，身体不好，走远一点儿就觉得很累。我说，正因为如此，才应该多走走。母亲信服地点点头，便去拿外套。她现在很听我的话，就像我小时候很听她的话一样。

这南方初春的田野，大块小块的新绿随意地铺着，有的浓，有的淡，树上的嫩芽也密了，田里的冬水也咕咕地起着水泡。这一切都使人想着一样东西——生命。

我和母亲走在前面，我的妻子和儿子走在后面，小家伙突然叫起来："前面是妈妈和儿子，后面也是妈妈和儿子。"我们都笑了。

后来发生了分歧：母亲要走大路，大路平顺；我的儿子要走小路，小路有意思。不过，一切都取决于我。我的母亲老了，她早已习惯听从她强壮的儿子；我的儿子还小，他还习惯听从他高大的父亲；妻子呢，在外面，她总是听我的。一霎时我感到了责任的重大。我想找一个两全的办法，找不出；我想拆散一家人，分成两路，各得其所，终不愿意。我决定委屈儿子，因为我伴同他的时日还长。我说："走大路。"

但是母亲摸摸孙儿的小脑瓜，变了主意："还是走小路吧。"她的眼随小路望去：那里有金色的菜花，两行整齐的桑树，//尽头一口水波粼粼的鱼塘。"我走不过去的地方，你就背着我。"母亲对我说。

这样，我们在阳光下，向着那菜花、桑树和鱼塘走去。到了一处，我蹲下来，背起了母亲；妻子也蹲下来，背起了儿子。我和妻子都是慢慢地，稳稳地，走得很仔细，好像我背上的同她背上的加起来，就是整个世界。

节选自莫怀戚《散步》

朗读提示：

这是一篇描写温馨亲情的散文，语言朴实自然，口语化成分较多。注意读准轻声词语，如"老了、母亲、父亲、东西、前面、后面、意思、地方"等。还要注意"一点儿、新绿、嫩芽、平顺、霎时、拆散、水波粼粼"等易错词语的读音。

Zuòpǐn 33 Hào

Wǒmen zài tiányě sànbù: wǒ, wǒ de mǔ • qīn, wǒ de qī • zi hé érzi.

Mǔ • qīn běn bú yuàn chū • lái de. Tā lǎo le, shēntǐ bù hǎo, zǒu yuǎn yìdiǎnr jiù jué • de hěn lèi. Wǒ shuō, zhèng yīn • wèi rúcǐ, cái yīnggāi duō zǒuzou. Mǔ • qīn xìnfú de diǎndiǎntóu, biàn qù ná wàitào. Tā xiànzài hěn tīng wǒ de huà, jiù xiàng wǒ xiǎoshíhou hěn tīng tā de huà yí yàng.

Zhè nánfāng chūchūn de tiányě, dà kuài xiǎo kuài de xīnlǜ suíyì de pūzhe, yǒu de nóng, yǒu de dàn, shù • shàng de nènyá yě mì le, tián • lǐ de dōngshuǐ yě gūgū de qǐzhe shuǐpào. Zhè yíqiè dōu shǐ rén xiǎngzhe yí yàng dōngxi ——shēngmìng.

Wǒ hé mǔ • qīn zǒu zài qián • miàn, wǒ de qī • zi hé érzi zǒu zài hòu • miàn. Xiǎojiāhuo tūrán jiào qǐ • lái: "Qián • miàn shì māma hé érzi, hòu • miàn yě shì māma hé érzi." Wǒmen dōu xiàole.

Hòulái fāshēng le fēnqí: Mǔ • qīn yào zǒu dàlù, dàlù píngshùn; wǒ de érzi yào zǒu xiǎolù, xiǎolù yǒu yìsi. Búguò, yíqiè dōu qǔjué yú wǒ. Wǒ de mǔ • qīn lǎo le, tā zǎoyǐ xíguàn tīngcóng tā qiángzhuàng de érzi; wǒ de érzi hái xiǎo, tā hái xíguàn tīngcóng tā gāodà de fù • qīn; qī • zi ne, zài wài • miàn, tā zǒngshì tīng wǒ de. Yíshàshí wǒ gǎndàole zérèn de zhòngdà. Wǒ xiǎng zhǎo yí gè liǎngquán de bànfǎ, zhǎo bù chū; wǒ xiǎng chāisàn yì jiā rén, fènchéng liǎng lù, gèdé – qísuǒ, zhōng bú yuàn • yì. Wǒ juédìng wěiqū érzi, yīn • wèi wǒ bàntóng tā de shírì hái cháng. Wǒ shuō: "Zǒu dàlù."

Dànshì mǔ • qīn mōmo sūn'ér de xiǎo nǎoguā, biànle zhǔyi: "Háishì zǒu xiǎolù ba." Tā de yǎn suí xiǎolù wàng • qù: Nà • lǐ yǒu jīnsè de càihuā, liǎng háng zhěngqí de sāngshù, // jìntóu yì kǒu shuǐbō línlín de yútáng. "Wǒ zǒu bú guò • qù de dìfang, nǐ jiù bèizhe wǒ." Mǔ • qīn duì wǒ shuō.

Zhèyàng, wǒmen zài yángguāng • xià, xiàngzhe nà càihuā, sāngshù hé yútáng zǒu • qù. Dàole yí chù, wǒ dūn xià • lái, bēiqǐ le mǔ • qīn; qī • zi yě dūnxià • lái, bēiqǐle érzi. Wǒ hé qī • zi dōu shì mànmàn de, wěnwěn de, zǒu de hěn zǐxì, hǎoxiàng wǒ bèi • shàng de tóng tā bèi • shàng de jiā qǐ • lái, jiù shì zhěnggè shìjiè.

Jiéxuǎn zì Mò Huáiqī《Sàn bù》

作品 34 号

地球上是否真的存在"无底洞"？按说地球是圆的，由地壳、地幔和地核三层组成，真正的"无底洞"是不应存在的，我们所看到的各种山洞、裂口、裂缝，甚至火山口也都只是地壳浅部的一种现象。然而中国一些古籍却多次提到海外有个深奥莫测的无底洞。事实上地球上确实有这样一个"无底洞"。

它位于希腊亚各斯古城的海滨。由于濒临大海，大涨潮时，汹涌的海水便会排山倒海般地涌入洞中，形成一股湍湍的急流。据测，每天流入洞内的海水量达三万多吨。奇怪的是，如此大量的海水灌入洞中，却从来没有把洞灌满。曾有人怀疑，这个"无底洞"，会不会就像石灰岩地区的漏斗、竖井、落水洞一类的地形。然而从二十世纪三十年代以来，人们就做了多种努力企图寻找它的出口，却都是枉费心机。

为了揭开这个秘密，一九五八年美国地理学会派出一支考察队，他们把一种经久不变的带色染料溶解在海水中，观察染料是如何随着海水一起沉下去。接着又察看了附近海面以及岛上的各条河、湖，满怀希望地寻找这种带颜色的水，结果令人失望。难道是海水量太大把有色水稀释得太淡，以致无法发现？//

至今谁也不知道为什么这里的海水会没完没了地"漏"下去，这个"无底洞"的出口又在哪里，每天大量的海水究竟都流到哪里去了？

节选自罗伯特·罗威尔《神秘的"无底洞"》

朗读提示：

本文说明语气比较鲜明，语调平稳。朗读时注意重音和停连的表达。如"然而｜中国一些古籍｜却多次提到｜海外有个深奥莫测的无底洞。""它位于｜希腊｜亚各斯｜古城的海滨。""人们｜就做了多种努力｜企图寻找｜它的出口，却都是｜枉费心机。"等。

Zuòpǐn 34 Hào

Dìqiú • shàng shìfǒu zhēn de cúnzài"wúdǐdòng"? Ànshuō dìqiú shì yuán de, yóu dìqiào、dìmàn hé dìhé sān céng zǔchéng, zhēnzhèng de "wúdǐdòng"shì bù yīng cúnzài de, wǒmen suǒ kàndào de gè zhǒng shāndòng、lièkǒu、lièfèng, shènzhì huǒshānkǒu yě dōu zhǐshì dìqiào qiǎnbù de yì zhǒng xiànxiàng. Rán' ér zhōngguó yìxiē gǔjí què duōcì tídào hǎiwài yǒu gè shēn' ào - mòcè de wúdǐdòng. Shìshí • shàng dìqiú • shàng quèshí yǒu zhèyàng yí gè "wúdǐdòng".

Tā wèiyú Xīlà Yàgèsī gǔchéng de hǎibīn. Yóuyú bīnlín dàhǎi, dà zhǎngcháo shí, xiōngyǒng de hǎishuǐ biàn huì páishān - dǎohǎi bān de yǒngrù dòng zhōng, xíngchéng yì gǔ tuāntuān de jíliú. Jù cè, měi tiān liúrù dòng nèi de hǎishuǐ liàng dá sān wàn duō dūn. Qíguài de shì, rúcǐ dàliàng de hǎishuǐ guàn rù dòng zhōng, què cónglái méi • yǒu bǎ dòng guànmǎn. Céng yǒu rén huáiyí, zhège "wúdǐdòng", huì • bú • huì jiù xiàng shíhuīyán dìqū de lòudǒu、shùjǐng、luòshuǐdòng yílèi de dìxíng. Rán' ér cóng èrshí shìjì sānshí niándài yǐlái, rénmen jiù zuòle duō zhǒng nǔlì qìtú xúnzhǎo tā de chūkǒu, què dōu shì wǎngfèi - xīnjī.

Wèile jiēkāi zhège mìmì, yī jiǔ wǔ bā nián Měiguó Dìlǐ Xuéhuì pàichū yì zhī kǎocháduì, tāmen bǎ yì zhǒng jīngjiǔ - búbiàn de dài sè rǎnliào róngjiě zài hǎishuǐ zhōng, guānchá rǎnliào shì rúhé suízhe hǎishuǐ yìqǐ chén xià • qù. Jiēzhe yòu chákàn le fùjìn hǎimiàn yǐjí dǎo • shàng de gè tiáo hé、hú, mǎnhuáixīwàng de xúnzhǎo zhèzhǒng dài yánsè de shuǐ, jiéguǒ lìng rén shīwàng. Nándào shì hǎishuǐliàng tài dà bǎ yǒusèshuǐ xīshì de tài dàn, yǐzhì wúfǎ fāxiàn? //

Zhìjīn shuí yě bù zhī • dao wèishíme zhè • lǐ de hǎishuǐ huì méiwán - méiliǎo de "lòu"xià • qù, zhège "wúdǐdòng" de chūkǒu yòu zài nǎ • lǐ, měi tiān dà liàng de hǎishuǐ jiūjìng dōu liúdào nǎ • lǐ qù le?

Jiéxuǎn zì Luóbótè • Luówēi' ěr 《Shénmì de "Wúdǐdòng"》

作品 35 号

我在俄国见到的景物再没有比托尔斯泰墓更宏伟、更感人的。

完全按照托尔斯泰的愿望,他的坟墓成了世间最美的,给人印象最深刻的坟墓。它只是树林中的一个小小的长方形土丘,上面开满鲜花——没有十字架,没有墓碑,没有墓志铭,连托尔斯泰这个名字也没有。

这位比谁都感到受自己的声名所累的伟人,却像偶尔被发现的流浪汉,不为人知的士兵,不留名姓地被人埋葬了。谁都可以踏进他最后的安息地,围在四周稀疏的木栅栏是不关闭的——保护列夫·托尔斯泰得以安息的没有任何别的东西,惟有人们的敬意;而通常,人们却总是怀着好奇,去破坏伟人墓地的宁静。

这里,逼人的朴素禁锢住任何一种观赏的闲情,并且不容许你大声说话。风儿俯临,在这座无名者之墓的树木之间飒飒响着,和暖的阳光在坟头嬉戏;冬天,白雪温柔地覆盖这片幽暗的圭土地。无论你在夏天或冬天经过这儿,你都想像不到,这个小小的、隆起的长方体里安放着一位当代最伟大的人物。

然而,恰恰是这座不留姓名的坟墓,比所有挖空心思用大理石和奢华装饰建造的坟墓更扣人心弦。在今天这个特殊的日子//里,到他的安息地来的成百上千人中间,没有一个有勇气,哪怕仅仅从这幽暗的土丘上摘下一朵花留作纪念。人们重新感到,世界上再没有比托尔斯泰最后留下的、这座纪念碑式的朴素坟墓,更打动人心的了。

节选自[奥]茨威格《世间最美的坟墓》,张厚仁译

朗读提示:

这篇散文感情凝重,语调沉稳,书面语成分较多。朗读时注意文中易错词语"土丘、墓志铭、声名所累、不为人知、名姓、木栅栏、敬意、禁锢、风儿俯临、飒飒、和暖、圭土地、挖空心思、心弦"等读音。注意句子的停连和重音的表达,如"我在俄国见到的景物|再没有比托尔斯泰墓|更宏伟、更感人的。""这位|比谁都感到|受自己声名所累|的伟人,……"等。注意第二段中的"没有……,没有……,没有……,连……也没有。"这个句子的逻辑性和语调高低的变化。

Zupǐn 35 Hào

Wǒ zài Éguó jiàndào de jǐngwù zài méi • yǒu bǐ Tuō'ěrsītài mù gèng hóngwěi、gèng gǎnrén de.

Wánquán ànzhào Tuō'ěrsītài de yuànwàng, tā de fénmù chéngle shìjiān zuì měi de, gěi rén yìnxiàng zuì shēnkè de fénmù. Tā zhǐshì shùlín zhōng de yí gè xiǎoxiǎo de chángfāngxíng tǔqiū, shàng • miàn kāimǎn xiānhuā——méi • yǒu shízìjià, méi • yǒu mùbēi, méi • yǒu mùzhìmíng, lián Tuō'ěrsītài zhège míngzi yě méi • yǒu.

Zhè wèi bǐ shuí dōu gǎndào shòu zìjǐ de shēngmíng suǒlěi de wěirén, què xiàng ǒu'ěr bèi fāxiàn de liúlànghàn, bù wéi rén zhī de shìbīng, bù liú míng xìng de bèi rén máizàng le. Shuí dōu kěyǐ tàjìn tā zuìhòu de ānxīdì, wéi zài sìzhōu xīshū de mùzhàlan shì bù guānbì de——bǎohù Lièfū • Tuō'ěrsītài déyǐ ānxī de méi • yǒu rènhé bié de dōngxi, wéiyǒu rénmen de jìngyì; ér tōngcháng, rénmen què zǒngshì huáizhe hàoqí, qù pòhuài wěirén mùdì de níngjìng.

Zhè • lǐ, bīrén de pǔsù jìngù zhù rènhé yì zhǒng guānshǎng de xiánqíng, bìngqiě bù róngxǔ nǐ dàshēng shuōhuà. Fēng'ér fǔ lín, zài zhè zuò wúmíngzhě zhī mù de shùmù zhījiān sàsà xiǎngzhe, hénuǎn de yángguāng zài féntóu xīxì; dōngtiān, bái xuě wēnróu de fùgài zhè piàn yōu'àn de guītǔdì. Wúlùn nǐ zài xiàtiān huò dōngtiān jīngguò zhèr, nǐ dōu xiǎngxiàng bú dào, zhège xiǎoxiǎo de、lóngqǐ de chángfāngtǐ • lǐ ānfàngzhe yí wèi dāngdài zuì wěidà de rénwù.

Rán'ér, qiàqià shì zhè zuò bù liú xìngmíng de fénmù, bǐ suǒyǒu wākōngxīnsi yòng dàlǐshí hé shēhuá zhuāngshì jiànzào de fénmù gèng kòurén - xīnxián. Zài jīntiān zhège tèshū de rìzi // • lǐ, dào tā de ānxīdì lái de chéng bǎi shàng qiān rén zhōngjiān, méi • yǒu yí gè yǒu yǒngqì, nǎpà jǐnjǐn cóng zhè yōu'àn de tǔ qiū • shàng zhāixià yì duǒ huā liúzuò jìniàn. Rénmen chóngxīn gǎndào, shìjiè • shàng zài méi • yǒu bǐ Tuō'ěrsītài zuìhòu liúxià de、zhè zuò jìniànbēi shì de pǔsù fénmù, gèng dǎdòng rénxīn de le.

Jiéxuǎn zì [Ào]Cíwēigé《Shìjiān Zuìměi de Fénmù》, Zhāng Hòurén yì

作品 36 号

我国的建筑,从古代的宫殿到近代的一般住房,绝大部分是对称的,左边怎么样,右边怎么样。苏州园林可绝不讲究对称,好像故意避免似的。东边有了一个亭子或者一道回廊,西边决不会来一个同样的亭子或者一道同样的回廊。这是为什么?我想,用图画来比方,对称的建筑是图案画,不是美术画,而园林是美术画,美术画要求自然之趣,是不讲究对称的。

苏州园林里都有假山和池沼。

假山的堆叠,可以说是一项艺术而不仅是技术。或者是重峦叠嶂,或者是几座小山配合着竹子花木,全在乎设计者和匠师们生平多阅历,胸中有丘壑,才能使游览者攀登的时候忘却苏州城市,只觉得身在山间。

至于池沼,大多引用活水。有些园林池沼宽敞,就把池沼作为全园的中心,其他景物配合着布置。水面假如成河道模样,往往安排桥梁。假如安排两座以上的桥梁,那就一座一个样,决不雷同。

池沼或河道的边沿很少砌齐整的石岸,总是高低屈曲任其自然。还在那儿布置几块玲珑的石头,或者种些花草。这也是为了取得从各个角度看都成一幅画的效果。池沼里养着金鱼或各色鲤鱼,夏秋季节荷花或睡莲开 // 放,游览者看"鱼戏莲叶间",又是入画的一景。

节选自叶圣陶《苏州园林》

朗读提示:

本文语调舒缓,感情恬淡。朗读时,注意文中易错词语的读音,如"对称、似的、比方、池沼、堆叠、重峦叠嶂、在乎、丘壑、匠师们、宽敞、模样、砌"等。注意句子的停连技巧表达,如"……,全在乎|设计者和匠师们|生平|多阅历,胸中|有丘壑,才能使游览者|攀登的时候|忘却苏州城市,只觉得身在山间。"

Zuòpǐn 36 Hào

Wǒguó de jiànzhù, cóng gǔdài de gōngdiàn dào jìndài de yì bān zhùfáng, jué dà bùfen shì duìchèn de, zuǒ • biān zěnme yàng, yòu • biān zěnme yàng. Sūzhōu yuánlín kě juébù jiǎng • jiū duìchèn, hǎoxiàng gùyì bìmiǎn shì de. Dōng • biān yǒule yí gè tíngzi huòzhě yí dào huíláng, xī • biān juébú huì lái yí gè tóngyàng de tíngzi huòzhě yí dào tóngyàng de huíláng. Zhè shì wèishíme? Wǒ xiǎng, yòng túhuà lái bǐfang, duìchèn de jiànzhù shì tú'ànhuà, bú shì měishùhuà, ér yuánlín shì měishùhuà, měishùhuà yāoqiú zìrán zhī qù, shì bù jiǎng • jiū duìchèn de.

Sūzhōu yuánlín • lǐ dōu yǒu jiǎshān hé chízhǎo.

Jiǎshān de duīdié, kěyǐ shuō shì yí xiàng yìshù ér bùjǐn shì jìshù. Huò zhě shì chóngluán – diézhàng, huòzhě shì jǐ zuò xiǎoshān pèihézhe zhúzi huāmù, quán zài • hu shèjìzhě hé jiàngshīmen shēngpíng duō yuèlì, xiōng zhōng yǒu qiūhè, cái néng shǐ yóulǎnzhě pāndēng de shíhou wàngquè Sūzhōu chéngshì, zhǐ jué • de shēn zài shān jiān.

Zhìyú chízhǎo, dàduō yǐnyòng huóshuǐ. Yǒuxiē yuánlín chízhǎo kuān • chǎng, jiù bǎ chízhǎo zuòwéi quán yuán de zhōngxīn, qítā jǐngwù pèihézhe bùzhì. Shuǐmiàn jiǎrú chéng hédào múyàng, wǎngwǎng ānpái qiáoliáng. Jiǎrú ānpái liǎng zuò yǐshàng de qiáoliáng, nà jiù yí zuò yí gè yàng, jué bù léitóng.

Chízhǎo huò hédào de biānyán hěn shǎo qì qízhěng de shí'àn, zǒngshì gāo dī qūqū rèn qí zìrán. Hái zài nàr bùzhì jǐ kuài línglóng de shítou, huòzhě zhòng xiē huācǎo. Zhè yě shì wèile qǔdé cóng gègè jiǎodù kàn dōu chéng yì fú huà de xiàoguǒ. Chízhǎo • lǐ yǎngzhe jīnyú huò gè sè lǐyú, xià – qiū jìjié héhuā huò shuìlián kāi // fàng, yóulǎnzhě kàn "yú xì liányèjiān", yòu shì rù huà de yì jǐng.

Jiéxuǎn zì Yè Shèngtáo《Sūzhōu Yuánlín》

作品 37 号

一位访美中国女作家,在纽约遇到一位卖花的老太太。老太太穿着破旧,身体虚弱,但脸上的神情却是那样祥和兴奋。女作家挑了一朵花说:"看起来,你很高兴。"老太太面带微笑地说:"是的,一切都这么美好,我为什么不高兴呢?""对烦恼,你倒真能看得开。"女作家又说了一句。没料到,老太太的回答更令女作家大吃一惊:"耶稣在星期五被钉上十字架时,是全世界最糟糕的一天,可三天后就是复活节。所以,当我遇到不幸时,就会等待三天,这样一切就恢复正常了。"

"等待三天",多么富于哲理的话语,多么乐观的生活方式。它把烦恼和痛苦抛下,全力去收获快乐。

沈从文在"文革"期间,陷入了非人的境地。可他毫不在意,他在咸宁时给他的表侄、画家黄永玉写信说:"这里的荷花真好,你若来……"身陷苦难却仍为荷花的盛开欣喜赞叹不已,这是一种趋于澄明的境界,一种旷达洒脱的胸襟,一种面临磨难坦荡从容的气度,一种对生活童子般的热爱和对美好事物无限向往的生命情感。

由此可见,影响一个人快乐的,有时并不是困境及磨难,而是一个人的心态。如果把自己浸泡在积极、乐观、向上的心态中,快乐必然会//占据你的每一天。

节选自《态度创造快乐》

朗读提示:

这篇文章语言朴实自然,口语化成分较多。朗读时注意对话的口气。要读准带有鼻边音的词语,如"女作家、纽约、老太太、烦恼、料到、更令、乐观"等。还要注意"穿着、仍为、澄明、胸襟"等其他易错词语的读音。

Zuòpǐn 37 Hào

Yí wèi fǎng Měi Zhōngguó nǚzuòjiā, zài Niǔyuē yùdào yí wèi mài huā de lǎotàitai. Lǎotàitai chuānzhuó pòjiù, shēntǐ xūruò, dàn liǎn • shàng de shénqíng què shì nàyàng xiánghé xīngfèn. Nǚzuòjiā tiāole yì duǒ huā shuō: "Kàn qǐ • lái, nǐ hěngāoxìng." Lǎotàitai miàn dài wēixiào de shuō: "Shìde, yíqiè dōu zhème měihǎo, wǒ wèishíme bù gāoxìng ne?" "Duì fánnǎo, nǐ dǎo zhēn néng kàndekāi." Nǚzuòjiā yòu shuōle yí jù. Méi liàodào, lǎotàitai de huídá gèng lìng nǚzuòjiā dàchī – yìjīng: "Yēsū zài xīngqīwǔ bèi dìng • shàng shízìjià shí, shì quán shìjiè zuì zāogāo de yì tiān, kě sān tiān hòu jiùshì Fùhuójiē. Suǒyǐ, dāng wǒ yùdào búxìng shí, jiù huì děngdài sāntiān, zhèyàng yíqiè jiù huīfù zhèngcháng le."

"Děngdài sān tiān", duōme fùyú zhélǐ de huàyǔ, duōme lèguān de shēnghuó fāngshì. Tā bǎ fánnǎo hé tòngkǔ pāo • xià, quánlì qù shōuhuò kuàilè.

Shěn Cóngwén zài "wén – gé" qījiān, xiànrùle fēirén de jìngdì. Kě tā háobú zàiyì, tā zài Xiánníng shí gěi tā de biǎozhí, huàjiā Huáng Yǒngyù xiěxìn shuō: "Zhè • lǐ de héhuā zhēn hǎo, nǐ ruò lái ……" Shēn xiàn kǔnàn què réng wèi héhuā de shèngkāi xīnxǐ zàntàn bùyǐ, zhè shì yì zhǒng qūyú chéngmíng de jìngjiè, yì zhǒng kuàngdá sǎ • tuō de xiōngjīn, yì zhǒng miànlín mónàn tǎndàng cóngróng de qìdù, yì zhǒng duì shēnghuó tóngzǐ bān de rè' ài hé duì měihǎo shìwù wúxiàn xiàngwǎng de shēngmìng qínggǎn.

Yóucǐ – kějiàn, yǐngxiǎng yí gè rén kuàilè de, yǒushí bìng bú shì kùnjìng jí mónàn, ér shì yí gè rén de xīntài. Rúguǒ bǎ zìjǐ jìnpào zài jījí, lèguān, xiàngshàng de xīntài zhōng, kuàilè bìrán huì // zhànjù nǐ de měi yì tiān.

Jiéxuǎn zì《Tàidù Chuàngzào Kuàilè》

作品 38 号

泰山极顶看日出，历来被描绘成十分壮观的奇景。有人说：登泰山而看不到日出，就像一出大戏没有戏眼，味儿终究有点寡淡。

我去爬山那天，正赶上个难得的好天，万里长空，云彩丝儿都不见。素常烟雾腾腾的山头，显得眉目分明。同伴们都欣喜地说："明天早晨准可以看见日出了。"我也是抱着这种想头，爬上山去。

一路从山脚往上爬，细看山景，我觉得挂在眼前的不是五岳独尊的泰山，却像一幅规模惊人的青绿山水画，从下面倒展开来。在画卷中最先露出的是山根底那座明朝建筑岱宗坊，慢慢地便现出王母池、斗母宫、经石峪。山是一层比一层深，一叠比一叠奇，层层叠叠，不知还会有多深多奇。万山丛中，时而点染着极其工细的人物。王母池旁的吕祖殿里有不少尊明塑，塑着吕洞宾等一些人，姿态神情是那样有生气，你看了，不禁会脱口赞叹说："活啦。"

画卷继续展开，绿阴森森的柏洞露面不太久，便来到对松山。两面奇峰对峙着，满山峰都是奇形怪状的老松，年纪怕都有上千岁了，颜色竟那么浓，浓得好像要流下来似的。来到这儿，你不妨权当一次画里的写意人物，坐在路旁的对松亭里，看看山色，听听流 // 水和松涛。

一时间，我又觉得自己不仅是在看画卷，却又像是在零零乱乱翻着一卷历史稿本。

节选自杨朔《泰山极顶》

朗读提示：

朗读这篇散文时，注意读准文中的儿化词，如"味儿、点（儿）、云彩丝儿、山根（儿）底、这儿"等。同时注意易错词语"岱宗坊、明塑、露面、似的"等读音。注意句子的停连和重音的表达，如"在画卷中 | 最先露出的 | 山根底那座明朝建筑 | 岱宗坊，……""王母池旁的吕祖殿里 | 有不少尊 | 明塑，……"等。

Zuòpǐn 38 Hào

TàiShān jí dǐng kàn rìchū, lìlái bèi miáohuì chéng shífēn zhuàngguān de qíjǐng. Yǒurén shuō: Dēng TàiShān ér kàn • búdào rìchū, jiù xiàng yì chū dàxì méi • yǒu xìyǎn, wèir zhōngjiū yǒu diǎnr guǎdàn.

Wǒ qù páshān nà tiān, zhèng gǎn • shàng gè nándé de hǎotiān, wànlǐ chángkōng, yúncǎisīr dōu bú jiàn. Sùcháng yānwù téngténg de shāntóu, xiǎn • dé méi • mù fēnmíng. Tóngbànmen dōu xīnxǐ de shuō: "Míngtiān zǎo • chen zhǔn kěyǐ kàn • jiàn rìchū le. " Wǒ yě shì bàozhe zhèzhǒng xiǎngtou, pá • shàng shān qù.

Yílù cóng shānjiǎo wǎng shàng pá, xì kàn shānjǐng, wǒ júe • dé guà zài yǎnqián de bú shì Wǔ Yuè dú zūn de TàiShān, què xiàng yí fú guīmó jīngrén de qīnglǜ shānshuǐhuà, cóng xià • miàn dào zhǎn kāi • lái. Zài huàjuàn zhōng zuì xiān lòuchū de shì shāngēn dǐ nà zuò Míngcháo jiànzhù Dàizōngfǎng, mànmàn de biàn xiànchū Wángmǔchí, Dòumǔgōng, Jīngshíyù. Shān shì yì céng bǐ yì céng shēn, yì dié bǐ yì dié qí, céngcéng – diédié, bù zhī háihuì yǒu duō shēn duō qí. Wàn shān cóng zhōng, shí'ér diǎnrǎnzhe jíqí gōngxì de rénwù. Wángmǔchí páng de Lǚzǔdiàn • lǐ yǒu bùshǎo zūn míngsù, sùzhe Lǚ Dòngbīn děng yì xiē rén, zītài shénqíng shì nàyàng yǒu shēngqì, nǐ kànle, bùjīn huì tuōkǒu zàntàn shuō: "Huó la. "

Huàjuàn jìxù zhǎnkāi, lǜyīn sēnsēn de Bǎidòng lòumiàn bú tài jiǔ, biàn láidào Duìsōngshān. Liǎngmiàn qífēng duìzhìzhe, mǎn shānfēng dōu shì qíxíng – guàizhuàng de lǎosōng, niánjì pà dōu yǒu shàngqiānsuì le, yánsè jìng nàme nóng, nóng de hǎo- xiàng yào liú xià • lái shìde. Láidào zhèr, nǐ bùfáng quándāng yí cì huà • lǐ de xiěyì rénwù, zuò zài lùpáng de Duìsōngtíng • lǐ, kànkan shānsè, tīngting liú // shuǐ hé sōngtāo.

Yìshíjiān, wǒ yòu júe • de zìjǐ bùjīn shì zài kàn huàjuàn, què yòu xiàng shì zài línglíng – luànluàn fānzhe yí juàn lìshǐ gǎoběn.

Jiéxuǎn zì Yáng Shuò《TàiShān Jí Dǐng》

作品 39 号

育才小学校长陶行知在校园看到学生王友用泥块砸自己班上的同学,陶行知当即喝止了他,并令他放学后到校长室去。无疑,陶行知是要好好教育这个"顽皮"的学生。那么他是如何教育的呢?

放学后,陶行知来到校长室,王友已经等在门口准备挨训了。可一见面,陶行知却掏出一块糖果送给王友,并说:"这是奖给你的,因为你按时来到这里,而我却迟到了。"王友惊疑地接过糖果。

随后,陶行知又掏出一块糖果放到他手里,说:"这第二块糖果也是奖给你的,因为当我不让你再打人时,你立即就住手了,这说明你很尊重我,我应该奖你。"王友更惊疑了,他眼睛睁得大大的。

陶行知又掏出第三块糖果塞到王友手里,说:"我调查过了,你用泥块砸那些男生,是因为他们不守游戏规则,欺负女生;你砸他们,说明你很正直善良,且有批评不良行为的勇气,应该奖励你啊!"王友感动极了,他流着眼泪后悔地喊道:"陶……陶校长你打我两下吧! 我砸的不是坏人,而是自己的同学啊……"

陶行知满意地笑了,他随即掏出第四块糖果递给王友,说:"为你正确地认识错误,我再奖给你一块糖果,只可惜我只有这一块糖果了。我的糖果//没有了,我看我们的谈话也该结束了吧!"说完,就走出了校长室。

节选自《教师博览·百期精华》中《陶行知的"四块糖果"》

朗读提示:

朗读这篇文章时,注意本文中语气词"啊"的变读和句子的重音的表达,如"……应该奖励你啊(ya)"、"我砸的不是坏人,而是自己的同学啊(ya),……""他随即掏出第四块糖果,……只可惜我只有这一块糖果了。"等。此外,还要注意几个易错词语的读音,如"喝止、挨训、立即"等。

Zuòpǐn 39 Hào

Yùcái Xiǎoxué xiàozhǎng Táo Xíngzhī zài xiàoyuán kàndào xuésheng Wáng Yǒu yòng níkuài zá zìjǐ bān • shàng de tóngxué, Táo Xíngzhī dāngjí hèzhǐle tā, bìng lìng tā fàngxué hòu dào xiàozhǎngshì qù. Wúyí, Táo Xíngzhī shì yào hǎohǎo jiàoyù zhège "Wánpí" de xuésheng. Nàme tā shì rúhé jiàoyù de ne?

Fàngxué hòu, Táo Xíngzhī láidào xiàozhǎngshì, Wáng Yǒu yǐjīng děng zài ménkǒu zhǔnbèi áixùn le. Kě yí jiànmiàn, Táo Xíngzhī què tāochū yí kuài tángguǒ sònggěi Wáng Yǒu, bìng shuō: "Zhè shì jiǎnggěi nǐ de, yīn • wèi nǐ ànshí láidào zhè • lǐ, ér wǒ què chídào le." Wáng Yǒu jīngyíde jiēguò tángguǒ.

Suíhòu, Táo Xíngzhī yòu tāochū yí kuài tángguǒ fàngdào tā shǒu • lǐ, shuō: "Zhè dì'èr kuài tángguǒ yě shì jiǎnggěi nǐ de, yīn • wèi dāng wǒ búràng nǐ zài dǎrén shí, nǐ lìjí jiù zhùshǒu le, zhè shuōmíng nǐ hěn zūnzhòng wǒ, wǒ yīnggāi jiǎng nǐ." Wáng Yǒu gèng jīngyí le, tā yǎnjing zhēngde dàdà de.

Táo Xíngzhī yòu tāochū dì – sān kuài tángguǒ sāidào Wáng Yǒu shǒu • lǐ, shuō: "Wǒ diàocháguo le, nǐ yòng níkuài zá nàxiē nánshēng, shì yīn • wèi tāmen bù shǒu yóuxì guīzé, qīfu nǚshēng; nǐ zá tāmen, shuōmíng nǐ hěn zhèngzhí shànliáng, qiě yǒu pīpíng bùliáng xíngwéi de yǒngqì, yīnggāi jiǎnglì nǐ yā!" Wáng Yǒu gǎndòng jí le, tā liúzhe yǎnlèi hòuhuǐde hǎndào: "Táo ⋯⋯ Táoxiàozhǎng nǐ dǎ wǒ liǎngxià ba! Wǒ zá de bú shì huàirén, érshì zìjǐ de tóngxué yā ⋯⋯"

Táo Xíngzhī mǎnyì de xiào le, tā suíjí tāochū dì – sì kuài tángguǒ dìgěi Wáng Yǒu, shuō: "Wèi nǐ zhèngquè de rènshi cuò • wù, wǒ zài jiǎnggěi nǐ yí kuài tángguǒ, zhǐ kěxī wǒ zhǐyǒu zhè yí kuài tángguǒ le. Wǒ de tángguǒ // méi • yǒu le, wǒ kàn wǒmen de tánhuà yě gāi jiéshù le ba!" Shuōwán, jiù zǒuchūle xiàozhǎngshì.

Jiéxuǎn zì《Jiàoshī Bólǎn • Bǎiqī Jīnghuá》zhōng《Táo Xíngzhī de "Sì Kuài Tángguǒ"》

作品 40 号

享受幸福是需要学习的,当它即将来临的时刻需要提醒。人可以自然而然地学会感官的享乐,却无法天生地掌握幸福的韵律。灵魂的快意同器官的舒适像一对孪生兄弟,时而相傍相依,时而南辕北辙。

幸福是一种心灵的震颤。它像会倾听音乐的耳朵一样,需要不断地训练。

简而言之,幸福就是没有痛苦的时刻。它出现的频率并不像我们想像的那样少。人们常常只是在幸福的金马车已经驶过去很远时,才拣起地上的金鬃毛说,原来我见过它。

人们喜爱回味幸福的标本,却忽略它披着露水散发清香的时刻。那时候我们往往步履匆匆,瞻前顾后不知在忙着什么。

世上有预报台风的,有预报蝗灾的,有预报瘟疫的,有预报地震。没有人预报幸福。

其实幸福和世界万物一样,有它的征兆。

幸福常常是朦胧的,很有节制地向我们喷洒甘霖。你不要总希望轰轰烈烈的幸福,它多半只是悄悄地扑面而来。你也不要企图把水龙头拧得更大,那样它会很快地流失。你需要静静地以平和之心,体验它的真谛。

幸福绝大多数是朴素的。它不会像信号弹似的,在很高的天际闪烁红色的光芒。它披着本色的外衣,亲//切温暖地包裹起我们。

幸福不喜欢喧嚣浮华,它常常在暗淡中降临。贫困中相濡以沫的一块糕饼,患难中心心相印的一个眼神,父亲一次粗糙的抚摸,女友一张温馨的字条……这都是千金难买的幸福啊。像一粒粒缀在旧绸子上的红宝石,在凄凉中愈发熠熠夺目。

节选自毕淑敏《提醒幸福》

朗读提示:

这篇文章富有哲理,书面语较多。朗读时注意句子的重音和语调的变化,如"世界上有预报台风的,有预报蝗灾的,↗有预报瘟疫的,↗有预报地震的,↘没有人预报幸福。"

Zuòpǐn 40 Hào

Xiǎngshòu xìngfú shì xūyào xuéxí de, dāng tā jíjiāng láilín de shíkè xūyào tíxǐng. Rén kěyǐ zìrán'érrán de xuéhuì gǎnguān de xiǎnglè, què wúfǎ tiānshēng de zhǎngwò xìngfú de yùnlǜ. Línghún de kuàiyì tóng qìguān de shūshì xiàng yí duì luánshēng xiōngdì, shí'ér xiāngbàng – xiāngyī, shí'ér nányuán – běizhé.

Xìngfú shì yì zhǒng xīnlíng de zhènchàn. Tā xiàng huì qīngtīng yīnyuè de ěrduo yíyàng, xūyào búduàn de xùnliàn.

Jiǎn'éryánzhī, xìngfú jiùshì méi • yǒu tòngkǔ de shíkè. Tā chūxiàn de pínlǜ bìng bú xiàng wǒmen xiǎngxiàng de nàyàng shǎo. Rénmen chángcháng zhǐshì zài xìngfú de jīn mǎchē yǐ • jīng shǐ guò • qù hěn yuǎn shí, cái jiǎnqǐ dì • shang de Jīn zōngmáo shuō, yuánlái wǒ jiànguo tā.

Rénmen xǐ'ài huíwèi xìngfú de biāoběn, què hūlüè tā pīzhe lù • shuǐ sànfā qīngxiāng de shíkè. Nà shíhou wǒmen wǎngwǎng bùlǚ cōngcōng, zhānqián – gùhòu bù zhī zài mángzhe shénme.

Shì • shàng yǒu yùbào táifēng de, yǒu yùbào huángzāi de, yǒu yùbào wēnyì de, yǒu yùbào dìzhèn de. Méi • yǒu rén yùbào xìngfú.

Qíshí xìngfú hé shìjiè wànwù yíyàng, yǒu tā de zhēngzhào.

Xìngfú chángcháng shì ménglóng de, hěn yǒu jiézhì de xiàng wǒmen pēnsǎ gānlín. Nǐ búyào zǒng xīwàng hōnghōng – lièliè de xìngfú, tā duōbàn zhǐshì qiāo qiāo de pūmiàn ér lái. Nǐ yě búyào qǐtú bǎ shuǐlóngtóu nǐng de gèng dà, nàyàng tā huì hěn kuài de liúshī. Nǐ xūyào jìngjìng de yǐ pínghé zhī xīn, tǐyàn tā de zhēndì.

Xìngfú jué dà duōshù shì pǔsù de. Tā bú huì xiàng xìnhàodàn shìde, zài hěn gāo de tiānjì shǎnshuò hóngsè de guāngmáng. Tā pīzhe běnsè de wàiyī, qīn // qiē wēnnuǎn de bāoguǒ qǐ wǒmen.

Xìngfú bù xǐhuan xuānxiāo fúhuá, tā chángcháng zài àndàn zhōng jiànglín. Pínkùn zhōng xiàngrúyǐmò de yí kuài gāobǐng, huànnàn zhōng xīnxīn – xiàngyìn de yí gè yǎnshén, fù • qīn yí cì cūcāo de fǔmō, nǔyǒu yì zhāng wēnxīn de zìtiáo ……Zhè dōu shì qiānjīn – nánmǎi de xìngfú wa. Xiàng yí lìlì zhuì zài jiù chóuzi • shàng de hóngbǎoshí, zài qīliáng zhōng yùfā yìyì duómù.

Jiéxuǎn zì Bì Shūmǐn《Tíxǐng Xìngfú》

作品 41 号

在里约热内卢的一个贫民窟里,有一个男孩子,他非常喜欢足球,可是又买不起,于是就踢塑料盒,踢汽水瓶,踢从垃圾箱里拣来的椰子壳。他在胡同里踢,在能找到的任何一片空地上踢。

有一天,当他在一处干涸的水塘里猛踢一个猪膀胱时,被一位足球教练看见了。他发现这个男孩儿踢得很像是那么回事,就主动提出要送给他一个足球。男孩儿得到足球后踢得更卖劲了。不久,他就能准确地把球踢进远处随意摆放的一个水桶里。

圣诞节到了,孩子的妈妈说:"我们没有钱买圣诞礼物送给我们的恩人,就让我们为他祈祷吧。"

男孩儿跟随妈妈祈祷完毕,向妈妈要了一把铲子便跑了出去。他来到一栋别墅前的花园里,开始挖坑。

就在他快要挖好坑的时候,从别墅里走出一个人来,问小孩儿在干什么,孩子抬起满是汗珠的脸蛋儿,说:"教练,圣诞节到了,我没有礼物送给您,我愿给您的圣诞树挖一个树坑。"

教练把男孩儿从树坑里拉上来,说:"我今天得到了世界上最好的礼物。明天你就到我的训练场去吧。"

三年后,这位十七岁的男孩儿在第六届足球锦标赛上独进二十一球,为巴西第一次捧回了金杯。一个原来不 // 为世人所知的名字——贝利,随之传遍世界。

节选自刘燕敏《天才的造就》

朗读提示:

朗读这篇文章时,注意文中的儿化词,如"椰子壳(儿)、胡同(儿)、男孩儿、小孩儿、脸蛋儿"等。读准鼻音声母词语"里约热内卢、男孩儿、"等。注意句子的停连和重音的表达,如"他非常喜欢足球,可是又买不起,于是就踢塑料盒,踢……,踢……""……为巴西第一次捧回了金杯"等。

Zuòpǐn 41 Hào

Zài Lǐyuērènèilú de yí gè pínmínkū • lǐ, yǒu yí gè nánháizi, tā fēicháng xǐhuan zúqiú, kěshì yòu mǎi • bùqǐ, yúshì jiù tī sùliàohér, tī qìshuǐpíng, tī cóng lājīxiāng • lǐ jiǎnlái de yēzikér. Tā zài hútòngr • lǐ tī, zài néng zhǎodào de rènhé yí piàn kòngdì • shàng tī.

Yǒu yì tiān, dāng tā zài yí chù gānhé de shuǐtáng • lǐ měng tī yí gè zhū pángguāng shí, bèi yí wèi zúqiú jiāoliàn kàn • jiàn le. Tā fāxiàn zhège nánháir tī de hěn xiàng shì nàme huí shì, jiù zhǔdòng tíchū yào sònggěi tā yí gè zúqiú. nánháir dédào zúqiú hòu tī de gèng màijìnr le. Bùjiǔ, tā jiù néng zhǔnquè de bǎ qiú tījìn yuǎnchù suíyì bǎifàng de yí gè shuǐtǒng • lǐ.

Shèngdànjié dào le, háizi de māma shuō: "wǒmen méi • yǒu qián mǎi shèngdàn lǐwù sònggěi wǒmen de ēnrén, jiù ràng wǒmen wèi tā qídǎo ba."

nánháir gēnsuí māma qídǎo wánbì, xiàng māma yàole yì bǎ chǎnzi biàn pǎole chū • qù. Tā láidào yí dòng biéshù qián de huāyuán • lǐ, kāishǐ wākēng.

Jiù zài tā kuài yào wāhǎo kēng de shíhou, cóng biéshù • lǐ zǒuchū yí gè rén • lái, wèn xiǎohái zài gàn shénme, háizi táiqǐ mǎn shì hànzhū de liǎndànr, shuō: "jiāoliàn, Shèngdànjiē dào le, wǒ méi • yǒu lǐwù sònggěi nín, wǒ yuàn gěi nín de shèngdànshù wā yí gè shùkēng."

Jiāoliàn bǎ nánháir cóng shùkēng • lǐ lā shàng • lái, shuō: "wǒ jīntiān dédàole shìjiè • shàng zuì hǎo de lǐwù. Míngtiān nǐ jiù dào wǒ de xùnliànchǎng qù ba."

Sān nián hòu, zhè wèi shíqī suì de nánháir zài dì-liù jiè zúqiú jǐn biāosài • shàng dú jìn èrshíyī qiú, wèi Bāxī dì-yī cì pěnghuíle jīnbēi. Yí gè yuán lái bù // wéi shìrén suǒ zhī de míngzi——Bèilì, suí zhī chuánbiàn shìjiè.

Jiéxuǎn zì Liú Yànmǐn 《Tiāncái de Zàojiù》

作品 42 号

记得我十三岁时,和母亲住在法国东南部的耐斯城。母亲没有丈夫,也没有亲戚,够清苦的,但她经常能拿出令人吃惊的东西,摆在我面前。她从来不吃肉,一再说自己是素食者。然而有一天,我发现母亲正仔细地用一小块碎面包擦那给我煎牛排用的油锅。我明白了她称自己为素食者的真正原因。

我十六岁时,母亲成了耐斯市美蒙旅馆的女经理。这时,她更忙碌了。一天,她瘫在椅子上,脸色苍白,嘴唇发灰。马上找来医生,做出诊断:她摄取了过多的胰岛素。直到这时我才知道母亲多年一直对我隐瞒的疾痛——糖尿病。

她的头歪向枕头一边,痛苦地用手抓挠胸口。床架上方,则挂着一枚我一九三二年赢得耐斯市少年乒乓球冠军的银质奖章。

啊,是对我的美好前途的憧憬支撑着她活下去,为了给她那荒唐的梦至少加一点真实的色彩,我只能继续努力,与时间竞争,直至一九三八年我被征入空军。巴黎很快失陷,我辗转调到英国皇家空军。刚到英国就接到了母亲的来信。这些信是由在瑞士的一个朋友秘密地转到伦敦,送到我手中的。

现在我要回家了,胸前佩带着醒目的绿黑两色的解放十字绶//带,上面挂着五六枚我终身难忘的勋章,肩上还佩带着军官肩章。到达旅馆时,没有一个人跟我打招呼。原来,我母亲在三年半以前就已经离开人间了。

在她死前的几天中,她写了近二百五十封信,把这些信交给她在瑞士的朋友,请这个朋友定时寄给我。就这样,在母亲死后的三年半的时间里,我一直从她身上吸取着力量和勇气——这使我能够继续战斗到胜利那一天。

节选自〔法〕罗曼·加里《我的母亲独一无二》

朗读提示:

这是一篇感人至深的母爱亲情散文,语言朴实自然。请注意读准轻声词语,如"母亲、丈夫、亲戚、东西、枕头、抓挠、打招呼"等。还要注意"耐斯城、旅馆、素食者、憧憬、辗转"等易错词语的读音。注意句子停连,如"……,我发现|母亲正仔细地|用一小块碎面包|擦那给我煎牛排用的|油锅。""……,胸前佩带着|醒目的|绿黑两色的|解放十字绶带,……"等。

Zuòpǐn 42 Hào

Jì • dé wǒ shísān suì shí, hé mǔ • qīn zhù zài Fǎguó dōngnánbù de Nàisī Chéng. Mǔ • qīn méi • yǒu zhàngfu, yě méi • yǒu qīnqi, gòu qīngkǔ de, dàn tā jīngcháng néng ná • chū lìng rén chījīng de dōngxi, bǎi zài wǒ miànqián. Tā cónglái bù chī ròu, yízài shuō zìjǐ shì sùshízhě. Rán'ér yǒu yì tiān, wǒ fāxiàn mǔ • qīn zhèng zǐxì de yòng yì xiǎo kuài suì miànbāo cā nà gěi wǒ jiān niúpái yòng de yóuguō. Wǒ míngbaile tā chēng zìjǐ wéi sùshízhě de zhēnzhèng yuányīn.

Wǒ shíliù suì shí, mǔ • qīn chéngle Nàisī Shì Měiméng lǚguǎn de nǚ jīnglǐ. Zhèshí, tā gèng mánglù le. Yì tiān, tā tān zài yǐzi • shàng, liǎnsè cāngbái, zuǐchún fā huī. Mǎshàng zhǎolái yīshēng, zuòchū zhěnduàn: Tā shèqǔle guò duō de yídǎosù. Zhídào zhèshí wǒ cái zhī • dao mǔ • qīn duōnián yìzhí duì wǒ yǐnmán de jítòng ——tángniàobìng.

Tā de tóu wāixiàng zhěntou yìbiān, tòngkǔ de yòng shǒu zhuānao xiōngkǒu. Chuángjià shàngfāng, zé guàzhe yì méi wǒ yī jiǔ sān èr nián yíngdé Nàisī Shì shàonián pīngpāngqiú guànjūn de yínzhì jiǎngzhāng.

À, shì duì wǒ de měihǎo qiántú de chōngjǐng zhīchēngzhe tā huó xià • qù, wèile gěi tā nà huāng • táng de mèng zhìshǎo jiā yìdiǎnr zhēnshí de sècǎi, wǒ zhǐnéng jìxù nǔlì, yǔ shíjiān jìngzhēng, zhízhì yī jiǔ sān bā nián wǒ bèi zhēng rù Kōngjūn. Bālí hěn kuài shīxiàn, wǒ zhǎnzhuǎn diàodào Yīngguó Huángjiā Kōngjūn. Gāng dào Yīngguó jiù jiēdàole mǔ • qīn de láixìn. Zhèxiē xìn shì yóu zài Ruìshì de yí gè péngyou mìmì de zhuǎndào Lúndūn, sòngdào wǒ shǒuzhōng de.

Xiànzài wǒ yào huíjiā le, xiōngqián pèidàizhe xǐngmù de lǜ – hēi liǎng sè de jiěfàng shízì shòu // dài, shàng • miàn guàzhe wǔ – liù méi wǒ zhōngshēn nánwàng de xūnzhāng, jiān • shàng hái pèidàizhe jūnguān jiānzhāng. Dàodá lǚguǎn shí, méi • yǒu yí gè rén gēn wǒ dǎ zhāohu. Yuánlái, wǒ mǔ • qīn zài sān nián bàn yǐqián jiù yǐ • jīng líkāi rénjiān le.

Zài tā sǐ qián de jǐ tiān zhōng, tā xiěle jìn èrbǎi wǔshí fēng xìn, bǎ zhè xiē xìn jiāogěi tā zài Ruìshì de péngyou, qǐng zhège péngyou dìngshí jì gěi wǒ. Jiù zhèyàng, zài mǔ • qīn sǐ hòu de sān nián bàn de shíjiān • lǐ, wǒ yìzhí cóng tā shēn • shàng xīqǔzhe lì • liang hé yǒngqì ——zhè shǐ wǒ nénggòu jìxù zhàndòu dào shènglì nà yì tiān.

Jiéxuǎn zì〔Fǎ〕Luómàn • Jiālǐ《Wǒ de Mǔ • qīn Dúyī – wú'èr》

作品 43 号

生活对于任何人都非易事,我们必须有坚韧不拔的精神。最要紧的,还是我们自己要有信心。我们必须相信,我们对每一件事情都具有天赋的才能,并且,无论付出任何代价,都要把这件事完成。当事情结束的时候,你要能问心无愧地说:"我已经尽我所能了。"

有一年的春天,我因病被迫在家里休息数周。我注视着我的女儿们所养的蚕正在结茧,这使我很感兴趣。望着这些蚕执著地、勤奋地工作,我感到我和它们非常相似。像它们一样,我总是耐心地把自己的努力集中在一个目标上。我之所以如此,或许是因为有某种力量在鞭策着我——正如蚕被鞭策着去结茧一般。

近五十年来,我致力于科学研究,而研究,就是对真理的探讨。我有许多美好快乐的记忆。少女时期我在巴黎大学,孤独地过着求学的岁月;在后来献身科学的整个时期,我丈夫和我专心致志,像在梦幻中一般,坐在简陋的书房里艰辛地研究,后来我们就在那里发现了镭。

我永远追求安静的工作和简单的家庭生活。为了实现这个理想,我竭力保持宁静的环境,以免受人事的干扰和盛名的拖累。

我深信,在科学方面我们有对事业而不是//对财富的兴趣。我的唯一奢望是在一个自由国家中,以一个自由学者的身份从事研究工作。

我一直沉醉于世界的优美之中,我所热爱的科学也不断增加它崭新的远景。我认定科学本身就具有伟大的美。

节选自[波兰]玛丽·居里《我的信念》,剑捷译

朗读提示:

这篇经翻译的玛丽·居里夫人的文章,书面语较多。朗读时注意句子的重音和停连,如"我们对每一件事情|都具有天赋的才能,并且,无论付出任何代价,都要把这件事情|完成。"、"我永远追求安静的工作和简单的家庭生活"等。还要注意"精神、事情、女儿们、宁静、拖累"等易错词语的读音。

Zuòpǐn 43 Hào

Shēnghuó duìyú rènhé rén dōu fēi yì shì, wǒmen bìxū yǒu jiānrèn – bùbá de jīngshén. Zuì yàojǐn de, háishì wǒmen zìjǐ yào yǒu xìnxīn. Wǒmen bìxū xiāngxìn, wǒmen duì měi yí jiàn shìqing dōu jùyǒu tiānfù de cáinéng, bìngqiě, wúlùn fùchū rènhé dàijià, dōu yào bǎ zhè jiàn shì wánchéng. Dāng shìqing jiéshù de shíhou, nǐ yào néng wènxīn – wúkuì de shuō: "wǒ yǐ • jīng jìn wǒ suǒ néng le."

Yǒu yì nián de chūntiān, wǒ yīn bìng bèipò zài jiā • lǐ xiūxi shù zhōu. Wǒ zhùshìzhe wǒ de nǚ'érmen suǒ yǎng de cán zhèngzài jiéjiǎn, zhè shǐ wǒ hěn gǎn xìngqù. Wàngzhe zhèxiē cán zhízhúo de, qínfèn de gōngzuò, wǒ gǎndào wǒ hé tāmen fēicháng xiàngsì. Xiàng tāmen yíyàng, wǒ zǒngshì nàixīn de bǎ zìjǐ de nǔlì jízhōng zài yí gè mùbiāo • shàng. Wǒ zhīsuǒyǐ rúcǐ, huòxǔ shì yīn • wèi yǒu mǒu zhǒng lì • liàng zài biāncèzhe wǒ——zhèng rú cán bèi biāncèzhe qù jié jiǎn yì bān.

Jìn wǔshí nián lái, wǒ zhìlìyú kēxué yánjiū, ér yánjiū, jiùshì duì zhēnlǐ de tàntǎo. Wǒ yǒu xǔduō měihǎo kuàilè de jìyì. Shàonǚ shíqī wǒ zài Bālí Dàxué, gūdú de guòzhe qiúxué de suìyuè; zài hòulái xiànshēn kēxué de zhěnggè shíqī, wǒ zhàngfu hé wǒ zhuānxīn – zhìzhì, xiàng zài mènghuàn zhōng yìbān, zuò zài jiǎnlòu de shūfáng • lǐ jiānxīn de yánjiū, hòulái wǒmen jiù zài nà • lǐ fāxiànle léi.

Wǒ yǒngyuǎn zhuīqiú ānjìng de gōngzuò hé jiǎndān de jiātíng shēnghuó. Wèile shíxiàn zhège lǐxiǎng, wǒ jiélì bǎochí níngjìng de huánjìng, yǐmiǎn shòu rénshì de gānrǎo hé shèngmíng de tuōlěi.

Wǒ shēnxìn, zài kēxué fāngmiàn wǒmen yǒu duì shìyè ér bú shì // duì cáifù de xìngqù. Wǒ de wéiyī shēwàng shì zài yí gè zìyóu guójiā zhōng, yǐ yí gè zìyóu xuézhě de shēn • fèn cóngshì yájiū gōngzuò.

Wǒ yìzhí chénzuì yú shìjiè de yōuměi zhīzhōng, wǒ suǒ rè'ài de kēxué yě búduàn zēngjiā tā zhǎnxīn de yuǎnjǐng. Wǒ rèndìng kēxué běnshēn jiù jùyǒu wěidà de měi.

Jiéxuǎn zì[Bō Lán]Mǎlì • Jūlǐ《Wǒ de Xìnniàn》, Jiàn Jié yì

作品 44 号

我为什么非要教书不可？是因为我喜欢当教师的时间安排表和生活节奏。七、八、九三个月给我提供了进行回顾、研究、写作的良机，并将三者有机融合，而善于回顾、研究和总结正是优秀教师素质中不可缺少的成分。

干这行给了我多种多样的"甘泉"去品尝，找优秀的书籍去研读，到"象牙塔"和实际世界里去发现。教学工作给我提供了继续学习的时间保证，以及多种途径、机遇和挑战。

然而，我爱这一行的真正原因，是爱我的学生。学生们在我的眼前成长、变化。当教师意味着亲历"创造"过程的发生——恰似亲手赋予一团泥土以生命，没有什么比目睹它开始呼吸更激动人心的了。

权利我也有了：我有权利去启发诱导，去激发智慧的火花，去问费心思考的问题，去赞扬回答的尝试，去推荐书籍，去指点迷津。还有什么别的权利能与之相比呢？

而且，教书还给我金钱和权利之外的东西，那就是爱心。不仅有对学生的爱，对书籍的爱，对知识的爱，还有教师才能感受到的对"特别"学生的爱。这些学生，有如冥顽不灵的泥块，由于接受了老师的炽爱才勃发了生机。

所以，我爱教书，还因为，在那些勃发生机的"特//别"学生身上，我有时发现自己和他们呼吸相通，忧乐与共。

节选自[美]彼得·基·贝得勒《我为什么当教师》

朗读提示：

这是一篇经翻译的议论文，书面语较多，语速平稳。朗读时注意句子的重音和停连的表达，如"七、八、九三个月|给我提供了|进行回顾、研究、写作的良机，并将三者|有机融合，而善于回顾、研究和总结|正是优秀教师素质中|不可缺少的成分。"此外要注意易错词语的读音，如"提供、学生、冥顽不灵、炽爱"等。

Zuòpǐn 44 Hào

Wǒ wèishénme fēi yào jiāoshū bùkě? Shì yīn • wèi wǒ xǐhuan dāng jiàoshī de shíjiān ānpáibiǎo hé shēnghuó jiézòu. Qī、bā、jiǔ sān gè yuè gěi wǒ tígōngle jìnxíng huígù、yánjiū、xiězuò de liángjī, bìng jiāng sānzhě yǒujī rónghé, ér shànyú huígù、yánjiū hé zǒngjié zhèngshì yōuxiù jiàoshī sùzhì zhōng bùkě quēshǎo de chéng • fèn.

Gàn zhè háng gěile wǒ duōzhǒng – duōyàng de "gānquán" qù pǐncháng, zhǎo yōuxiù de shūjí qù yándú, dào "xiàngyátǎ" hé shíjì shìjiè • lǐ qù fāxiàn. Jiàoxué gōngzuò gěi wǒ tígōngle jìxù xuéxí de shíjiān bǎozhèng, yǐjí duōzhǒng tújìng, jīyù hé tiǎozhàn.

Rán'ér, wǒ ài zhè yì háng de zhēnzhèng yuányīn, shì ài wǒ de xuésheng. Xuéshengmen zài wǒ de yǎnqián chéngzhǎng、biànhuà. Dāng jiàoshī yìwèizhe qīnlì "chuàngzào" guòchéng de fāshēng ——qiàsì qīnshǒu fùyǔ yì tuán nítǔ yǐ shēngmìng, méi • yǒu shénme bǐ mùdǔ tā kāishǐ hūxī gèng jīdòng rénxīn de le.

Quánlì wǒ yě yǒu le: wǒ yǒu quánlì qù qǐfā yòudǎo, qù jīfā zhìhuì de huǒhuā, qù wèn fèixīn sīkǎo de wèntí, qù zànyáng huídá de chángshì, qù tuījiàn shūjí, qù zhǐdiǎn míjīn. Háiyǒu shénme biéde quánlì néng yǔ zhī xiàng bǐ ne?

Érqiě, jiāoshū hái gěi wǒ jīnqián hé quánlì zhīwài de dōngxi, nà jiùshì àixīn. Bùjǐn yǒu duì xuésheng de ài, duì shūjí de ài, duì zhīshi de ài, háiyǒu jiàoshī cáinéng gǎnshòudào de duì "tèbié" xuésheng de ài. Zhèxiē xuésheng, yǒurú míngwán – bùlíng de níkuài, yóuyú jiēshòule lǎoshī de chì'ài cái bófāle shēngjī.

Suǒyǐ, wǒ ài jiāoshū, hái yīn • wèi, zài nàxiē bófā shēngjī de "tè // bié" xuésheng shēn • shàng, wǒ yǒushí fāxiàn zìjǐ hé tāmen hūxī xiàngtōng, yōulè yǔgòng.

Jiéxuǎn zì [Měi] Bǐdé • Jī • Bèidélè 《Wǒ Wéishénme Dāng Jiàoshī》

作品 45 号

中国西部我们通常是指黄河与秦岭相连一线以西,包括西北和西南的十二个省、市、自治区。这块广袤的土地面积为五百四十六万平方公里,占国土总面积的百分之五十七;人口二点八亿,占全国总人口的百分之二十三。

西部是华夏文明的源头。华夏祖先的脚步是顺着水边走的:长江上游出土过元谋人牙齿化石,距今约一百七十万年;黄河中游出土过蓝田人头盖骨,距今约七十万年。这两处古人类都比距今约五十万年的北京猿人资格更老。

西部地区是华夏文明的重要发源地。秦皇汉武以后,东西方文化在这里交汇融合,从而有了丝绸之路的驼铃声声,佛院深寺的暮鼓晨钟。敦煌莫高窟是世界文化史上的一个奇迹,它在继承汉晋艺术传统的基础上,形成了自己兼收并蓄的恢宏气度,展现出精美绝伦的艺术形式和博大精深的文化内涵。秦始皇兵马俑、西夏王陵、楼兰古国、布达拉宫、三星堆、大足石刻等历史文化遗产,同样为世界所瞩目,成为中华文化重要的象征。

西部地区又是少数民族及其文化的集萃地,几乎包括了我国所有的少数民族。在一些偏远的少数民族地区,仍保留//了一些久远时代的艺术品种,成为珍贵的"活化石",如纳西古乐、戏曲、剪纸、刺绣、岩画等民间艺术和宗教艺术。特色鲜明、丰富多彩,犹如一个巨大的民族民间文化艺术宝库。

我们要充分重视和利用这些得天独厚的资源优势,建立良好的民族民间文化生态环境,为西部大开发做出贡献。

节选自《中考语文课外阅读试题精选》中《西部文化和西部开发》

朗读提示:

这篇说明文,书面语较多,语调舒缓。朗读时注意句子的停连和重音,如"中国西部|我们通常是指|黄河与秦岭相连一线以西,包括西北和西南的|十二个省、市、自治区。""黄河中游|出土过|蓝田人头盖骨,距今|约七十万年。"等。本文四字熟语较多,如"交汇融合、驼铃声声、暮鼓晨钟、兼收并蓄、精美绝伦"等,注意其轻重音格式。另外,还要读准关于历史文化遗产专有名词。

Zuòpǐn 45 Hào

Zhōngguó xībù wǒmen tōngcháng shì zhǐ Huáng Hé yǔ Qín Lǐng xiānglián yí xiàn yǐ xī, bāokuò xīběi hé xīnán de shí'èr gè shěng、shì、zìzhìqū. Zhè kuài guǎngmào de tǔdì miànjī wéi wǔbǎi sìshíliù wàn píngfāng gōnglǐ, zhàn guótǔ zǒng miàn • jī de bǎi fēn zhī wǔshíqī; rénkǒu èr diǎn bā yì, zhàn quánguó zǒng rénkǒu de bǎi fēn zhī èrshísān.

Xībù shì Huáxià wénmíng de yuántóu. Huáxià zǔxiān de jiǎobù shì shùnzhe shuǐbiān zǒu de: Cháng Jiāng shàngyóu chūtǔguo yuánmóurén yáchǐ huàshí, jù jīn yuē yìbǎi qīshí wàn nián; Huáng Hé zhōngyóu chūtǔguo Lántiánrén tóugàigǔ, jù jīn yuē qīshí wàn nián. Zhè liǎng chù gǔ rénlèi dōu bǐ jù jīn yuē wǔshí wàn nián de Běijīng yuánrén zī • gé gèng lǎo.

Xībù dìqū shì Huáxià wénmíng de zhòngyào fāyuándì. Qínhuáng Hànwǔ yǐhòu, Dōng–xīfāng wénhuà zài zhè • lǐ jiāohuì rónghé, cóng'ér yǒule sīchóu–zhīlù de tuólíng–shēngshēng, fó yuàn shēn sì de mùgǔ–chénzhōng. Dūnhuáng Mògāokū shì shìjiè wénhuàshǐ • shàng de yí gè qíjì, tā zài jìchéng Hàn Jìn yìshù chuántǒng de jī chǔ • shàng, xíngchéngle zìjǐ jiānshōu-bìngxù de huīhóng qìdù, zhǎnxiànchū jīngměi–juélún de yìshù xíngshì hé bódà–jīngshēn de wénhuà nèihán. Qín shǐhuáng Bīngmǎyǒng、Xīxià wánglíng、Lóulán gǔguó、Bùdálāgōng、Sānxīngduī、Dàzú shíkè děng lìshǐ wénhuà yíchǎn, tóngyàng wéi shìjiè suǒ zhǔmù, chéngwéi Zhōnghuá wénhuà zhòngyào de xiàngzhēng.

Xībù dìqū yòu shì shǎoshù mínzú jíqí wénhuà de jícuìdì, jīhū bāokuòle wǒ guó suǒyǒu de shǎoshù mínzú. Zài yìxiē piānyuǎn de shǎoshù mínzú dìqū, réng bǎoliú // le yìxiē jiǔyuǎn shídài de yìshù pǐnzhǒng, chéngwéi zhēnguì de "huóhuàshí", rú Nàxī gǔyuè、xìqǔ、jiǎnzhǐ、cìxiù、yánhuà děng mínjiān yìshù hé zōngjiào yìshù. Tèsè xiānmíng, fēngfù–duōcǎi, yóurú yí gè jùdà de mínzú mínjiān wénhuà yìshù bǎokù.

Wǒmen yào chōngfèn zhòngshì hé lìyòng zhèxiē détiān–dúhòu de zīyuán yōushì, jiànlì liánghǎo de mínzú mínjiān wénhuà shēngtài huánjìng, wèi xībù dà kāifā zuòchū gòngxiàn.

Jiéxuǎn zì《Zhōngkǎo Yǔwén Kèwài Yuèdú Shìtí Jīngxuǎn》zhōng《Xībù Wénhuà hé Xībù Kāifā》

作品 46 号

高兴,这是一种具体的被看得到摸得着的事物所唤起的情绪。它是心理的,更是生理的。它容易来也容易去,谁也不应该对它视而不见,谁也不应该总是做那些使自己不高兴也使旁人不高兴的事。让我们说一件最容易做也最令人高兴的事吧,尊重你自己,也尊重别人,这是每一个人的权利,我还要说这是每一个人的义务。

快乐,它是一种富有概括性的生存状态、工作状态。它几乎是先验的,它来自生命本身的活力,来自宇宙、地球和人间的吸引,它是世界的丰富、绚丽、阔大、悠久的体现。快乐还是一种力量,是埋在地下的根脉。消灭一个人的快乐比挖掉一棵大树的根要难得多。

欢欣,这是一种青春的、诗意的情感。它来自面向着未来伸开双臂奔跑的冲力,它来自一种轻松而又神秘、朦胧而又隐秘的激动,它是激情即将到来的预兆,它又是大雨过后的比下雨还要美妙得多也久远得多的回味……

喜悦,它是一种带有形而上色彩的修养和境界。与其说它是一种情绪,不如说它是一种智慧、一种超拔、一种悲天悯人的宽容和理解,一种饱经沧桑的充实和自信,一种光明的理性,一种坚定 // 的成熟,一种战胜了烦恼和庸俗的清明澄澈。它是一潭清水,它是一抹朝霞,它是无边的平原,它是沉默的地平线。多一点儿、再多一点儿喜悦吧,它是翅膀,也是归巢。它是一杯美酒,也是一朵永远开不败的莲花。

节选自王蒙《喜悦》

朗读提示:

这篇文章富有哲理,书面语较多。朗读时注意句子的重音和语调的变化,如"高兴,这是一种具体的|被看得见|摸得着的事物|所唤起的情绪。""它|又是大雨过后的|比下雨还要美妙得多|也久远得多的|回味……""↘与其说它|是一种情绪,↗不如说它是一种智慧、↗一种超拔、↗一种悲天悯人的宽容和理解,↘一种饱经沧桑的充实和自信,↗一种光明的理性,↗一种坚定的成熟,↘一种战胜了烦恼和庸俗的清明澄澈。"等。

Zuòpǐn 46 Hào

gāoxìng, zhè shì yì zhǒng jùtǐ de bèi kàndedào mōdezháo de shìwù suǒ huànqǐ de qíng • xù. Tā shì xīnlǐ de, gèng shì shēnglǐ de. Tā róng • yì lái yě róng • yì qù, shéi yě bù yīnggāi duì tā shì'érbùjiàn, shéi yě bù yīnggāi zǒngshì zuò nàxiē shǐ zìjǐ bù gāoxīng yě shǐ pángrén bù gāoxīng de shì. Ràng wǒmen shuō yí jiàn zuì róng • yì zuò yě zuì lìng rén gāoxīng de shì ba, zūnzhòng nǐ zìjǐ, yě zūnzhòng bié • rén, zhè shì měi yí gè rén de quánlì, wǒ háiyào shuō zhè shì měi yí gè rén de yìwù.

Kuàilè, tā shì yì zhǒng fùyǒu gàikuòxìng de shēngcún zhuàngtài, gōngzuò zhuàngtài. Tā jīhū shì xiānyàn de, tā láizì shēngmìng běnshēn de huólì, láizì yǔzhòu, dìqiú hé rénjiān de xīyǐn, tā shì shìjiè de fēngfù, xuànlì, kuòdà, yōujiǔ de tǐxiàn. Kuàilè háishì yì zhǒng lì • liàng, shì mái zài dìxià de gēnmài. Xiāomiè yí gè rén de kuàilè bǐ wādiào yì kē dàshù de gēn yào nán de duō.

Huānxīn, zhè shì yì zhǒng qīngchūn de, shīyì de qínggǎn. Tā láizì miànxiàngzhe wèilái shēnkāi shuāngbì bēnpǎo de chōnglì, tā láizì yì zhǒng qīngsōng ér yòu shénmì, ménglóng ér yòu yǐnmì de jīdòng, tā shì jīqíng jíjiāng dàolái de yùzhào, tā yòu shì dàyǔ guòhòu de bǐ xiàyǔ háiyào měimiào de duō yě jiǔyuǎn de duō de huíwèi……

Xǐyuè, tā shì yì zhǒng dàiyǒu xíng ér shàng sècǎi de xiūyǎng hé jìngjiè. Yǔqí shuō tā shì yì zhǒng qíng • xù, bùrú shuō tā shì yì zhǒng zhìhuì, yì zhǒng chāobá, yì zhǒng bēitiān – mǐnrén de kuānróng hé lǐjiě, yì zhǒng bǎojīng – cāngsāng de chōngshí hé zìxìn, yì zhǒng guāngmíng de lǐxìng, yì zhǒng jiāndìng // de chéngshú, yì zhǒng zhànshèngle fánnǎo hé yōngsú de qīngmíng chéngchè. Tā shì yì tán qīngshuǐ, tā shì yì mǒ zhāoxiá, tā shì wúbiān de píngyuán, tā shì chénmò de dìpíngxiàn. Duō yìdiǎnr, zài duō yìdiǎnr xǐyuè ba, tā shì chìbǎng, yě shì guīcháo. Tā shì yì bēi měijiǔ, yě shì yì duǒ yǒngyuǎn kāi bú bài de liánhuā.

Jiéxuǎn zì Wáng Méng《Xǐyuè》

作品 47 号

在湾仔,香港最热闹的地方,有一棵榕树,它是最贵的一棵树,不光在香港,在全世界,都是最贵的。

树,活的树,又不卖何言其贵?只因它老,它粗,是香港百年沧桑的活见证,香港人不忍看着它被砍伐,或者被移走,便跟要占用这片山坡的建筑者谈条件:可以在这儿建大楼盖商厦,但一不准砍树,二不准挪树,必须把它原地精心养起来,成为香港闹市中的一景。太古大厦的建设者最后签了合同,占用这个大山坡建豪华商厦的先决条件是同意保护这棵老树。

树长在半山坡上,计划将树下面的成千上万吨山石全部掏空取走,腾出地方来盖楼,把树架在大楼上面,仿佛它原本是长在楼顶上似的。建设者就地造了一个直径十八米、深十米的大花盆,先固定好这棵老树,再在大花盆底下盖楼。光这一项就花了两千三百八十九万港币,堪称是最昂贵的保护措施了。

太古大厦落成之后,人们可以乘滚动扶梯一次到位,来到太古大厦的顶层,出后门,那儿是一片自然景色。一棵大树出现在人们面前,树干有一米半粗,树冠直径足有二十多米,独木成林,非常壮观,形成一座以它为中心的小公园,取名叫"榕圃"。树前面//插着铜牌,说明原由。此情此景,如不看铜牌的说明,绝对想不到巨树根底下还有一座宏伟的现代大楼。

节选自舒乙《香港:最贵的一棵树》

朗读提示:

这篇文章,语调舒缓。朗读时注意句子的停连和语调,如"↘可以在这儿|建大楼|盖商厦,↗但|一不准砍树,二不准挪树,↘必须把它原地精心养起来,成为香港闹市中的一景。""太谷大厦的建设者|最后|签了合同,占用这个大山坡|建豪华商厦的先决条件是|同意保护这棵老树。""计划|将树下面的|成千上万吨山石|全部掏空取走,腾出地方来|盖楼,……"等。

Zuòpǐn 47 Hào

Zài Wānzǎi, Xiānggǎng zuì rènao de dìfang, yǒu yì kē róngshù, tā shì zuì guì de yì kē shù, bùguǎn zài Xiānggǎng, zài quánshìjiè, dōu shì zuì guì de.

Shù, huó de shù, yòu bú mài hé yán qí guì? Zhǐ yīn tā lǎo, tā cū, shì Xiānggǎng bǎinián cāngsāng de huó jiànzhèng, Xiānggǎngrén bùrěn kànzhe tā bèi kǎnfá, huòzhě bèi yízǒu, biàn gēn yào zhànyòng zhè piàn shānpō de jiànzhùzhě tán tiáojiàn: Kěyǐ zài zhèr jiàn dàlóu gài shāngshà, dàn yī bùzhǔn kǎn shù, èr bùzhǔn nuó shù, bìxū bǎ tā yuándì jīngxīn yǎng qǐ • lái, chéngwéi Xiānggǎng nàoshì zhōng de yì jǐng. Tàigǔ Dàshà de jiànshèzhě zuìhòu qiānle hétong, zhànyòng zhège dà shānpō jiàn háohuá shāngshà de xiānjué tiáojiàn shì tóngyì bǎohù zhè kē lǎoshù.

Shù zhǎng zài bànshānpō • shàng, jìhuà jiāng shù xià • miàn de chéngqiān - shàngwàn dūn shānshí quánbù tāokōng qǔzǒu, téngchū dìfang • lái gài lóu, bǎ shù jià zài dàlóu shàng • miàn, fǎngfú tā yuánběn shì zhǎng zài lóudǐng • shàng shìde. Jiànshèzhě jiùdì zàole yí gè zhíjìng shíbā mǐ, shēn shí mǐ de dà huāpén, xiān gùdìng hǎo zhè kē lǎoshù, zài zài dà huāpén dǐ • xià gài lóu. Guāng zhè yí xiàng jiù huāle liǎngqiān sānbǎi bāshíjiǔ wàn gǎngbì, kānchēng shì zuì ángguì de bǎohù cuòshī le.

Tàigǔ Dàshà luòchéng zhīhòu, rénmen kěyǐ chéng gǔndòng fútī yí cì dàowèi, láidào Tàigǔ Dàshà de dǐngcéng, chū hòumén, nàr shì yí piàn zìrán jǐngsè. Yì kē dàshù chūxiàn zài rénmen miànqián, shùgàn yǒu yì mǐ bàn cū, shūguàn zhíjìng zú yǒu èrshí duō mǐ, dúmù - chénglín, fēicháng zhuàngguān, xíngchéng yí zuò yǐ tā wéi zhōngxīn de xiǎo gōngyuán, qǔ míng jiào "róngpǔ". Shù qián • miàn // chāzhe tóngpái, shuōmíng yuányóu. Cǐqíng cǐjǐng, rú bú kàn tóngpái de shuōmíng, juéduì xiǎng • búdào jùshùgēn dǐ • xia háiyǒu yí zuò hóngwěi de xiàndài dàlóu.

Jiéxuǎn zì Shū Yǐ《Xiānggǎng: Zuìguì de Yìkē Shù》

作品 48 号

我们的船渐渐地逼近榕树了。我有机会看清它的真面目:是一棵大树,有数不清的丫枝,枝上又生根,有许多根一直垂到地上,伸进泥土里。一部分树枝垂到水面,从远处看,就像一棵大树斜躺在水面上一样。

现在正是枝繁叶茂的时节。这棵榕树好像在把它的全部生命力展示给我们看。那么多的绿叶,一簇堆在另一簇的上面,不留一点儿缝隙。翠绿的颜色明亮地在我们的眼前闪耀,似乎每一片树叶上都有一个新的生命在颤动,这美丽的南国的树!

船在树下泊了片刻,岸上很湿,我们没有上去。朋友说这里是"鸟的天堂",有许多鸟在这棵树上做窝,农民不许人去捉它们。我仿佛听见几只鸟扑翅的声音,但是等到我的眼睛注意地看那里时,我却看不见一只鸟的影子,只有无数的树根立在地上,像许多根木桩。地是湿的,大概涨潮时河水常常冲上岸去。"鸟的天堂"里没有一只鸟,我这样想到。船开了,一个朋友拨着船,缓缓地流到河中间去。

第二天,我们划着船到一个朋友的家乡去,就是那个有山有塔的地方。从学校出发,我们又经过那"鸟的天堂"。

这一次是在早晨,阳光照在水面上,也照在树梢上。一切都//显得非常光明。我们的船也在树下泊了片刻。

起初四周围非常清静。后来忽然起了一声鸟叫。我们把手一拍,便看见一只大鸟飞了起来,接着又看见第二只,第三只。我们继续拍掌,很快地这个树林就变得很热闹了。到处都是鸟声,到处都是鸟影。大的,小的,花的,黑的,有的站在枝上叫,有的飞起来,在扑翅膀。

节选自巴金《小鸟的天堂》

朗读提示:

这是一篇优美的散文,语调平稳但又不失欢快。朗读时注意读准"树、鸟、泥土、垂到、绿叶、簇、缝隙、船、涨潮、农民、地方、朋友"等易错词语的读音。注意句子的停连和重音,如"这棵榕树|好像|在把它的全部生命力|展示给我们看。"等。

Zuòpǐn 48 Hào

Wǒmen de chuán jiànjiàn de bījìn róngshù le. Wǒ yǒu jī • huì kànqīng tā de zhēn miànmù: shì yì kē dàshù, yǒu shǔ • bùqīng de yāzhī, zhī • shàng yòu shēng gēn, yǒu xǔduō gēn yìzhí chuídào dì • shàng, shēnjìn nítǔ • lǐ. Yí bù • fēn shùzhī chuídào shuǐmiàn, cóng yuǎnchǔ kàn, jiù xiàng yì kē dàshù xié tǎng zài shuǐmiàn • shàng yíyàng.

Xiànzài zhèngshì zhīfán – yèmào de shíjié. Zhè kē róngshù hǎoxiàng zài bǎ tā de quánbù shēngmìnglì zhǎnshì gěi wǒmen kàn. Nàme duō de lǜ yè, yí cù duī zài lìng yí cù de shàng • miàn, bù liú yìdiǎnr fèngxì. Cuìlǜ de yánsè míngliàng de zài wǒmen de yǎnqián shǎnyào, sìhū měi yí piàn shùyè • shàng dōu yǒu yí gè xīn de shēngmìng zài chàndòng, zhè měilì de nánguó de shù!

Chuán zài shù • xià bóle piànkè, àn • shàng hěn shī, wǒmen méi • yǒu shàng • qù. Péngyou shuō zhèlǐ shì "niǎo de tiāntáng", yǒu xǔduō niǎo zài zhè kē shù • shàng zuò wō, nóngmín bùxǔ rén qù zhuō tāmen. Wǒ fǎngfú tīng • jiàn jǐ zhī niǎo pū chì de shēngyīn, dànshì děngdào wǒ de yǎnjing zhùyì de kàn nà • lǐ shí, wǒ què kàn • bújiàn yì zhī niǎo de yǐngzi, zhǐyǒu wúshù de shùgēn lì zài dì • shàng, xiàng xǔduō gēn mùzhuāng. Dì shì shī de, dàgài zhǎngcháo shí héshuǐ chángcháng chōng • shàng àn • qù. "Niǎo de tiāntáng" • lǐ méi • yǒu yì zhī niǎo, wǒ zhèyàng xiǎngdào. Chuán kāi le, yí gè péngyou bōzhe chuán, huǎnhuǎn de liúdào hé zhōngjiān qù.

Dì – èr tiān, wǒmen huázhe chuán dào yí gè péngyou de jiāxiāng qù, jiùshì nàge yǒu shān yǒu tǎ de dìfang. Cóng xuéxiào chūfā, wǒmen yòu jīngguò nà "niǎo de tiāntáng".

Zhè yí cì shì zài zǎo • chen, yángguāng zhào zài shuǐmiàn • shàng, yě zhào zài shùshāo • shàng. Yíqiè dōu // xiǎn • de fēicháng guāngmíng. Wǒmen de chuán yě zài shù • xià bóle piànkè.

Qǐchū sì zhōuwéi fēicháng qīngjìng. Hòulái hūrán qǐle yì shēng niǎojiào. Wǒmen bǎ shǒu yì pāi, biàn kàn • jiàn yì zhī dàniǎo fēile qǐ • lái, jiēzhe yòu kàn • jiàn dì – èr zhī, dì – sān zhī. Wǒmen jìxù pāizhǎng, hěn kuài de zhège shùlín jiù biàn de hěn rènao le. Dàochǔ dōu shì niǎo shēng, dàochǔ dōu shì niǎo yǐng. Dà de, xiǎo de, huā de, hēi de, yǒude zhàn zài zhī • shàng jiào, yǒude fēi qǐ • lái, zài pū chìbǎng.

Jiéxuǎn zì Bā Jīn《Xiǎoniǎo de Tiāntáng》

作品 49 号

有这样一个故事。

有人问：世界上什么东西的气力最大？回答纷纭得很，有的说"象"，有的说"狮"，有人开玩笑似的说：是"金刚"，金刚有多少气力，当然大家全不知道。

结果，这一切答案完全不对，世界上气力最大的，是植物的种子。一粒种子所可以显现出来的力，简直是超越一切。

人的头盖骨，结合得非常致密与坚固，生理学家和解剖学者用尽了一切的方法，要把它完整地分出来，都没有这种力气。后来忽然有人发明了一个方法，就是把一些植物的种子放在要剖析的头盖骨里，给它以温度与湿度，使它发芽。一发芽，这些种子便以可怕的力量，将一切机械力所不能分开的骨骼，完整地分开了。植物种子的力量之大，如此如此。

这，也许特殊了一点儿，常人不容易理解。那么，你看见过笋的成长吗？你看见过被压在瓦砾和石块下面的一棵小草的生长吗？它为着向往阳光，为着达成它的生之意志，不管上面的石块如何重，石与石之间如何狭，它必定要曲曲折折地，但是顽强不屈地透到地面上来。它的根往土壤钻，它的芽往地面挺，这是一种不可抗拒的力，阻止它的石块，结果也被它掀翻，一粒种子的力量之大，// 如此如此。

没有一个人将小草叫作"大力士"，但是它的力量之大，的确是世界无比。这种力是一般人看不见的生命力。只要生命存在，这种力就要显现。上面的石块，丝毫不足以阻挡。因为它是一种"长期抗战"的力；有弹性，能屈能伸的力；有韧性，不达目的不止的力。

节选自夏衍《野草》

朗读提示：

这篇说明文，语调舒缓。朗读时注意句子的停连和重音，如"有的说'象'，有的说'狮'，有人开玩笑似的说：是'金刚'，金刚有多少气力，当然大家全|不知道。"、"……，它必定要曲曲折折地，但是|顽强不屈地|透到地面上来。它的根|往土里钻，它的芽 |往地面挺，……"等。

Zuòpǐn 49 Hào

Yǒu zhèyàng yí gè gùshì.

Yǒu rén wèn: shìjiè • shàng shénme dōngxi de qìlì zuì dà? Huídá fēnyún de hěn, yǒude shuō "xiàng", yǒude shuō "shī", yǒu rén kāi wánxiào shìde shuō: shì "Jīngāng", Jīngāng yǒu duō • shǎo qìlì, dāngrán dàjiā quán bù zhī • dào.

Jiéguǒ, zhè yíqiè dá'àn wánquán bú duì, shìjiè • shàng qìlì zuì dà de, shì zhíwù de zhǒngzi. Yí lì zhǒngzi suǒ kěyǐ xiǎnxiàn chū • lái de lì, jiǎnzhí shì chāoyuè yíqiè.

Rén de tóugàigǔ, jiéhé de fēicháng zhìmì yǔ jiāngù, shēnglǐxuéjiā hé jiěpōuxuézhě yòngjìnle yíqiè de fāngfǎ, yào bǎ tā wánzhěng de fēn chū • lái, dōu méi • yǒu zhè zhǒng lìqì. Hòulái hūrán yǒu rén fāmíngle yí gè fāngfǎ, jiùshì bǎ yìxiē zhíwù de zhǒngzi fàng zài yào pōuxī de tóugàigǔ • lǐ, gěi tā yǐ wēndù yǔ shīdù, shǐ tā fāyá. Yì fāyá, zhèxiē zhǒngzi biàn yǐ kěpà de lì • liàng, jiāng yíqiè jīxièlì suǒ bùnéng fēnkāi de gǔgé, wánzhěng de fēnkāi le. Zhíwù zhǒngzi de lìliàng zhī dà, rúcǐ rúcǐ.

Zhè, yěxǔ tèshūle yìdiǎnr, chángrén bù róng • yì lǐjiě. Nàme, nǐ kàn • jiànguo sǔn de chéngzhǎng ma? Nǐ kàn • jiànguo bèi yā zài wǎlì hé shíkuài xià • miàn de yì kē xiǎocǎo de shēngzhǎng ma? Tā wèizhe xiàngwǎng yángguāng, wèizhe dáchéng tā de shēng zhī yìzhì, bùguǎn shàng • miàn de shíkuài rúhé zhòng, shí yǔ shí zhījiān rúhé xiá, tā bìdìng yào qūqū – zhézhé de, dànshì wánqiáng – bùqū de tòudào dìmiàn shàng • lái. Tā de gēn wǎng tǔrǎng zuān, tā de yá wǎng dìmiàn tǐng, zhèshì yì zhǒng bùkě kàngjù de lì, zǔzhǐ tā de shíkuài, jiéguǒ yě bèi tā xiānfān, yí lì zhǒngzi de lì • liàng zhī dà, // rúcǐ rúcǐ.

Méi • yǒu yí gè rén jiāng xiǎocǎo jiàozuò "dàlìshì", dànshì tā de lì • liàng zhī dà, díquè shì shìjiè wúbǐ. Zhè zhǒng lì shì yìbān rén kàn • bújiàn de shēngmìnglì. Zhǐyào shēngmìng cúnzài, zhè zhǒng lì jiù yào xiǎnxiàn. Shàng • miàn de shíkuài, sīháo bù zúyǐ zǔdǎng. Yīn • wèi tā shì yì zhǒng "chángqī kàngzhàn" de lì; yǒu tánxìng, néngqū – néngshēn de lì; yǒu rènxìng, bù dá mùdì bù zhǐ de lì.

Jiéxuǎn zì Xià Yǎn《Yěcǎo》

作品 50 号

燕子去了,有再来的时候;杨柳枯了,有再青的时候;桃花谢了,有再开的时候。但是,聪明的,你告诉我,我们的日子为什么一去不复返呢? ——是有人偷了他们罢:那是谁?又藏在何处呢? 是他们自己逃走了罢:现在又到了哪里呢?

去的尽管去了,来的尽管来着;去来的中间,又怎样地匆匆呢? 早上我起来的时候,小屋里射进两三方斜斜的太阳。太阳他有脚啊,轻轻悄悄地挪移了;我也茫茫然跟着旋转。于是——洗手的时候,日子从水盆里过去;吃饭的时候,日子从饭碗里过去;默默时,便从凝然的双眼前过去。我觉察他去的匆匆了,伸出手遮挽时,他又从遮挽着的手边过去;天黑时,我躺在床上,他便伶伶俐俐地从我身上跨过,从我脚边飞去了。等我睁开眼和太阳再见,这算又溜走了一日。我掩着面叹息。但是新来的日子的影儿又开始在叹息里闪过了。

在逃去如飞的日子里,在千门万户的世界里的我能做些什么呢? 只有徘徊罢了,只有匆匆罢了;在八千多日的匆匆里,除徘徊外,又剩些什么呢? 过去的日子如轻烟,被微风吹散了,如薄雾,被初阳蒸融了;我留着些什么痕迹呢? 我何曾留着像游丝样的痕迹呢? 我赤裸裸来到这世界,转眼间也将赤裸裸的回去罢? 但不能平的,为什么偏要白白走这一遭啊?

你聪明的,告诉我,我们的日子为什么一去不复返呢?

节选自朱自清《匆匆》

朗读提示:

这是朱自清先生的一篇抒情散文。全文透出淡淡的哀愁和在徘徊中对真理的执着追求,感情真挚,语调舒缓而富于变化。文中轻声词语较多,如"时候、日子"等;要注意鼻边音词语"挪移、伶伶俐俐、溜走、留着"等发音;正确读出带有语气词"啊"变的句子,如"太阳他有脚啊(wa)……""为什么偏偏要白白走这一遭啊(wa)?"等。此外,还要注意问句语调要上扬,如"我们的日子为什么一去不复返呢? ↗——是有人偷了他们罢:那是谁? ↗又藏在何处呢? ↗是他们自己逃走了罢:现在又到了哪里呢? ↗"等。

Zuopin 50 Hào:

　　Yànzi qù le, yǒu zài lái de shíhou; yángliǔ kū le, yǒu zài qīng de shíhou; táohuā xiè le, yǒu zài kāi de shíhou. Dànshì, cōngmíng de, nǐ gàosu wǒ, wǒmen de rìzi wèishénme yí qù bú fù fǎn ne? —— Shì yǒu rén tōu le tāmen ba: nà shì shuí? Yòu cáng zài hé chù ne? Shì tāmen zìjǐ táo zǒu le ba: Xiànzài yòu dào le nǎli ne?

　　Qù de jǐnguǎn qù le, lái de jǐnguǎn lái zhe; qù lái de zhōngjiān, yòu zěnyàng de cōngcōng ne? Zǎoshang wǒ qǐlái de shíhou, xiǎo wū lǐ shè jìn liǎng sān fāng xiéxié de tài·yáng. Tài·yáng tā yǒu jiǎo wa, qīngqīng - qiāoqiāo de nuóyí le; wǒ yě mángmáng rán gēn zhe xuánzhuǎn. Yúshì——xǐ shǒu de shíhou, rìzi cóng shuǐ pén lǐ guò·qù; chīfàn de shíhou, rìzi cóng fànwǎn lǐ guò·qù; mòmò shí, biàn cóng níng rán de shuāng yǎn qián guò·qù. Wǒ juéchá tā qù de cōngcōng le, shēn chū shǒu zhēwǎn shí, tā yòu cóng zhēwǎn zhe de shǒu biān guò·qù; tiān hēi shí, wǒ tǎng zài chuáng shàng, tā biàn línglíng - lìlì de cóng wǒ shēnshang kuà guò, cóng wǒ jiǎo biān fēi qù le. Děng wǒ zhēng kāi yǎn hé tài·yáng zài jiàn, zhè suàn yòu liū zǒu le yí rì. Wǒ yǎn zhe miàn tànxī. Dànshì xīn lái de rìzi de yǐng'ér yòu kāishǐ zài tànxī lǐ shǎn guò le.

　　Zài táo qù rú fēi de rìzi lǐ, zài qiānmén - wànhù de shìjiè lǐ de wǒ néng zuò xiē shénme ne? zhíyǒu páihuái bà le, zhíyǒu cōngcōng bà le; zài bā qiān duō rì de cōngcōng lǐ, chú páihuái wài, yòu shèng xiē shénme ne? Guò qù de rìzi rú qīng yān, bèi wēifēng chuī sàn le, rú bó wù, bèi chū yáng zhēng róng le; wǒ liú zhe xiē shénme hénjì ne? Wǒ hé céng liú zhe xiàng yóusī yàng de hénjì ne? Wǒ chìluǒluǒ lái // dào zhè shìjiè, zhuǎnyǎn jiān yě jiāng chìluǒluǒ de huí qù ba? Dàn bù néng píng de, wèishénme piān yào báibái zǒu zhè yì zāo wa?

　　Nǐ cōngmíng de, gàosu wǒ, wǒmen de rìzi wèishénme yí qù bú fù fǎn ne?

Jiéxuǎn zì Zhū Zìqīng《cōngcōng》

作品 51 号

有个塌鼻子的男孩儿,因为两岁时得过脑炎,智力受损,学习起来很吃力。打个比方,别人写作文能写二三百字,他却只能写三五行。但即便这样的作文,他同样能写得很动人。

那是一次作文课,题目是《愿望》。他极其认真地想了半天,然后极认真地写,那作文极短。只有三句话:我有两个愿望,第一个是,妈妈天天笑眯眯地看着我说:"你真聪明。"第二个是,老师天天笑眯眯地看着我说:"你一点儿也不笨。"

于是,就是这篇作文,深深地打动了他的老师,那位妈妈式的老师不仅给了他最高分,在班上带感情地朗读了这篇作文,还一笔一画地批道:你很聪明,你的作文写得非常感人,请放心,妈妈肯定会格外喜欢你的,老师肯定会格外喜欢你的,大家肯定会格外喜欢你的。

捧着作文本,他笑了,蹦蹦跳跳地回家了,像只喜鹊。但他并没有把作文本拿给妈妈看,他是在等待,等待着一个美好的时刻。

那个时刻终于到了,是妈妈的生日——一个阳光灿烂的星期天:那天,他起得特别早,把作文本装在一个亲手做的美丽的大信封里,等着妈妈醒来。妈妈刚刚睁眼醒来,他就笑眯眯地走到妈妈跟前说:"妈妈,今天是您的生日,我要 // 送给您一件礼物。"

果然,看着这篇作文,妈妈甜甜地涌出了两行热泪,一把搂住男孩儿,搂得很紧很紧。

是的,智力可以受损,但爱永远不会。

节选自张玉庭《一个美丽的故事》

朗读提示:

这篇文章感人至深,语言朴实自然。朗读时请注意对话中人物语气的变化,并注意读准轻声词语,如"比方、聪明、喜欢、妈妈"等。注意句子停连和重音,如"捧着作文本,他笑了,蹦蹦跳跳地|回家了,像只喜鹊。"等。

Zuòpǐn 51 Hào

Yǒu gè tā bízi de nánháir, yīn·wèi liǎng suì shí déguo nǎoyán, zhìlì shòu sǔn, xuéxí qǐ·lái hěn chīlì. Dǎ·gè bǐfang, bié·rén xiě zuòwén néng xiě èr–sān bǎi zì, tā què zhǐ néng xiě sān–wǔ háng. Dàn jíbiàn zhèyàng de zuòwén, tā tóngyàng néng xiě de hěn dòngrén.

Nà shì yí cì zuòwénkè, tímù shì《Yuànwàng》. Tā jíqí rènzhēn de xiǎngle bàntiān, ránhòu jí rènzhēn de xiě, nà zuòwén jí duǎn. Zhǐyǒu sān jù huà: Wǒ yǒu liǎng gè yuànwàng, dì–yī gè shì, māma tiāntiān xiàomīmī de kànzhe wǒ shuō: "nǐ zhēn cōng·míng. "dì–èr gè shì, lǎoshī tiāntiān xiàomīmī de kànzhe wǒ shuō: "nǐ yìdiǎnr yě bú bèn. "

Yúshì, jiùshì zhè piān zuòwén, shēnshēn de dǎdòngle tā de lǎoshī, nà wèi māma shì de lǎoshī bùjǐn gěile tā zuì gāo fēn, zài bān·shàng dài gǎnqíng de lǎngdúle zhè piān zuòwén, hái yìbǐ–yíhuà de pīdào: Nǐ hěn cōng·míng, nǐ de zuòwén xiě de fēicháng gǎnrén, qǐng fàngxīn, māma kěndìng huì géwài xǐhuan nǐ de, lǎoshī kěndìng huì géwài xǐhuan nǐ de, dàjiā kěndìng huì géwài xǐhuan nǐ de.

Pěngzhe zuòwénběn, tā xiào le, bèngbèng–tiàotiào de huí jiā le, xiàng zhī xǐ·què. Dàn tā bìng méi·yǒu bǎ zuòwénběn nágěi māma kàn, tā shì zài děngdài, děngdàizhe yí gè měihǎo de shíkè.

Nàge shíkè zhōngyú dào le, shì māma de shēng·rì——yí gè yángguāng cànlàn de xīngqītiān: Nà tiān, tā qǐ de tèbié zǎo, bǎ zuòwénběn zhuāng zài yí gè qīnshǒu zuò de měilì de dà xìnfēng·lǐ, děngzhe māma xǐng·lái. Māma gānggāng zhēng yǎn xǐng·lái, tā jiù xiàomīmī de zǒudào māma gēn·qián shuō: "māma, jīntiān shì nín de shēng·rì, wǒ yào//sònggěi nín yí jiàn lǐwù. "

Guǒrán, kànzhe zhè piān zuòwén, māma tiántián de yǒngchūle liǎng háng rèlèi, yì bǎ lǒuzhù nánháir, lǒu de hěn jǐn hěn jǐn.

Shìde, zhìlì kěyǐ shòu sǔn, dàn ài yǒngyuǎn bú huì.

Jiéxuǎn zì Zhāng Yùtíng《Yí Gè Měilì de gùshì》

作品 52 号

小学的时候,有一次我们去海边远足,妈妈没有做便饭,给了我十块钱买午餐。好像走了很久,很久,终于到海边了,大家坐下来便吃饭,荒凉的海边没有商店,我一个人跑到防风林外面去,级任老师要大家把吃剩的饭菜分给我一点儿。有两三个男生留下一点儿给我,还有一个女生,她的米饭拌了酱油,很香。我吃完的时候,她笑眯眯地看着我,短头发,脸圆圆的。

她的名字叫翁香玉。

每天放学的时候,她走的是经过我们家的一条小路,带着一位比她小的男孩儿,可能是弟弟。小路边是一条清澈见底的小溪,两旁竹阴覆盖,我总是远远地跟在她后面,夏日的午后特别炎热,走到半路她会停下来,拿手帕在溪水里浸湿,为男孩儿擦脸。我也在后面停下来,把肮脏的手帕弄湿了擦脸,再一路远远跟着她回家。

后来我们家搬到镇上去了,过几年我也上了中学。有一天放学回家,在火车上,看见斜对面一位短头发、圆圆脸的女孩儿,一身素净的白衣黑裙。我想她一定不认识我了。火车很快到站了,我随着人群挤向门口,她也走近了,叫我的名字。这是她第一次和我说话。

她笑眯眯的,和我一起走过月台。以后就没有再见过//她了。

这篇文章收在我出版的《少年心事》这本书里。

书出版后半年,有一天我忽然收到出版社转来的一封信,信封上是陌生的字迹,但清楚地写着我的本名。

信里面说她看到了这篇文章心里非常激动,没想到在离开家乡,漂泊异地这么久之后,会看见自己仍然在一个人的记忆里,她自己也深深记得这其中的每一幕,只是没想到越过遥远的时空,竟然另一个人也深深记得。

节选自苦伶《永远的记忆》

朗读提示:

这是一篇温馨的散文,语调平稳。朗读时注意读准"时候、远足、午餐荒凉、翁香玉、男孩儿、女孩儿、手帕、素净"等易错词语的读音。注意句子的停连和重音,如"级任老师|要大家|把吃剩下的饭菜|分给我一点儿。"等。

Zuòpǐn 52 Hào

Xiǎoxué de shíhou, yǒu yí cì wǒmen qù hǎibiān yuǎnzú, māma méi • yǒu zuò biànfàn, gěile wǒ shí kuài qián mǎi wǔcān. Hǎoxiàng zǒule hěn jiǔ, hěn jiǔ, zhōngyú dào hǎibiān le, dàjiā zuò xià • lái biàn chīfàn, huāngliáng de hǎibiān méi • yǒu shāngdiàn, wǒ yí gè rén pǎodào fángfēnglín wài • miàn qù, jírèn lǎoshī yào dàjiā bǎ chīshèng de fàncài fēngěi wǒ yìdiǎnr. Yǒu liǎng – sān gè nánshēng liú • xià yìdiǎnr gěi wǒ, hái yǒu yí gè nǚshēng, tā de mǐfàn bànle jiàngyóu, hěn xiāng. Wǒ chīwán de shíhou, tā xiàomīmī de kànzhe wǒ, duǎn tóufa, liǎn yuányuán de.

Tā de míngzi jiào Wēng Xiāngyù.

Měi tiān fàngxué de shíhou, tā zǒu de shì jīngguò wǒmen jiā de yì tiáo xiǎolù, dàizhe yí wèi bǐ tā xiǎo de nánháir, kěnéng shì dìdi. Xiǎolù biān shì yì tiáo qīngchè jiàn dǐ de xiǎoxī, liǎngpáng zhúyīn fùgài, wǒ zǒngshì yuányuǎn de gēn zài hòu • miàn. Xiàrì de wǔhòu tèbié yánrè, zǒudào bànlù tā huì tíng xià • lái, ná shǒupà zài xīshuǐ • lǐ jìnshī, wèi nánháir cā liǎn. Wǒ yě zài hòu • miàn tíng xià • lái, bǎ āngzāng de shǒupà nòngshīle cā liǎn, zài yílù yuǎnyuǎn gēnzhe tā huíjiā.

Hòulái wǒmen jiā bāndào zhèn • shàng qù le, guò jǐ nián wǒ yě shàngle zhōngxué. Yǒu yì tiān fàngxué huíjiā, zài huǒchē • shàng, kàn • jiàn xiéduìmiàn yí wèi duǎn tóufa; yuányuán liǎn de nǚháir, yì shēn sùjìng de bái yī hēi qún. Wǒ xiǎng tā yídìng bú rènshi wǒ le. Huǒchē hěn kuài dào zhàn le, wǒ suízhe rénqún jǐ xiàng ménkǒu, tā yě zǒujìnle, jiào wǒ de míngzi. Zhè shì tā dì – yī cì hé wǒ shuōhuà.

Tā xiàomīmī de, hé wǒ yìqǐ zǒuguò yuètái. Yǐhòu jiù méi • yǒu zài jiànguo // tā le.

Zhè piān wénzhāng shōu zài wǒ chūbǎn de《Shàonián Xīnshì》zhè běn shū • lǐ.

Shū chūbǎn hòu bàn nián, yǒu yì tiān wǒ hūrán shōudào chūbǎnshè zhuǎnlái de yì fēng xìn, xìnfēng • shàng shì mòshēng de zìjì, dàn qīngchu de xiězhe wǒ běnmíng.

Xìn lǐ • miàn shuō tā kàndàole zhè piān wénzhāng xīn • lǐ fēicháng jīdòng, méi xiǎngdào zài líkāi jiāxiāng, piāobó yìdì zhème jiǔ zhīhòu, huì kàn • jiàn zìjǐ réngrán zài yí gè rén de jìyì • lǐ, tā zìjǐ yě shēnshēn jì • dé zhè qízhōng de měi yí mù, zhǐshì méi xiǎngdào yuèguò yáoyuǎn de shíkōng, jìngrán lìng yí gè rén yě shēnshēn jì • dé.

Jiéxuǎn zì Kǔ Líng《Yǒngyuǎn de Jìyì》

作品 53 号

在繁华的巴黎大街的路旁，站着一个衣衫褴褛、头发斑白、双目失明的老人。他不像其他乞丐那样伸手向过路行人乞讨，而是在身旁立一块木牌，上面写着："我什么也看不见!"街上过往的行人很多，看了木牌上的字都无动于衷，有的还淡淡一笑，便姗姗而去了。

这天中午，法国著名诗人让·彼浩勒也经过这里。他看看木牌上的字，问盲老人："老人家，今天上午有人给你钱吗?"

盲老人叹息着回答："我，我什么也没有得到。"说着，脸上的神情非常悲伤。

让·彼浩勒听了，拿起笔悄悄地在那行字的前面添上了"春天到了，可是"几个字，就匆匆地离开了。

晚上，让·彼浩勒又经过这里，问那个盲老人下午的情况。盲老人笑着回答说："先生，不知为什么，下午给我钱的人多极了!"让·彼浩勒听了，摸着胡子满意地笑了。

"春天到了，可是我什么也看不见!"这富有诗意的语言，产生这么大的作用，就在于它有非常浓厚的感情色彩。是的，春天是美好的，那蓝天白云，那绿树红花，那莺歌燕舞，那流水人家，怎么不叫人陶醉呢? 但这良辰美景，对于一个双目失明的人来说，只是一片漆黑。当人们想到这个盲老人，一生中竟连万紫千红的春天 // 都不曾看到，怎能不对他产生同情之心呢?

节选自小学《语文》第六册中《语言的魅力》

朗读提示：

这篇文章节奏舒缓。朗读时请注意对话中人物语气的变化，如"盲老人叹息着回答：……"和"盲老人笑着回答说：……"的语气差别。注意句子的抑扬顿挫，如"是的，↘春天是美好的，↗那蓝天白云，↗那绿树红花，↗那莺歌燕舞，↘那流水人家，↗怎么不叫人陶醉呢?"请注意读准易错词语，如"路旁、衣衫褴褛、双目失明、盲老人、姗姗而去、让·彼浩勒"等。

Zuòpǐn 53 Hào

Zài fánhuá de Bālí dàjiē de lùpáng, zhànzhe yí gè yīshān lánlǚ, tóufa bānbái, shuāngmù shīmíng de lǎorén. Tā bú xiàng qítā qǐgài nàyàng shēnshǒu xiàng guòlù xíngrén qǐtǎo, ér shì zài shēnpáng lì yí kuài mùpái, shàng • miàn xiězhe: "Wǒ shénme yě kàn • bújiàn!" Jiē • shàng guòwǎng de xíngrén hěn duō, kànle mùpái • shàng de zì • dōu wúdòngyúzhōng, yǒude hái dàndàn yí xiào, biàn shānshān ér qù le.

Zhè tiān zhōngwǔ, Fǎguó zhùmíng shīrén Ràng • Bǐhàolè yě jīngguò zhè • lǐ. Tā kànkan mùpái • shàng de zì, wèn máng lǎorén: "Lǎo • rén • jiā, jīntiān shàngwǔ yǒu rén gěi nǐ qián ma?"

Máng lǎorén tànxīzhe huídá: "Wǒ, wǒ shénme yě méi • yǒu dédào." Shuōzhe, liǎn • shàng de shénqíng fēicháng bēishāng.

Ràng • Bǐhàolè tīng le, náqǐ bǐ qiāoqiāo de zài nà háng zì de qián • miàn tiān • shàngle "chūntiān dào le, kěshì" jǐ gè zì, jiù cōngcōng de líkāi le.

Wǎnshang, Ràng • Bǐhàolè yòu jīngguò zhè • lǐ, wèn nàge máng lǎorén xiàwǔ de qíngkuàng. Máng lǎorén xiàozhe huídá shuō: "Xiānsheng, bù zhī wèishénme, xiàwǔ gěi wǒ qián de rén duō jí le!" Ràng • Bǐhàolè tīng le, mōzhe húzi mǎnyì de xiào le.

"Chūntiān dào le, kěshì wǒ shénme yě kàn • bú jiàn!" Zhè fùyǒu shīyì de yǔyán, chǎnshēng zhème dà de zuòyòng, jiù zàiyú tā yǒu fēicháng nónghòu de gǎnqíng sècǎi. Shìde, chūntiān shì měihǎo de, nà lántiān báiyún, nà lǜshù hónghuā, nà yīnggē – yànwǔ, nà liúshuǐ rénjiā, zěnme bú jiào rén táozuì ne? Dàn zhè liángchén měijǐng, duìyú yí gè shuāngmù shīmíng de rén lái shuō, zhǐshì yí piàn qīhēi. Dāng rénmen xiǎngdào zhège máng lǎorén, yìshēng zhōng jìng lián wànzǐ – qiānhóng de chūntiān // dōu bùcéng kàndào, zěn néng bù duì tā chǎnshēng tóngqíng zhī xīn ne?

Jiéxuǎn zì Xiǎoxué《Yǔwén》dì – liù cè zhōng《Yǔyán de Mèilì》

作品 54 号

有一次,苏东坡的朋友张鹗拿着一张宣纸来求他写一幅字,而且希望他写一点儿关于养生方面的内容。苏东坡思索了一会儿,点点头说:"我得到了一个养生长寿古方,药只有四味,今天就赠给你吧。"于是,东坡的狼毫在纸上挥洒起来,上面写着:"一曰无事以当贵,二曰早寝以当富,三曰安步以当车,四曰晚食以当肉。"

"这哪里有药?"张鹗一脸茫然地问。苏东坡笑着解释说,养生长寿的要诀,全在这四句里面。

所谓"无事以当贵",是指人不要把功名利禄、荣辱过失考虑得太多,如能在情志上潇洒大度,随遇而安,无事以求,这比富贵更能使人终其天年。

"早寝以当富",指吃好穿好、财货充足,并非就能使你长寿。对老年人来说,养成良好的起居习惯,尤其是早睡早起,比获得任何财富更加宝贵。

"安步以当车",指人不要过于讲求安逸、肢体不劳,而应多以步行来替代骑马乘车,多运动才可以强健体魄,通畅气血。

"晚食以当肉",意思是人应该用已饥方食、未饱先止代替对美味佳肴的贪吃无厌。他进一步解释,饿了以后才进食,虽然是粗茶淡饭,但其香甜可口会胜过山珍;如果饱了还要勉强吃,即使美味佳肴摆在眼前也难以//下咽。

苏东坡的四味"长寿药",实际上是强调了情志、睡眠、运动、饮食四个方面对养生长寿的重要性,这种养生观点即使在今天仍然值得借鉴。

节选自蒲昭和《赠你四味长寿药》

朗读提示:

这篇关于养生之道的文章,节奏舒缓,语气平和。朗读时请注意读准易错词语,如"张鹗、狼毫、无事以当贵、乘车、勉强"等。还要注意四字格的词语的读音,如"功名利禄、荣辱过失、潇洒大度、随遇而安、无事以求、肢体不劳、强健体魄、通畅气血"等。

Zuòpǐn 54 Hào

Yǒu yí cì, Sū Dōngpō de péngyou Zhāng È názhe yì zhāng xuānzhǐ lái qiú tā xiě yì fú zì, érqiě xīwàng tā xiě yìdiǎnr guānyú yǎngshēng fāngmiàn de nèiróng. Sū Dōngpō sīsuǒle yíhuìr, diǎndian tóu shuō: "Wǒ dédàole yì gè yǎngshēng chángshòu gǔfāng, yào zhǐyǒu sì wèi, jīntiān jiù zènggěi nǐ ba. "Yúshì, Dōngpō de lánghāo zài zhǐ · shàng huīsǎ qǐ · lái, shàng · miàn xiězhe: "Yī yuē wú shì yǐ dàng guì, èr yuē zǎo qǐn yǐ dàng fù, sān yuē ān bù yǐ dàng chē, sì yuē wǎn shí yǐ dàng ròu. "

"Zhè nǎ · lǐ yǒu yào?" Zhāng È yìliǎn mángrán de wèn. Sū Dōngpō xiàozhe jiěshì shuō, yǎngshēng chángshòu de yàojué, quán zài zhè sì jù lǐ · miàn.

Suǒwèi "wú shì yǐ dàng guì", shì zhǐ rén búyào bǎ gōngmíng lìlù, róngrǔ guòshī kǎolǜ de tài duō, rú néng zài qíngzhì · shàng xiāosǎ dàdù, suíyù'érān, wú shì yǐ qiú, zhè bǐ fùguì gèng néng shǐ rén zhōng qí tiānnián.

"Zǎo qǐn yǐ dàng fù", zhǐ chīhǎo chuānhǎo、cáihuò chōngzú, bìngfēi jiù néng shǐ nǐ chángshòu. Duì lǎoniánrén lái shuō, yǎngchéng liánghǎo de qǐjū xíguàn, yóuqí shì zǎo shuì zǎo qǐ, bǐ huòdé rènhé cáifù gèngjiā bǎoguì.

"Ān bù yǐ dàng chē", zhǐ rén búyào guòyú jiǎngqiú ānyì, zhītǐ bù láo, ér yīng duō yǐ bùxíng lái tìdài qímǎ chéngchē, duō yùndòng cái kěyǐ qiángjiàn tǐpò, tōngchàng qìxuè.

"Wǎn shí yǐ dàng ròu", yìsī shì rén yīnggāi yòng yǐ jī fāng shí, wèi bǎo xiān zhǐ dàitì duì měiwèi jiāyáo de tānchī wú yàn. Tā jìnyíbù jiěshì, èle yǐhòu cái jìnshí, suīrán shì cūchá - dànfàn, dàn qí xiāngtián kěkǒu huì shèngguò shānzhēn; rúguǒ bǎole háiyào miǎnqiǎng chī, jíshǐ měiwèi jiāyáo bǎi zài yǎnqián yě nányǐ // xiàyàn.

Sū Dōngpō de sì wèi "chángshòuyào", shíjì · shàng shì qiángdiàole qíngzhì、shuìmián、yùndòng、yǐnshí sì gè fāngmiàn duì yǎngshēng chángshòu de zhòngyàoxìng, zhè zhǒng yǎngshēng guāndiǎn jíshǐ zài jīntiān réngrán zhí · dé jièjiàn.

Jiéxuǎn zì Pú Zhāohé《Zèng Nǐ Sì Wèi Chángshòuyào》

作品 55 号

人活着,最要紧的是寻觅到那片代表着生命绿色和人类希望的丛林,然后选一高高的枝头站在那里观览人生,消化痛苦,孕育歌声,愉悦世界!

这可真是一种潇洒的人生态度,这可真是一种心境爽朗的情感风貌。

站在历史的枝头微笑,可以减免许多烦恼。在那里,你可以从众生相所包含的甜酸苦辣、百味人生中寻找你自己;你境遇中的那点儿苦痛,也许相比之下,再也难以占据一席之地;你会较容易地获得从不悦中解脱灵魂的力量,使之不致变得灰暗。

人站得高些,不但能有幸早些领略到希望的曙光,还能有幸发现生命的立体的诗篇。每一个人的人生,都是这诗篇中的一个词、一个句子或者一个标点。你可能没有成为一个美丽的词,一个引人注目的句子,一个惊叹号,但你依然是这生命的立体诗篇中的一个音节、一个停顿、一个必不可少的组成部分。这足以使你放弃前嫌,萌生为人类孕育新的歌声的兴致,为世界带来更多的诗意。

最可怕的人生见解,是把多维的生存图景看成平面。因为那平面上刻下的大多是凝固了的历史——过去的遗迹;但活着的人们,活得却是充满着新生智慧的,由 // 不断逝去的"现在"组成的未来。人生不能像某些鱼类躺着游,人生也不能像某些兽类爬着走,而应该站着向前行,这才是人类应有的生存姿态。

节选自[美]本杰明·拉什《站在历史的枝头微笑》

朗读提示:

这篇翻译过的文章富有哲理,书面语较多。朗读时注意句子的重音和停连的变化,如"人活着,最要紧的|是寻觅到|那片代表着生命绿色|和人类希望的|丛林,……""在那里,你可以|从众生相|所包含的|甜酸苦辣、百味人生中|寻找你自己;……"等。注意多次出现的"一个"音变词语,如"一个人、一个词、一个句子、一个音节、一个停顿"等。

Zuòpǐn 55 Hào

Rén huózhe, zuì yàojǐn de shì xúnmì dào nà piàn dàibiǎozhe shēngmìng lǜsè hé rénlèi xīwàng de cónglín, ránhòu xuǎn yì gāogāo de zhītóu zhàn zài nà • lǐ guānlǎn rénshēng, xiāohuà tòngkǔ, yùnyù gēshēng, yúyuè shìjiè!

Zhè kě zhēn shì yì zhǒng xiāosǎ de rénshēng tài • dù, zhè kě zhēn shì yì zhǒng xīnjìng shuǎnglǎng de qínggǎn fēngmào.

Zhàn zài lìshǐ de zhītóu wēixiào, kěyǐ jiǎnmiǎn xǔduō fánnǎo. Zài nà • lǐ, nǐ kěyǐ cóng zhòngshēngxiàng suǒ bāohán de tián – suān – kǔ – là, bǎiwèi rénshēng zhōng xúnzhǎo nǐ zìjǐ; nǐ jìngyù zhōng de nà diǎnr kǔtòng, yěxǔ xiāngbǐ zhīxià, zài yě nányǐ zhànjù yì xí zhī dì; nǐ huì jiào róng • yì de huòdé cóng búyuè zhōng jiětuō línghún de lì • liàng, shǐ zhī búzhì biànde huīàn.

Rén zhàn de gāo xiē, búdàn néng yǒuxìng zǎo xiē lǐnglüè dào xīwàng de shǔguāng, hái néng yǒuxìng fāxiàn shēngmìng de lìtǐ de shīpiān. Měi yí gè rén de rénshēng, dōu shì zhè shīpiān zhōng de yí gè cí, yí gè jùzi huòzhě yí gè biāodiǎn. Nǐ kěnéng méi • yǒu chéngwéi yí gè měilì de cí, yí gè yǐnrén – zhùmù de jùzi, yí gè jīngtànhào, dàn nǐ yīrán shì zhè shēngmìng de lìtǐ shīpiān zhōng de yí gè yīnjié, yí gè tíngdùn, yí gè bìbùkěshǎo de zǔchéng bù • fen. Zhè zúyǐ shǐ nǐ fàngqì qiánxián, méngshēng wèi rénlèi yùnyù xīn de gēshēng de xìngzhì, wèi shìjiè dài • lái gèng duō de shīyì.

Zuì kěpà de rénshēng jiànjiě, shì bǎ duōwéi de shēngcún tújǐng kànchéng píngmiàn. Yīn • wèi nà píngmiàn • shàng kèxià de dàduō shì nínggùle de lìshǐ—— guòqù de yíjì; dàn huózhe de rénmen, huó de què shì chōngmǎnzhe xīnshēng zhìhuì de, yóu // búduàn shìqù de "xiànzài" zǔchéng de wèilái. Rénshēng bùnéng xiàng mǒu xiē yúlèi tǎngzhe yóu, rénshēng yě bùnéng xiàng mǒu xiē shòulèi pázhe zǒu, ér yīnggāi zhànzhe xiàngqián xíng, zhè cái shì rénlèi yīngyǒu de shēngcún zītài.

Jiéxuǎn zì [Měi] Běnjiémíng • Lāshí《Zhàn Zài Lìshǐ de Zhītóu Wēixiào》

作品 56 号

中国的第一大岛、台湾省的主岛台湾,位于中国大陆架的东南方,地处东海和南海之间,隔着台湾海峡和大陆相望。天气晴朗的时候,站在福建沿海较高的地方,就可以隐隐约约地望见岛上的高山和云朵。

台湾岛形状狭长,从东到西,最宽处只有一百四十多公里;由南至北,最长的地方约有三百九十多公里。地形像一个纺织用的梭子。

台湾岛上的山脉纵贯南北,中间的中央山脉犹如全岛的脊梁。西部为海拔近四千米的玉山山脉,是中国东部的最高峰。全岛约有三分之一的地方是平地,其余为山地。岛内有缎带般的瀑布,蓝宝石似的湖泊,四季常青的森林和果园,自然景色十分优美。西南部的阿里山和日月潭,台北市郊的大屯山风景区,都是闻名世界的游览胜地。

台湾岛地处热带和温带之间,四面环海,雨水充足,气温受到海洋的调剂,冬暖夏凉,四季如春,这给水稻和果木生长提供了优越的条件。水稻、甘蔗、樟脑是台湾的"三宝"。岛上还盛产鲜果和鱼虾。

台湾岛还是一个闻名世界的"蝴蝶王国"。岛上的蝴蝶共有四百多个品种,其中有不少是世界稀有的珍贵品种。岛上还有不少鸟语花香的蝴//蝶谷,岛上居民利用蝴蝶制作的标本和艺术品,远销许多国家。

节选自《中国的宝岛——台湾》

朗读提示:

这篇介绍美丽台湾的文章,语气舒缓。朗读时注意读准"地处、狭长、梭子、脊梁、地方、缎带、蓝宝石、似的、森林、甘蔗、樟脑"等易错词语的读音。

Zuòpǐn 56 Hào

Zhōngguó de dì－yī dàdǎo、Táiwān shěng de zhǔdǎo Táiwān，wèiyú Zhōngguó dàlùjià de dōngnánfāng，dìchǔ Dōng Hǎi hé Nán Hǎi zhījiān，gézhe Táiwān Hǎixiá hé Dàlù xiāngwàng。Tiānqì qínglǎng de shíhou，zhàn zài Fújiàn yánhǎi jiào gāo de dìfang，jiù kěyǐ yǐnyǐn－yuēyuē de wàng·jiàn dǎo·shàng de gāoshān hé yúnduǒ。

Táiwān Dǎo xíngzhuàng xiácháng，cóng dōng dào xī，zuì kuān chù zhǐyǒu yìbǎi sìshí duō gōnglǐ；yóu nán zhì běi，zuì cháng de dìfang yuē yǒu sānbǎi jiǔshí duō gōnglǐ。Dìxíng xiàng yí gè fǎngzhī yòng de suōzi。

Táiwān Dǎo·shàng de shānmài zòngguàn nánběi，zhōngjiān de zhōngyāng shānmài yóurú quándǎo de jǐliang。Xībù wéi hǎibá jìn sìqiān mǐ de Yù Shān shānmài，shì Zhōngguó dōngbù de zuì gāo fēng。Quándǎo yuē yǒu sān fēn zhī yī de dìfang shì píngdì，qíyú wéi shāndì。Dǎonèi yǒu duàndài bān de pùbù，lánbǎoshí shìde húpō，sìjì chángqīng de sēnlín hé guǒyuán，zìrán jǐngsè shífēn yōuměi。Xīnánbù de Ālǐ Shān hé Rìyuè Tán，Táiběi shìjiāo de Dàtúnshān fēngjǐngqū，dōu shì wénmíng shìjiè de yóulǎn shèngdì。

Táiwān Dǎo dìchǔ rèdài hé wēndài zhījiān，sìmiàn huán hǎi，yǔshuǐ chōngzú，qìwēn shòudào hǎiyáng de tiáojì，dōng nuǎn xià liáng，sìjì rú chūn，zhè gěi shuǐdào hé guǒmù shēngzhǎng tígōngle yōuyuè de tiáojiàn。Shuǐdào、gānzhe、zhāngnǎo shì Táiwān de "sān bǎo"。Dǎo·shàng hái shèngchǎn xiāngguǒ hé yúxiā。

Táiwān Dǎo háishì yí gè wénmíng shìjiè de "húdié wángguó"。Dǎo·shàng de húdié gòng yǒu sìbǎi duō gè pǐnzhǒng，qízhōng yǒu bùshǎo shì shìjiè xīyǒu de zhēnguì pǐnzhǒng。Dǎo·shàng háiyǒu bùshǎo niǎoyǔ－huāxiāng de hú//dié gǔ，dǎo·shàng jūmín lìyòng húdié zhìzuò de biāoběn hé yìshùpǐn，yuǎnxiāo xǔduō guójiā。

Jiéxuǎn zì《Zhōngguó de Bǎodǎo——Táiwān》

作品 57 号

对于中国的牛，我有着一种特别尊敬的感情。

留给我印象最深的，要算在田垄上的一次"相遇"。

一群朋友郊游，我领头在狭窄的阡陌上走，怎料迎面来了几头耕牛，狭道容不下人和牛，终有一方要让路。它们还没有走近，我们已经预计斗不过畜牲，恐怕难免踩到田地泥水里，弄得鞋袜又泥又湿了。正踟蹰的时候，带头的一头牛，在离我们不远的地方停下来，抬起头看看，稍迟疑一下，就自动走下田去。一队耕牛，全跟着它离开阡陌，从我们身边经过。

我们都呆了，回过头来，看着深褐色的牛队，在路的尽头消失，忽然觉得自己受了很大的恩惠。

中国的牛，永远沉默地为人做着沉重的工作。在大地上，在晨光或烈日下，它拖着沉重的犁，低头一步又一步，拖出了身后一列又一列松土，好让人们下种。等到满地金黄或农闲时候，它可能还得担当搬运负重的工作；或终日绕着石磨，朝同一方向，走不计程的路。

在它沉默的劳动中，人便得到应得的收成。

那时候，也许，它可以松一肩重担，站在树下，吃几口嫩草。偶尔摇摇尾巴，摆摆耳朵，赶走飞附身上的苍蝇，已经算是它最闲适的生活了。

中国的牛，没有成群奔跑的习//惯，永远沉沉实实的，默默地工作，平心静气。这就是中国的牛！

节选自小思《中国的牛》

朗读提示：

这篇散文语气舒缓又不失凝重。朗读时注意读准鼻边音词语，如"牛、留给、田垄、领头、怎料、让路、难免、泥水、一列、农闲、劳动、嫩草"等。注意句中轻声词和易错词语的读音，如"朋友、时候、收成、摇摇、尾巴、摆摆、耳朵、苍蝇，踟蹰、阡陌、迟疑、恩惠"等。

Zuòpǐn 57 Hào

Duìyú Zhōngguó de niú, wǒ yǒu zhe yì zhǒng tèbié de zūnjìng gǎnqíng.

Liúgěi wǒ yìnxiàng zuì shēn de, yào suàn zài tián lǒng • shàng de yí cì "xiāngyù".

Yì qún péngyou jiāoyóu, wǒ lǐngtóu zài xiázhǎi de qiānmò • shàng zǒu, zěnliào yíngmiàn láile jǐ tóu gēngniú, xiádào róng • búxià rén hé niú, zhōng yǒu yìfāng yào rànglù. Tāmen hái méi • yǒu zǒujìn, wǒmen yǐ • jīng yùjì dòu • bú • guò chùsheng, kǒngpà nánmiǎn cǎidào tiándì níshuǐ • lǐ, nòng de xiéwà yòu ní yòu shī le. Zhèng chíchú de shíhou, dàitóu de yì tóu niú, zài lí wǒmen bùyuǎn de dìfang tíng xià • lái, táiqǐ tóu kànkan, shāo chíyí yíxià, jiù zìdòng zǒu • xià tián qù. Yí duì gēngniú, quán gēnzhe tā líkāi qiānmò, cóng wǒmen shēnbiān jīngguò.

Wǒmen dōu dāi le, huíguo tóu • lái, kànzhe shēnhèsè de niúduì, zài lù de jìntóu xiāoshī, hūrán jué • dé zìjǐ shòule hěn dà de ēnhuì.

Zhōngguó de niú, yǒngyuǎn chénmò de wèi rén zuòzhe chénzhòng de gōngzuò. Zài dàdì • shàng, zài chénguāng huò lièrì • xià, tā tuōzhe chénzhòng de lí, dītóu yí bù yòu yí bù, tuōchūle shēnhòu yí liè yòu yí liè sōngtǔ, hǎo ràng rénmen xià zhǒng. Děngdào mǎndì jīnhuáng huò nóngxián shíhou, tā kěnéng háiděi dāndāng bānyùn fùzhòng de gōngzuò; huò zhōngrì ràozhe shímò, cháo tóng yì fāngxiàng, zǒu bú jìchéng de lù.

Zài tā chénmò de láodòng zhōng, rén biàn dédào yīng dé de shōucheng.

Nà shíhou, yě xǔ, tā kěyǐ sōng yì jiān zhòngdàn, zhàn zài shù • xià, chī jǐ kǒu nèn cǎo. Ǒu'ěr yáoyao wěiba, bǎibai ěrduo, gǎnzǒu fēifù shēn • shàng de cāngying, yǐ • jīng suàn shì tā zuì xiánshì de shēnghuó le.

Zhōngguó de niú, méi • yǒu chéngqún bēnpǎo de xí // guàn, yǒngyuǎn chénchén – shíshí de, mòmò de gōng zuò, píngxīn – jìngqì. Zhè jiùshì Zhōngguó de niú!

Jiéxuǎn zì Xiǎo Sī《Zhōngguó de Niú》

作品 58 号

不管我的梦想能否成为事实，说出来总是好玩儿的：

春天，我将要住在杭州。二十年前，旧历的二月初，在西湖我看见了嫩柳与菜花，碧浪与翠竹。由我看到的那点儿春光，已经可以断定，杭州的春天必定会教人整天生活在诗与图画之中。所以，春天我的家应当是在杭州。

夏天，我想青城山应当算作最理想的地方。在那里，我虽然只住过十天，可是它的幽静已拴住了我的心灵。在我所看见过的山水中，只有这里没有使我失望。到处都是绿，目之所及，那片淡而光润的绿色都在轻轻地颤动，仿佛要流入空中与心中似的。这个绿色会像音乐，涤清了心中的万虑。

秋天一定要住北平。天堂是什么样子，我不知道，但是从我的生活经验去判断，北平之秋便是天堂。论天气，不冷不热。论吃的，苹果、梨、柿子、枣儿、葡萄，每样都有若干种。论花草，菊花种类之多，花式之奇，可以甲天下。西山有红叶可见，北海可以划船——虽然荷花已残，荷叶可还有一片清香。衣食住行，在北平的秋天，是没有一项不使人满意的。

冬天，我还没有打好主意，成都或者相当得合适，虽然并不怎样和暖，可是为了水仙，素心腊梅，各色的茶花，仿佛就受一点儿寒 // 冷，也颇值得去了。昆明的花也多，而且天气比成都好，可是旧书铺与精美而便宜的小吃远不及成都那么多。好吧，就暂这么规定：冬天不住成都便住昆明吧。

在抗战中，我没能发国难财。我想，抗战胜利以后，我必能阔起来。那时候，假若飞机减价，一二百元就能买一架的话，我就自备一架，择黄道吉日慢慢地飞行。

节选自老舍《住的梦》

朗读提示：

老舍的这篇文章，浪漫又富有哲理，语气平和，节奏舒缓。朗读时，请注意读准易错词语的读音，如"好玩儿、嫩柳、菜花、碧浪、翠竹、那点儿、地方、幽静、心灵、颤动、涤清、万虑、枣儿、葡萄、腊梅、和暖"等。

Zuòpǐn 58 Hào

Bùguǎn wǒ de mèngxiǎng néngfǒu chéngwéi shìshí, shuō chū • lái zǒngshì hǎowánr de:

Chūntiān, wǒ jiāng yào zhù zài Hángzhōu. Èrshí nián qián, jiùlì de èryuè chū, zài Xīhú wǒ kàn • jiànle nènliǔ yǔ càihuā, bìlàng yǔ cuìzhú. Yóu wǒ kàndào de nà diǎnr chūnguāng, yǐjīng kěyǐ duàndìng, Hángzhōu de chūntiān bìdìng huì jiào rén zhěngtiān shēnghuó zài shī yǔ túhuà zhīzhōng. Suǒyǐ, chūntiān wǒ de jiā yīngdāng shì zài Hángzhōu.

Xiàtiān, wǒ xiǎng Qīngchéng Shān yīngdāng suànzuò zuì lǐxiǎng de dìfang. Zài nà • lǐ, wǒ suīrán zhǐ zhùguo shítiān, kěshì tā de yōujìng yǐ shuānzhùle wǒ de xīnlíng. Zài wǒ suǒ kàn • jiànguo de shānshuǐ zhōng, zhǐyǒu zhè • lǐ méi • yǒu shǐ wǒ shīwàng. Dàochù dōu shì lǜ, mù zhī suǒ jí, nà piàn dàn ér guāngrùn de lǜ sè dōu zài qīngqīng de chàndòng, fǎngfú yào liúrù kōngzhōng yǔ xīnzhōng shìde. Zhège lǜ sè huì xiàng yīnyùè, díqīngle xīnzhōng de wàn lǜ.

Qiūtiān yídìng yào zhù Běipíng. Tiāntáng shìshénme yàngzi, wǒ bù zhī • dào, dànshì cóng wǒ de shēnghuó jīngyàn qù pànduàn, Běipíng zhī qiū biàn shì tiāntáng. Lùn tiān qì, bù lěng bú rè. Lùn chīde, píngguǒ, lí, shìzi, zǎor, pú • táo, měiyàng dōu yǒu ruògān zhǒng. Lùn huā cǎo, júhuā zhǒnglèi zhī duō, huā shì zhī qí, kěyǐ jiǎ tiān xià. Xīshān yǒu hóngyè kějiàn, Běihǎi kěyǐ huáchuán——suīrán héhuā yǐ cán, héyè kě hái yǒu yí piàn qīngxiāng. Yī – shí – zhù – xíng, zài Běipíng de qiūtiān, shì méi yǒu yí xiàng bù shǐ rén mǎnyì de.

Dōngtiān, wǒ hái méi • yǒu dǎhǎo zhǔyì, Chéngdū huòzhě xiāngdāng de héshì, suīrán bìng bù zěnyàng hénuǎn, kěshì wèile shuǐxiān, sù xīn làméi, gè sè de cháhuā, fǎngfú jiù shòu yìdiǎnr hán // lěng, yě pō zhídé qù le. Kūnmíng de huā yě duō, érqiě tiānqì bǐ Chéngdū hǎo, kěshì jiù shūpù yǔ jīngměi ér piányi de xiǎochī yuǎn bùjí Chéngdū nàme duō. Hǎo ba, jiù zànshí zhème guīdìng: Dōngtiān bú zhù Chéngdū biàn zhù Kūnmíng ba.

Zài kàngzhàn zhōng, wǒ méinéng fā guónàn cái. Wǒ xiǎng, kàngzhàn shèng lì yǐhòu, wǒ bìnéng kuò qǐlái. Nà shíhou, jiǎruò fēijī jiǎnjià, yī – èr bǎi yuán jiù néng mǎi yí jià de huà, wǒ jiù zì bèi yí jià, zé huáng dào – jírì mànmàn de fēixíng.

Jiéxuǎn zì Lǎo Shě《Zhù de Mèng》

作品 59 号

我不由得停住了脚步。

从未见过开得这样盛的藤萝,只见一片辉煌的淡紫色,像一条瀑布,从空中垂下,不见其发端,也不见其终极,只是深深浅浅的紫,仿佛在流动,在欢笑,在不停地生长。紫色的大条幅上,泛着点点银光,就像迸溅的水花。仔细看时,才知那是每一朵紫花中的最浅淡的部分,在和阳光互相挑逗。

这里除了光彩,还有淡淡的芳香。香气似乎也是浅紫色的,梦幻一般轻轻地笼罩着我。忽然记起十多年前,家门外也曾有过一大株紫藤萝,它依傍一株枯槐爬得很高,但花朵从来都稀落,东一穗西一串伶仃地挂在树梢,好像在察颜观色,试探什么。后来索性连那稀零的花串也没有了。园中别的紫藤花架也都拆掉,改种了果树。那时的说法是,花和生活腐化有什么必然关系。我曾遗憾地想:这里再看不见藤萝花了。

过了这么多年,藤萝又开花了,而且开得这样盛,这样密,紫色的瀑布遮住了粗壮的盘虬卧龙般的枝干,不断地流着,流着,流向人的心底。

花和人都会遇到各种各样的不幸,但是生命的长河是无止境的。我抚摸了一下那小小的紫色的花舱,那里满装了生命的酒酿,它张满了帆,在这 // 闪光的花的河流上航行。它是万花中的一朵,也正是由每一个一朵,组成了万花灿烂的流动的瀑布。

在这浅紫色的光辉和浅紫色的芳香中,我不觉加快了脚步。

节选自宗璞《紫藤萝瀑布》

朗读提示:

宗璞的这篇散文优美流畅,语气平和,节奏舒缓。朗读时,请注意读准易错词语的读音,如"藤萝、垂下、迸溅、笼罩、依傍、枯槐、稀落、伶仃、稀零、花串、盘虬卧龙、抚摸、花舱、酒酿"等。

Zuòpǐn 59 Hào

Wǒ bùyóude tíngzhùle jiǎobù.

Cóngwèi jiànguo kāide zhèyàng shèng de téngluó, zhǐ jiàn yí piàn huīhuáng de dàn zǐsè, xiàng yì tiáo pùbù, cóng kōngzhōng chuíxià, bú jiàn qí fāduān, yě bú jiàn qí zhōngjí, zhǐshì shēnshēn – qiǎnqiǎn de zǐ, fǎngfú zài liúdòng, zài huānxiào, zài bùtíng de shēngzhǎng. Zǐsè de dà tiáofú • shàng, fànzhe diǎndiǎn yíngguāng, jiù xiàng bèngjiàn de shuǐhuā. Zǐxì kàn shí, cái zhī nà shì měi yì duǒ zǐhuā zhōng de zuì qiǎndàn de bùfen, zài hé yángguāng hùxiāng tiǎodòu.

Zhè • lǐ chúle guāngcǎi, háiyǒu dàndàn de fāngxiāng, xiāngqì sìhū yě shì qiǎn zǐsè de, mènghuàn yìbān qīngqīng de lǒngzhàozhe wǒ. Hūrán jìqǐ shí duō nián qián, jiā mén wài yě céng yǒuguo yí dà zhū zǐténgluó, tā yībàng yì zhū kū huái pá de hěn gāo, dàn huāduǒ cónglái dōu xīluò, dōng yí suì xī yí chuàn língdīng de guà zài shùshāo, hǎoxiàng zài cháyán – guānsè, shìtàn shénme. Hòulái suǒxìng lián nà xīlíng de huāchuàn yě méi • yǒu le. Yuán zhōng biéde zǐténg huājià yě dōu chāidiào, gǎizhòngle guǒshù. Nàshí de shuōfǎ shì, huā hé shēnghuó fǔhuà yǒu shénme bìrán guānxi. Wǒ céng yíhàn de xiǎng: Zhè • lǐ zài kàn • bújiàn téngluóhuā le.

Guòle zhème duō nián, téngluó yòu kāihuā le, érqiě kāi de zhèyàng shèng, zhèyàng mì, zǐsè de pùbù zhēzhùle cūzhuàng de pánqiú wòlóng bān de zhīgàn, búduàn de liúzhe, liúzhe, liúxiàng rén de xīndǐ.

Huā hé rén dōu huì yùdào gèzhǒng – gèyàng de búxìng, dànshì shēngmìng de chánghé shì wú zhǐjìng de. Wǒ fǔmōle yíxià nà xiǎoxiǎo de zǐsè de huācāng, nà • lǐ mǎn zhuāngle shēngmìng de jiǔniàng, tā zhāngmǎnle fān, zài zhè // shǎnguāng de huā de héliú • shàng hángxíng. Tā shì wàn huā zhōng de yì duǒ, yě zhèngshì yóu měi yí gè yì duǒ, zǔchéngle wàn huā cànlàn de liúdòng de pùbù.

Zài zhè qiǎn zǐsè de guānghuī hé qiǎn zǐsè de fāngxiāng zhōng, wǒ bùjué jiākuàile jiǎobù.

Jiéxuǎn zì Zōng Pú《Zǐténgluó Pùbù》

作品 60 号

在一次名人访问中,被问及上个世纪最重要的发明是什么时,有人说是电脑,有人说是汽车,等等。但新加坡的一位知名人士却说是冷气机。他解释,如果没有冷气,热带地区如东南亚国家,就不可能有很高的生产力,就不可能达到今天的生活水准。他的回答实事求是,有理有据。

看了上述报道,我突发奇想:为什么没有记者问:"二十世纪最糟糕的发明是什么?"其实二〇〇二年十月中旬,英国的一家报纸就评出了"人类最糟糕的发明"。获此"殊荣"的,就是人们每天大量使用的塑料袋。

诞生于上个世纪三十年代的塑料袋,其家族包括用塑料制成的快餐饭盒、包装纸、餐用杯盘、饮料瓶、酸奶杯、雪糕杯,等等。这些废弃物形成的垃圾,数量多、体积大、重量轻、不降解,给治理工作带来很多技术难题和社会问题。

比如,散落在田间、路边及草丛中的塑料餐盒,一旦被牲畜吞食,就会危及健康甚至导致死亡。填埋废弃塑料袋、塑料餐盒的土地,不能生长庄稼和树木,造成土地板结,而焚烧处理这些塑料垃圾,则会释放出多种有毒气体,其中一种称为二噁英的化合物,毒性极大。

此外,在生产塑料袋、塑料餐盒的//过程中使用的氟利昂,对人体免疫系统和生态环境造成的破坏也极为严重。

节选自林光如《最糟糕的发明》

朗读提示:

这篇说明文,节奏舒缓。朗读时,请注意句中的停连和并列式重音,如"如果没有冷气,热带地区|如东南亚国家,就不可能有很高的生产力,就不可能达到今天的生活水准。"文中三字格式词语较多,如"冷气机、塑料袋、饮料瓶、酸奶杯、雪糕杯、数量多、体积大、重量轻、不讲解"等,朗读时要准确认读,并注意停连技巧。

Zuòpǐn 60 Hào

Zài yí cì míngrén fǎngwèn zhōng, bèi wèn jí shàng gè shìjì zuì zhòngyào de fāmíng shì shénme shí, yǒu rén shuō shì diànnǎo, yǒu rén shuō shì qìchē, děngděng. Dàn Xīnjiāpō de yí wèi zhīmíng rénshì què shuō shì lěngqìjī. Tā jiěshì, rúguǒ méi • yǒu lěngqì, rèdài dìqū rú Dōngnányà guójiā, jiù bù kěnéng yǒu hěn gāo de shēngchǎnlì, jiù bù kěnéng dádào jīntiān de shēnghuó shuǐzhǔn. Tā de huídá shíshì – qiúshì, yǒulǐ – yǒujù.

Kànle shàngshù bàodào, wǒ tūfā qí xiǎng: wèi shénme méi • yǒu jìzhě wèn: "Èrshí shìjì zuì zāogāo de fāmíng shì shénme?" Qíshí èr líng líng èr nián shíyuè zhōngxún, Yīngguó de yì jiā bàozhǐ jiù píngchūle "rénlèi zuì zāogāo de fāmíng". Huò cǐ "shūróng"de, jiùshì rénmen měi tiān dàliàng shǐyòng de sùliàodài.

Dànshēng yú shàng gè shìjì sānshí niándài de sùliàodài, qí jiāzú bāokuò yòng sùliào zhìchéng de kuàicān fànhé, bāozhuāngzhǐ, cān yòng bēi pán, yǐnliàopíng, suānnǎibēi, xuěgāobēi, děngděng. Zhèxiē fèiqìwù xíngchéng de lājī, shùliàng duō, tǐjī dà, zhòngliàng qīng, bú jiàngjiě, gěi zhìlǐ gōngzuò dàilái hěn duō jìshù nántí hé shèhuì wèntí.

Bǐrú, sànluò zài tiánjiān, lùbiān jí cǎocóng zhōng de sùliào cānhé, yídàn bèi shēngchù tūnshí, jiù huì wēi jí jiànkāng shènzhì dǎozhì sǐwáng. Tiánmái fèiqì sùliàodài, sùliào cānhé de tǔdì, bùnéng shēngzhǎng zhuāngjia hé shùmù, zàochéng tǔdì bǎnjié, ér fénshāo chǔlǐ zhèxiē sùjiāo lājī, zé huì shìfàng chū duō zhǒng yǒudú qìtǐ, qízhōng yì zhǒng chēngwéi èr'èyīng de huàhéwù, dúxìng jí dà.

Cǐwài, zài shēngchǎn sùliàodài, sùliào cānhé de // guòchéng zhōng shǐyòng de fúlì'áng, duì réntǐ miǎnyì xìtǒng hé shēngtài huánjìng zàochéng de pòhuài yě jíwéi yánzhòng.

Jiéxuǎn zì Lín Guāngrú《Zuì Zāogāo de Fāmíng》

训练3　命题说话训练

★ 训练目标

通过 30 个命题说话训练,掌握国家普通话水平智能测试命题说话技巧。

★ 任务设定

听一个时长 3 分钟的命题说话的录音。

★ 思考与讨论

你能在 3 分钟内说好普通话测试 30 个题目中的任何一个吗?

★ 实战训练

普通话水平测试 30 个命题说话题

1. 我的愿望(或理想)
2. 我的学习生活
3. 我尊敬的人
4. 我喜爱的动物(或植物)
5. 童年的记忆
6. 我喜爱的职业
7. 难忘的旅行
8. 我的朋友
9. 我喜爱的文学(或其他)艺术形式
10. 谈谈卫生与健康
11. 我的业余生活
12. 我喜欢的季节(或天气)
13. 学习普通话的体会
14. 谈谈服饰
15. 我的假日生活
16. 我的成长之路

17. 谈谈科技发展与社会生活
18. 我知道的风俗
19. 我和体育
20. 我的家乡(或熟悉的地方)
21. 谈谈美食
22. 我喜欢的节日
23. 我所在的集体(学校、机关、公司等)
24. 谈谈社会公德(或职业道德)
25. 谈谈个人修养
26. 我喜欢的明星(或其他知名人士)
27. 我喜爱的书刊
28. 谈谈对环境保护的认识
29. 我向往的地方
30. 购物(消费)的感受

训练4 综合模拟训练

★ **训练目标**

通过模拟测试训练,掌握国家普通话水平智能测试全四项测试技巧。

★ **任务设定**

听录音——普通话水平一级甲等范例。

★ **思考与讨论**

在国家普通话水平智能测试时,我们最重要的注意事项有哪些?

★ **实战训练**

模拟测试训练一

(一)读单音节字词(100个音节,共10分,限时3.5分钟)

运	唐	郑	龙	攘	夸	永	裂	此	尘
雪	波	凑	爽	潮	软	内	袄	揪	醒
粪	憋	脾	腐	离	搜	灼	捞	您	缴
胡	拐	蕨	买	娘	鞭	瓢	翁	砍	驻
丹	扭	砸	构	权	日	抓	踹	点	夏
丝	夜	军	矛	桶	怯	温	捕	二	鬃
末	丰	鹅	塔	羹	伞	锐	关	癫	想
若	捧	澈	甩	池	蔫	床	毡	访	黑
窨	欺	水	浑	愿	徐	炖	盆	盯	岩
擦	渠	炕	迷	挖	鬓	挡	掐	命	屯

(二)读多音节词语(100个音节,共20分,限时2.5分钟)

佛经	虐待	成本	闺女	强调	侵略	能量
灭亡	打嗝儿	收藏	迅速	烧饼	人群	钢铁
豪华	亏损	框子	后天	农村	怀抱	荧光屏
家长	何尝	可以	然而	胸脯	开窍儿	盗贼
无穷	有劲儿	席卷	挫折	于是	陡坡	繁荣
镇压	玩耍	拉链儿	宣传	拇指	安慰	探索
外面	四周	矮小	你们	做梦	非法	留声机

(三)朗读短文(400个音节,共30分,限时4分钟)

　　在达瑞八岁的时候,有一天他想去看电影。因为没有钱,他想是向爸妈要钱,还是自己挣钱。最后他选择了后者。他自己调制了一种汽水,向过路的行人出售。可那时正是寒冷的冬天,没有人买,只有两个人例外——他的爸爸和妈妈。

他偶然有一个和非常成功的商人谈话的机会。当他对商人讲述了自己的"破产史"后,商人给了他两个重要的建议:一是尝试为别人解决一个难题;二是把精力集中在你知道的、你会的和你拥有的东西上。

这两个建议很关键。因为对于一个八岁的孩子而言,他不会做的事情很多。于是他穿过大街小巷,不停地思考:人们会有什么难题,他又如何利用这个机会?

一天,吃早饭时父亲让达瑞去取报纸。美国的送报员总是把报纸从花园篱笆的一个特制的管子里塞进来。假如你想穿着睡衣舒舒服服地吃早饭和看报纸,就必须离开温暖的房间,冒着寒风,到花园去取。虽然路短,但十分麻烦。

当达瑞为父亲取报纸的时候,一个主意诞生了。当天他就按响邻居的门铃,对他们说,每个月只需付给他一美元,他就每天早上把报纸塞到他们的房门底下。大多数人都同意了,很快他有……

(四)命题说话(请在下列话题中任选一个,共 40 分,限时 3 分钟)

1. 难忘的旅行
2. 谈谈服饰

模拟测试训练二

(一)读单音节字词(100 个音节,共 10 分,限时 3.5 分钟)

踹	碗	根	户	期	犯	缰	垒	绢	灰
盆	碧	猪	垮	练	蕊	肾	膺	娶	另
雄	判	眉	自	码	赛	皇	卧	嘘	耐
瞥	既	耍	用	群	尚	柔	耕	蚕	眨
帛	枪	鳞	松	膜	袄	瘸	稿	凝	蔗
此	滩	虫	土	瓢	瑟	托	耳	堆	挡
柴	有	悦	家	控	贼	川	恒	尊	拔
负	槽	刁	软	赵	翁	驯	亏	某	桩
捷	胎	撒	拈	癣	原	朵	放	滚	歪
绺	恩	射	皿	池	香	指	绳	捆	夏

(二)读多音节词语(100 个音节,共 20 分,限时 2.5 分钟)

仍然	爪子	电压	存在	均匀	后面	编写
健全	花瓶儿	恰巧	风格	半导体	报废	红娘
快乐	西欧	意思	发狂	掌管	小说儿	血液
从而	卤水	佛教	未遂	牛犊	似的	旋转
谬误	国王	悲哀	吵嘴	诚恳	火苗儿	侵略
授予	难怪	力量	责任感	今日	少女	苍穹

名牌儿　　　窘迫　　　疼痛　　　换算　　　温带　　　部分　　　侦察

（三）朗读短文（400 个音节，共 30 分，限时 4 分钟）

　　那是力争上游的一种树，笔直的干，笔直的枝。它的干呢，通常是丈把高，像是加以人工似的，一丈以内，绝无旁枝；它所有的丫枝呢，一律向上，而且紧紧靠拢，也像是加以人工似的，成为一束，绝无横斜逸出；它的宽大的叶子也是片片向上，几乎没有斜生的，更不用说倒垂了；它的皮，光滑而有银色的晕圈，微微泛出淡青色。这是虽在北方的风雪的压迫下却保持着倔强挺立的一种树！哪怕只有碗来粗细罢，它却努力向上发展，高到丈许，两丈，参天耸立，不折不挠，对抗着西北风。

　　这就是白杨树，西北极普通的一种树，然而决不是平凡的树！

　　它没有婆娑的姿态，没有屈曲盘旋的虬枝，也许你要说它不美丽——如果美是专指"婆娑"或"横斜逸出"之类而言，那么，白杨树算不得树中的好女子；但是它却是伟岸，正直，朴质，严肃，也不缺乏温和，更不用提它的坚强不屈与挺拔，它是树中的伟丈夫！当你在积雪初融的高原上走过，看见平坦的大地上傲然挺立这么一株或一排白杨树，难道你就只觉得树只是树，难道你就不想到它的朴质，严肃，坚强不屈，至少也象征了北方的农民；难道你竟一点儿也不联想到，在敌后的广大……

（四）命题说话（请在下列话题中任选一个，共 40 分，限时 3 分钟）

1. 我喜欢的季节（或天气）
2. 我的家乡（或熟悉的地方）

模拟测试训练三

（一）读单音节字词（100 个音节，共 10 分，限时 3.5 分钟）

寝	腔	略	亡	巴	是	比	堆	砍	糟
黄	窘	杂	招	尺	临	恩	奎	爽	决
蕊	雄	灭	头	猛	盈	袋	晚	昂	准
破	七	羽	胎	贼	刚	承	瞥	蹦	远
细	村	训	水	绒	柳	捐	鼓	翁	甲
踢	陈	辱	踹	辽	耗	盘	拘	贬	抓
摹	蛙	蛋	乃	恰	拿	帽	伤	怒	乖
讽	佑	蝶	耀	焚	葱	访	次	缩	字
涡	纵	详	舜	管	孙	特	松	晒	敛
儿	测	筏	线	独	扣	镁	群	艇	黑

（二）读多音节词语（100 个音节，共 20 分，限时 2.5 分钟）

佛寺	典雅	月饼	搬用	创作	植物	外国
酒精	妇女	摧残	仍然	因而	漂亮	军人

未曾	宣传	烈日	尊重	改写	牛皮	手套儿
况且	哈密瓜	红娘	寨子	核算	打鸣儿	南北
春天	情操	腿脚	全部	挨个儿	贫穷	缺少
继续	劳动力	扩张	怀念	下来	搏斗	正常
稳当	恶化	跟随	扇面儿	运输	非同小可	

（三）朗读短文（400 个音节，共 30 分，限时 4 分钟）

我们在田野散步：我，我的母亲，我的妻子和儿子。

母亲本不愿出来的。她老了，身体不好，走远一点儿就觉得很累。我说，正因为如此，才应该多走走。母亲信服地点点头，便去拿外套。她现在很听我的话，就像我小时候很听她的话一样。

这南方初春的田野，大块小块的新绿随意地铺着，有的浓，有的淡，树上的嫩芽也密了，田里的冬水也咕咕地起着水泡。这一切都使人想着一样东西——生命。

我和母亲走在前面，我的妻子和儿子走在后面。小家伙突然叫起来："前面是妈妈和儿子，后面也是妈妈和儿子。"我们都笑了。

后来发生了分歧：母亲要走大路，大路平顺；我的儿子要走小路，小路有意思。不过，一切都取决于我。我的母亲老了，她早已习惯听从她强壮的儿子；我的儿子还小，他还习惯听从他高大的父亲；妻子呢，在外面，她总是听我的。一霎时我感到了责任的重大。我想找一个两全的办法，找不出；我想拆散一家人，分成两路，各得其所，终不愿意。我决定委屈儿子，因为我伴同他的时日还长。我说："走大路。"

但是母亲摸摸孙儿的小脑瓜，变了主意："还是走小路吧。"她的眼随小路望去：那里有金色的菜花，两行整齐的桑树……

（四）命题说话（请在下列话题中任选一个，共 40 分，限时 3 分钟）

1. 我和体育
2. 我的朋友

参考文献

1. 宋欣桥. 普通话语音训练教程[M]. 吉林人民出版社, 1993. 4.
2. 宋欣桥. 普通话水平测试员实用手册[M]. 商务印书馆, 2003.
3. 国家语言文字工作委员会普通话培训测试中心.《普通话水平测试实施纲要》[M]. 商务印书馆, 2004.
4. 邢福义. 普通话培训测试教程(第二版)[M]. 湖北科学技术出版社, 2005.
5. 杜宇虹. 职场沟通口语训练教程[M]. 华中师范大学出版社, 2015.